权威·前沿·原创

皮书系列为
"十二五""十三五""十四五"时期国家重点出版物出版专项规划项目

BLUE BOOK

智库成果出版与传播平台

北京市哲学社会科学研究基地智库报告系列丛书

北京产业蓝皮书
BLUE BOOK OF BEIJING INDUSTRY

北京产业发展报告（2023）
ANNUAL REPORT ON DEVELOPMENT OF BEIJING INDUSTRY (2023)

李孟刚　贾晓俊 等 / 著

社会科学文献出版社
SOCIAL SCIENCES ACADEMIC PRESS (CHINA)

图书在版编目(CIP)数据

北京产业发展报告.2023/李孟刚等著.--北京：社会科学文献出版社，2023.12
（北京产业蓝皮书）
ISBN 978-7-5228-2780-3

Ⅰ.①北… Ⅱ.①李… Ⅲ.①产业发展-研究报告-北京-2023 Ⅳ.①F269.271

中国国家版本馆CIP数据核字（2023）第218433号

北京产业蓝皮书
北京产业发展报告（2023）

著　　者 / 李孟刚　贾晓俊　等

出 版 人 / 冀祥德
组稿编辑 / 周　丽
责任编辑 / 张丽丽
文稿编辑 / 李惠惠
责任印制 / 王京美

出　　版 / 社会科学文献出版社·城市和绿色发展分社（010）59367143
　　　　　 地址：北京市北三环中路甲29号院华龙大厦　邮编：100029
　　　　　 网址：www.ssap.com.cn

发　　行 / 社会科学文献出版社（010）59367028

印　　装 / 三河市东方印刷有限公司

规　　格 / 开　本：787mm×1092mm　1/16
　　　　　 印　张：16.75　字　数：253千字

版　　次 / 2023年12月第1版　2023年12月第1次印刷

书　　号 / ISBN 978-7-5228-2780-3

定　　价 / 128.00元

读者服务电话：4008918866

▲ 版权所有 翻印必究

北京产业蓝皮书课题组

组　　　长　李孟刚

副 组 长　贾晓俊

课题组成员　（按姓氏笔画排序）

王天扬　王猛猛　芮光伟　李　楠　李竞成

宋　光　张欣月　陈昊洁　赵云毅　赵月皎

胡国良　高林安　路　明

主要编撰者简介

李孟刚 经济学博士，北京交通大学教授、博士生导师。北京交通大学国家经济安全研究院院长，国家经济安全预警工程北京实验室主任，北京产业安全与发展研究基地首席专家，中国人力资源开发研究会副会长，光华工程科技奖励基金会副理事长。主要研究方向为产业安全、经济安全。主持各类项目共70余项，其中国家社科基金重大项目1项、国家社科基金重点项目1项、省部级项目15项、横向及其他项目50余项；在《光明日报》等国内外权威期刊及报纸发表学术论文180余篇；出版教材及专著45部；组织编写20余部产业安全蓝皮书；共获得7次省部级奖项，其中教育部高等学校科学研究优秀成果奖（人文社会科学）二等奖2次，北京市哲学社会科学优秀成果奖一等奖1次、二等奖4次。代表性奖项有：内参报告《"小土豆"如何办成"大产业"？》于2013年3月获教育部颁发第六届高等学校科学研究优秀成果奖（人文社会科学）二等奖，并获得国家领导人批示、农业部采纳；专著《国家粮食安全保障体系研究》于2017年8月获北京市第十四届哲学社会科学优秀成果奖一等奖。此外，《中国产业安全指数研究》《产业安全预警研究》《产业安全评价》等多部专著极大拓展了产业经济学的研究领域，积极推动了中国产业安全与发展。

贾晓俊 北京交通大学副教授。北京交通大学国家经济安全研究院副院长、北京产业安全与发展研究基地副主任。主持各类项目7项，其中国家级项目1项，省部级项目2项；在《经济研究》、《财贸经济》、《经济学动态》、《财政研究》、《税务研究》、《人民日报》（理论版）等权威期刊或报纸发表学术论文30余篇，出版专著2部。2项研究成果分别获省部级社会科学研究优秀成果二等奖和社会科学优秀成果三等奖。

摘 要

2022年，北京市实现地区生产总值41610.9亿元，按不变价格计算，比上年增长0.7%。经济动能转换发展态势良好，全年数字经济实现增加值17330.2亿元，比上年增长4.4%，占全市地区生产总值的比重达到41.6%；云计算、人工智能等加快布局，全年新基建项目固定资产投资增长25.5%；服务业扩大开放重点领域实际利用外资158.6亿美元，增长20.6%，其中科技、互联网信息、商务和旅游服务领域占比超9成。产业结构持续优化调整，全年服务业增加值占全市地区生产总值的比重保持在八成以上，全市高技术产业投资增长35.3%，比上年提高3.7个百分点。

总体来看，2022年，北京市统筹疫情防控和经济社会发展，面对疫情等超预期因素冲击，经济发展质量稳步提升，产业发展表现出较强韧性，"高精尖"产业人才、现代服务业、数字经济、国际服务贸易等重点领域发展亮点突出，人工智能、医疗装备、软件和信息服务等热点行业迈向更高质量发展，现代流通体系、"专精特新"企业融资服务、先进制造业与现代服务业融合、高精尖产业科技创新等领域取得长足进步。同时，北京市产业发展仍然面临经济恢复基础不稳固、科技创新能力与国际科技创新中心的要求存在差距、高端人才支撑力度不足、区域发展差距明显等困难和挑战，亟须在科技自立自强、体制机制创新、产业政策环境、人才培养和引进等方面进一步优化提升，为经济复苏和高质量发展注入更多动能。

本书紧跟北京"十四五"规划精神，首先全景回顾2022~2023年北京市产业发展情况，重点分析高精尖产业与现代服务业的发展形势，并针对

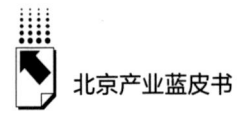

"十四五"规划的产业布局、当前北京重点产业的竞争能力以及未来产业发展空间等因素，对北京产业发展提出政策建议。其次，围绕北京市重点产业发展与产业布局，采用指数评价的手段，分析重点产业和前沿产业的发展情况。再次，聚焦北京市人工智能产业、医疗装备产业、软件和信息服务业，分析相关热点行业的发展情况、问题，并提出发展建议。最后，本书结合2021~2022年北京市产业发展中面临的突出问题，针对北京市现代流通体系、"专精特新"企业融资、先进制造业与现代服务业融合发展、高精尖产业财源结构进行专题研究，为增强北京经济创新能力、高质量发展、抗风险能力提供智力支持。

关键词： 高精尖产业　现代服务业　产业结构　数字经济

目 录

Ⅰ 总报告

B.1 2022~2023年北京产业发展状况分析及未来展望
　　　　　　　　　　　　　　　　　　李孟刚　贾晓俊　宋　光 / 001
　　一　北京三大产业发展状况分析 …………………………… / 002
　　二　北京高精尖产业发展概况 ……………………………… / 015
　　三　北京市现代服务业发展概况 …………………………… / 033

Ⅱ 指数评价篇

B.2 北京市"高精尖"产业人才发展指数及评价
　　　　　　　　　　　　　　　　　　　　　　贾晓俊　张欣月 / 050
B.3 北京现代服务业发展指数及评价 ………… 胡国良　王天扬 / 065
B.4 北京市数字经济发展活力指数研究 ……… 陈昊洁　王猛猛 / 076
B.5 北京国际服务贸易发展指数及评价 ……… 李孟刚　高林安 / 092

Ⅲ 热点篇

B.6 北京人工智能产业发展研究 ············· 赵云毅 芮光伟 / 108
B.7 北京市医疗装备产业发展研究 ············· 贾晓俊 李 楠 / 123
B.8 北京软件和信息服务业发展研究 ············· 赵月皎 路 明 / 142

Ⅳ 专题篇

B.9 北京现代流通体系发展研究 ················ 宋 光 李 楠 / 163
B.10 北京"专精特新"企业融资服务发展研究
　　　　　　　　　　　　　　　　 陈昊洁 王猛猛 张欣月 / 182
B.11 北京先进制造业与现代服务业融合发展研究
　　　　　　　　　　　　　　　　　　　　　　赵月皎 李竞成 / 196
B.12 北京高精尖产业科技创新现状、问题及行业财源结构研究
　　　　　　　　　　　　　　　　　　　　　　贾晓俊 芮光伟 / 216

Abstract ·· / 236
Contents ·· / 238

总报告
General Report

B.1 2022~2023年北京产业发展状况分析及未来展望

李孟刚 贾晓俊 宋光*

摘　要： 面对复杂严峻的国际环境、国内经济发展"三重压力"和疫情散发多发等超预期因素，2022年北京市经济始终保持稳中向好发展态势，经济总量进一步扩大，发展质量持续提升。本报告首先对2022年北京市三大产业发展状况进行分析，发现北京市第三产业产值占比继续提升，经济增长主引擎作用不断凸显。其次，从促进北京市经济高质量发展角度，对北京市高精尖产业和现代服务业发展进行政策梳理、现状分析，发现近年来北京市高精尖产业在创收规模和出口创汇方面增长强劲，其中医药制造业增速最快，研发投入与产出总体呈增长趋势；现代服务业发展效率不断提高，产业结构不断优化，质量效益稳步提升。展望未来，北京市将加

---

* 李孟刚，北京交通大学经济管理学院教授，博士生导师，研究方向为产业安全、经济安全；贾晓俊，北京交通大学经济管理学院副教授，研究方向为财政与金融；宋光，北京交通大学国家经济安全研究院助理研究员，研究方向为产业链供应链安全。

强人才培养与引进，提升北京科技创新转化的能力和对高精尖技术人才的吸引力；坚持服务首都发展、科技创新驱动和高水平开放引领，优化资源配置，提升现代服务业发展能级。

关键词： 高精尖产业　现代服务业　高质量发展

一　北京三大产业发展状况分析

（一）北京市三大产业发展趋势

1. 三大产业发展趋势

根据北京市统计局发布的《北京市2022年国民经济和社会发展统计公报》，2022年北京市实现地区生产总值41610.9亿元，按不变价格计算，比上年增长0.7%。分产业看，第一产业实现增加值111.5亿元，占比0.3%，同比下降1.6%；第二产业实现增加值6605.1亿元，占比15.9%，同比下降11.4%；第三产业实现增加值34894.3亿元，占比83.8%，同比增长3.4%。第三产业同比增速最快，主导地位进一步巩固。总体来看，面对复杂严峻的国际环境、国内经济发展"三重压力"和疫情散发多发等超预期因素，2022年北京市经济发展呈现总量稳中有升、质量不断提升的发展态势。

2007~2022年，北京市经济总量不断扩大，2022年GDP超过2007年（9846.81亿元）的4倍；GDP增长率除2021年反弹至8.5%外，整体呈现缓慢下降趋势，受疫情影响，2020年和2022年GDP增长率分别为1.16%和0.7%，但随着经济的稳步复苏和消费投资潜力的不断释放，2023年GDP增速预期将有大幅提升。分产业看，北京市保持"三、二、一"产业格局不变。第一产业占比低，但增加值相对稳定，2019~2022年在110亿元左右波动。第二产业增加值整体上逐年平稳上涨，2021年达到最高值7268.6亿元,增速除 2021 年逆势反弹至 23.2%外,整体保持震荡下降趋势,占比整体上逐年下降。第三产业作为推动北京市经济增长的主引擎,增加值由 2007 年的 6743.7 亿元增加至 2022 年的 34894.3 亿元,增幅超 4 倍;占比由 68.5%增长至 83.8%;产业规模不断扩大,增加值占比持续提高,主体地位更加稳固(见图 1)。

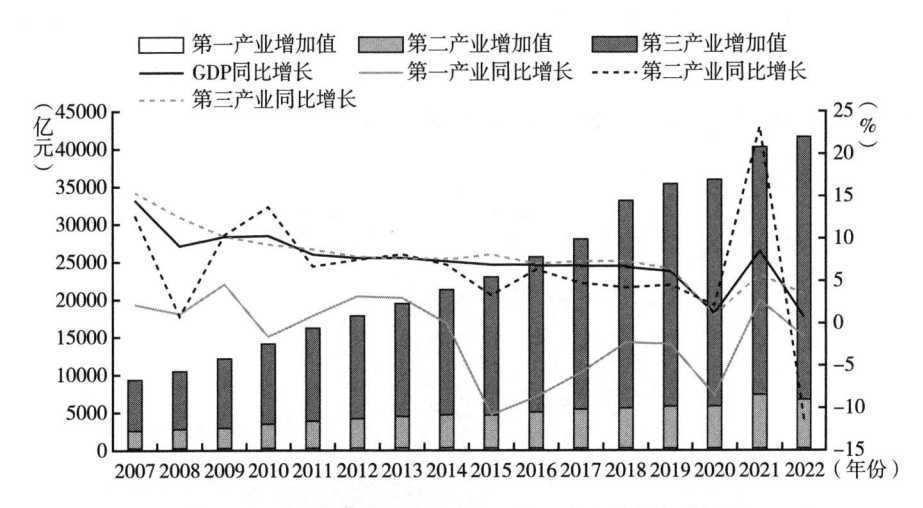

图 1　2007~2022 年北京市 GDP 及三大产业增加值情况

数据来源:Wind 数据库。

2. 各行业发展趋势

(1) 农林牧渔业

农林牧渔业方面,2022 年实现总产值 268.2 亿元,按可比价格计算,比上年下降 2.0%。其中,农业(种植业)产值 129.8 亿元,增长 2.3%;林业产值 86.5 亿元,增长 1.4%。

(2) 工业

工业方面,全年实现工业增加值 5036.4 亿元,占比 12.1%,增加值比上年下降 14.6%。其中,全市规模以上工业增加值比上年下降 16.7%,剔除新冠疫苗生产因素,增长 2.5%。2022 年北京市规模以上工业增加值构成见图 2。重点行业中,电力、热力生产和供应业占比 20.2%,增加值较上年增长9.8%；医药制造业占比14.3%，增加值下降58.3%，剔除新冠疫苗生产因素，增长6.4%；汽车制造业占比13.2%，增加值下降2.6%；计算机、通信和其他电子设备制造业占比11.5%，增加值增长3.6%。此外，通用设备制造业、专用设备制造业以及仪器仪表制造业保持增长，增加值较2021年分别增长7.1%、10.2%和2.5%。整体来说，2021年工业增加值增速为31.0%，2022年增加值调整回落；同时，电力、热力生产和供应业，计算机、通信和其他电子设备制造业，通用设备制造业，专用设备制造业等优势行业在疫情压力下始终保持增长，带动效应明显。

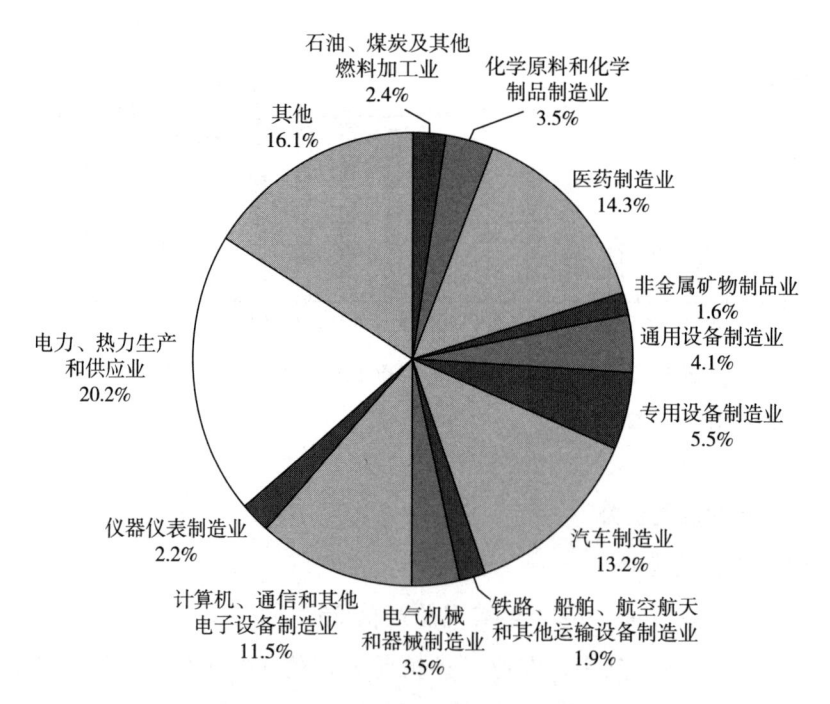

图2　2022年北京市规模以上工业增加值构成

数据来源：北京市统计局网站。

（3）建筑业

建筑业方面，全年实现建筑业增加值1614.2亿元，占比3.9%，增加值同比增长0.1%。全市有资质的施工总承包、专业承包建筑业企业完成总产值13866.1亿元，同比下降0.9%。其中，在外省完成产值10075.4亿元，下降2.8%；在北京地区完成产值3790.7亿元，增长4.8%。签订合同额为49320.4亿元，同比增长12.7%。其中，上年结转合同额为28939.2亿元，增长21.7%；本年新签合同额为20381.2亿元，增长1.9%。

(4) 第三产业[①]

2022年，金融业及信息传输、软件和信息技术服务业作为第一梯队，增加值占全市GDP的比重分别为19.7%和17.9%。其中，金融业增加值为8196.7亿元，较2021年增长6.4%；信息传输、软件和信息技术服务业增加值为7456.2亿元，较2021年增长9.8%。

科学研究和技术服务业、批发和零售业、房地产业、租赁和商务服务业作为第二梯队，2021~2022年增加值始终保持在2000亿元以上。其中，科学研究和技术服务业增加值为3465.0亿元，较2021年增长1.8%，占全市GDP的比重为8.3%；批发和零售业增加值为3110.3亿元，较2021年下降1.1%，占全市GDP的比重为7.5%；房地产业增加值为2594.5亿元，较2021年下降1.2%，占全市GDP的比重为6.2%；租赁和商务服务业增加值为2581.4亿元，较2021年下降1.3%，占全市GDP的比重为6.2%。

其他行业为第三梯队，其中教育增加值为1927.4亿元，较2021年下降2.9%，占全市GDP的比重为4.6%；公共管理、社会保障和社会组织增加值为1714.1亿元，较2021年增长3.5%，占全市GDP的比重为4.1%；卫生和社会工作增加值为1260.1亿元，较2021年增长13.7%，占全市GDP的比重为3%；交通运输、仓储和邮政业增加值为879.2亿元，较2021年下降4.6%，占全市GDP的比重为2.1%；文化、体育和娱乐业增加值为784.3亿元，较2021年下降2.2%，占全市GDP的比重为2.0%；住宿和餐饮业增加值为372.6亿元，较2021年下降13.7%，占全市GDP的比重为0.9%；水利、环境和公共设施管理业增加值为304.5亿元，较2021年增长

[①] 本部分北京市第三产业各细分行业增加值和同比增长等数据均直接引自相关年份《北京市国民经济和社会发展统计公报》，未做机械修改。

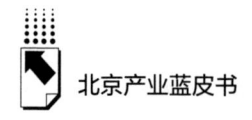

1.5%，占全市GDP的比重为0.7%；居民服务、修理和其他服务业增加值为200.7亿元，较2021年下降2.4%，占全市GDP的比重为0.5%。

行业	2021年	2022年
居民服务、修理和其他服务业	194.6	200.7
水利、环境和公共设施管理业	307.0	304.5
住宿和餐饮业	421.7	372.6
文化、体育和娱乐业	736.8	784.3
交通运输、仓储和邮政业	942.5	879.2
卫生和社会工作	1078.5	1260.1
公共管理、社会保障和社会组织	1669.5	1714.1
教育	1964.8	1927.4
租赁和商务服务业	2435.4	2581.4
房地产业	2605.5	2594.5
批发和零售业	3150.6	3110.3
科学研究和技术服务业	3198.2	3465.0
信息传输、软件和信息技术服务业	6535.3	7456.2
金融业	7603.7	8196.7

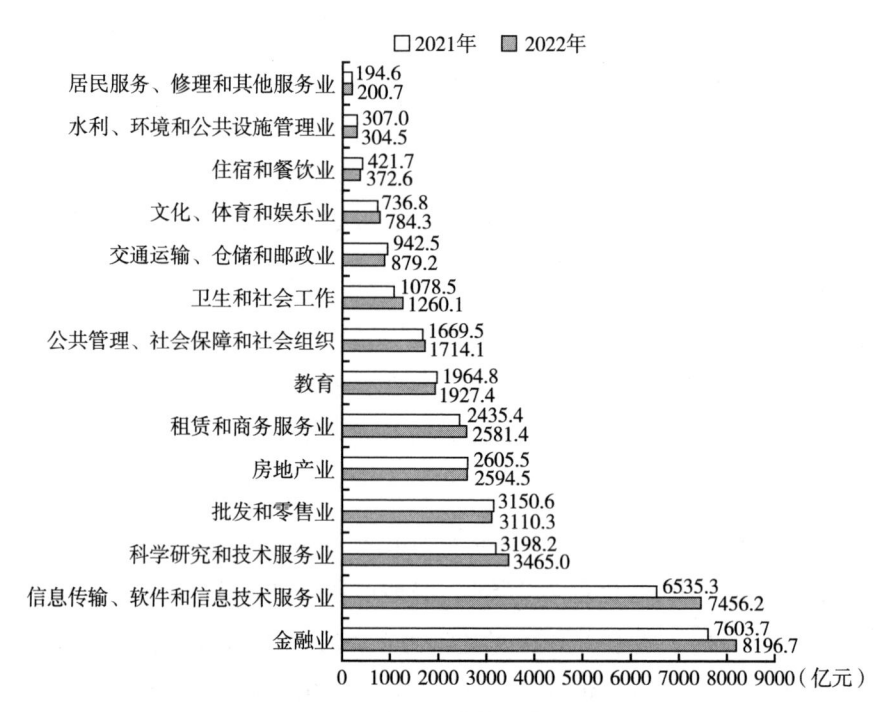

图3　2021~2022年北京市第三产业增加值构成

数据来源：北京市统计局网站。

总体而言，第三产业增加值占全市GDP的比重超过80%，其中，信息传输、软件和信息技术服务业，金融业，科学研究和技术服务业三大优势行业均实现正增长，增加值占全市GDP的比重合计45.9%，比2021年提高2.5个百分点；占第三产业的比重达到54.8%，比上年提高1.7个百分点。

2010~2022年主要产业增加值占第三产业比重的变化趋势见图4。2010年北京市第三产业中主导行业为金融业及批发和零售业，增加值分别占第三产业的17.6%和17.8%。随着信息传输、软件和信息技术服务业及金融业的快速发展，其增加值占比整体上逐年增加，2015年信息传输、软件和信息技术服务业增加值占比（13.0%）首次超过批发和零售业（12.8%）。信息传输、软件和信息技术服务业增加值占比由2010年的11.5%增长至2022年的21.4%，金融业增加值占比由2010年的17.6%增长至2022年的23.5%。批发和零售业增加值占比由2010年的17.8%缩减至2022年的8.9%，交通运输、仓储和邮政业，住宿和餐饮业，房地产业，租赁和商务服务业增加值占比均有所缩减（见图4）。以上表明北京市信息传输、软件和信息技术服务业支撑力提高，金融业核心竞争力提升，现代服务业增势较好，产业结构不断优化，经济高质量发展潜力十足。

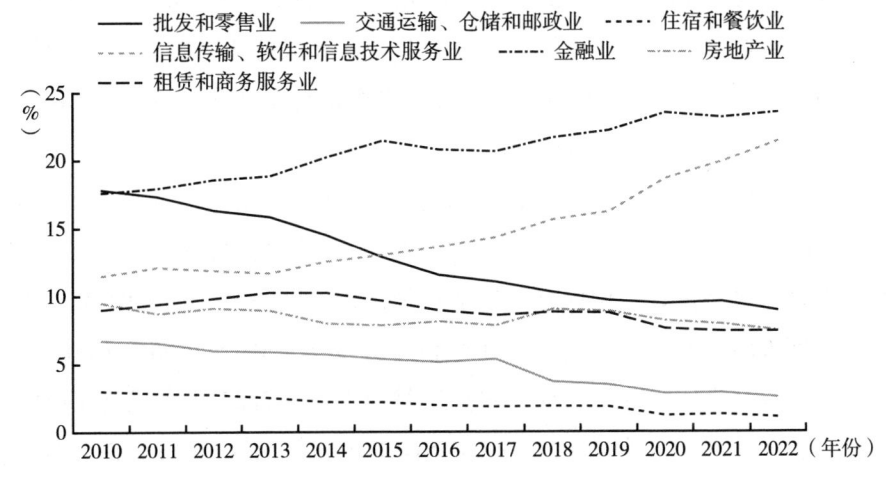

图4　2010~2022年北京市主要产业增加值占第三产业比重的变化趋势

数据来源：Wind数据库。

卫生和社会工作，公共管理、社会保障和社会组织，水利、环境和公共设施管理业三个公共服务行业实现正增长，表明北京市公共服务水平和社会治理能力不断提高。受疫情影响较大的住宿和餐饮业，交通运输、仓储和邮政业，租赁和商务服务业，文化、体育和娱乐业等行业增加值小幅下降，随着经济运行不断好转，内需不断扩大，预期2023年相关行业发展将有所好转。

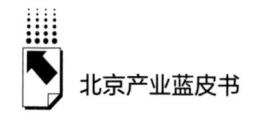

（二）北京市各区经济增长分析

1. 各区GDP情况

海淀区依靠其教育、科技等方面的优势，2022年信息传输、软件和信息技术服务业，金融业以及科学研究和技术服务业等增加值均实现正增长，GDP持续增加，首次突破万亿元，经济总量和增长贡献继续保持全市第一。具体而言，2022年海淀区GDP为10206.9亿元，在全市排第1名，占全市GDP的比重为24.53%；GDP同比增长3.5%，在全市排第5名。

朝阳区以金融业，批发和零售业，租赁和商务服务业，信息传输、软件和信息技术服务业以及文化相关产业为重点，并依托CBD功能区、中关村科技园区朝阳园等重点产业园区，经济总量始终保持北京市前列。具体而言，2022年朝阳区GDP为7911.2亿元，在全市排第2名，占全市GDP的比重为19.01%；GDP同比增长0.7%，在全市排第13名。

西城区和东城区作为全国政治中心、文化中心和国际交往中心的核心承载区，以金融业为主导，全区遍布各类央企、大型国企、外企、金融机构等，2022年经济发展稳中向好，经济总量占比不断提升。具体而言，2022年西城区GDP为5700.1亿元，在全市排第3名，占全市GDP的比重为13.70%；GDP同比增长4.1%，在全市排第3名。2022年东城区GDP为3437.1亿元，在全市排第4名，占全市GDP的比重为8.26%；GDP同比增长5.6%，在全市排第2名。

北京经济技术开发区以"三城一区"主平台为抓手，形成新能源和智能网联汽车、新一代信息技术、机器人和智能制造、生物医药和大健康四大主导产业，四大主导产业实现产值4000亿元以上，经济总量突破2000亿元，工业增加值居全市第一。由于2021年GDP实现了28.8%的超高速增长，2022年北京经济技术开发区经济发展以调整、维稳为主。具体而言，2022年北京经济技术开发区GDP为2456.4亿元，在全市排第5名，占全市GDP的比重为5.90%；GDP同比增长-11.4%，在全市排第16名。

顺义区作为国际航空中心核心区、创新引领的区域经济提升发展先行区，依托中德产业园、天竺综合保税区、临空经济示范区三大园区，重点发展航空服务、跨境金融、文化贸易、商务会展、数字贸易、医疗健康、国际寄递物流七大产业，着力培育新能源智能汽车、第三代半导体以及航空航天产业集群。2022年，面对疫情冲击、产业结构调整等多重考验，顺义区实现维稳发展。具体而言，2022年顺义区GDP为2073.2亿元，在全市排第6名，占全市GDP的比重为4.98%；GDP同比增长0.5%，在全市排第14名。

丰台区是首都商务新区、科技创新和金融服务的融合发展区，是高水平对外综合交通枢纽。近年来围绕丽泽金融商务区、中关村科技园区丰台园及首都商务新区三大重点区域，推动新兴金融、科技服务、轨道交通、航空航天四大重点领域实现突破发展。2022年，丰台区空间"连点成带"、产业"强链建圈"，经济稳步恢复。具体而言，2022年丰台区GDP为2061.8亿元，在全市排第7名，占全市GDP的比重为4.95%；GDP同比增长1%，在全市排第11名。

昌平区依托国家服务业扩大开放综合示范区和中国（北京）自由贸易试验区建设，构建"一轴一带一廊、两城一区多点"的空间结构，推动区域科技创新，实现更高水平对外开放。2022年，昌平区高标准推进"两区"建设，在工业、交通运输、仓储和邮政业、金融业等重点领域实现正增长，全区经济承压前行，呈现稳步回升态势。具体而言，2022年昌平区GDP为1340.8亿元，在全市排第8名，占全市GDP的比重为3.22%；GDP同比增长1.5%，在全市排第10名。

通州区作为北京城市副中心，始终以"一核五区"建设为导向，即以新城核心区为重心，打造文化旅游区、环渤海高端总部基地集聚区、国际医疗服务区、文化创意产业集聚区以及国际组织集聚区，聚力打造数字经济、现代金融、先进制造、商务服务、文化旅游、现代种业六大产业集群。2022年，产业项目顺利开工，多家大中型央、市属国企落户，金融机构存贷款余额增速名列全市前茅，高精尖产业蓬勃发展，经济总量持续提升。具体而言，2022年通州区GDP为1253.4亿元，在全市排第9名，占全市GDP的比重为3.01%；GDP同比增长2.8%，在全市排第8名。

大兴区已形成"四区三基地"的园区发展格局，即临空经济区、大兴国际氢能示范区、北京中日创新合作示范区、农业现代化示范区，生物医药产业基地、北京商业航天产业基地和新媒体基地，着力打造生命健康、临空产业、先进制造三个千亿级产业集群，2021年实现全市GDP增速最高，达56.4%。2022年大兴区经济总量回调，以工业总产值为代表，大兴区规模以上工业总产值实现1017.7亿元，比上年下降55.0%。具体而言，2022年大兴区GDP为1091.9亿元，在全市排第10名，占全市GDP的比重为2.62%；GDP同比增长-22.1%，在全市排第17名。

石景山区始终以强化现代金融业主导地位、做精做优科技服务业、巩固数字创意产业领先优势、加快发展新一代信息技术产业、提升商务服务业支撑功能为发展目标，不断强化中关村科技园区石景山园、银行保险产业园、工业互联网产业园、苹果园大悦城建设，持续优化"一轴四园"空间布局。2022年，石景山区交通运输、仓储和邮政业，信息传输、软件和信息技术服务业，科学研究和技术服务业等均实现长足发展，经济体量不断增加，首次突破千亿元大关。具体而言，2022年石景山区GDP为1000.2亿元，在全市排第11名，占全市GDP的比重为2.40%；GDP同比增长1.8%，在全市排第9名。

房山区依托房山中央休闲购物区（CSD）、良乡高教园等核心发展区域的经济带动，中关村科技园区房山园的战略规划，以及长阳航天电子科技园、北京高端制造业基地、北京石化新材料科技产业基地等的支撑发展，经济总量始终保持稳定增长。2022年，房山区交通运输、仓储和邮政业，科学研究和技术服务业，金融业等现代服务业增速明显，促进经济总量平稳增长。具体而言，2022年房山区GDP为860.9亿元，在全市排第12名，占全市GDP的比重为2.07%；GDP同比增长3.1%，在全市排第6名。

怀柔区、平谷区、密云区、门头沟区、延庆区作为北京市生态涵养发展区，经济体量较小。2022年，在推动生态保护和绿色发展的基础上，各区经济总量同步实现稳定增长。具体而言，2022年怀柔区GDP为451.5亿元，在全市排第13名，占全市GDP的比重为1.09%；GDP同比增长3.0%，在全市排第7名。平谷区GDP为408.6亿元，在全市排第14名，占全市GDP的比重为0.98%；GDP同比增长7.9%，在全市排第1名。密云区GDP为361.9亿元，在全市排第15名，占全市GDP的比重为0.87%；GDP同比增长0.5%，在全市排第15名。门头沟区GDP为272.2亿元，在全市排第16名，占全市GDP的比重为0.65%；GDP同比增长1.0%，在全市排第12名。延庆区GDP为210.3亿元，在全市排第17名，占全市GDP的比重为0.51%；GDP同比增长3.7%，在全市排第4名。

从2022年各区GDP占比看，通州区超过大兴区，平谷区超过密云区，其他区排名与2021年对比无变化。海淀区、朝阳区、西城区、东城区GDP稳定保持在3000亿元以上，4区GDP合计占全市的比重为65.5%。其中，海淀区GDP突破万亿元，成为北京市首个GDP破万亿元的区，成为继浦东后全国第二个GDP破万亿元的市辖区。

从2022年各区GDP增速看，除大兴区和北京经济技术开发区受高基数（2021年大兴区GDP增速为56.4%，北京经济技术开发区GDP增速为28.8%）影响，GDP增速为负外，其他15个区均实现正增长。其中，平谷区增速最快，为7.9%；有6个区增速为3.0%~7.0%，分别是海淀区、西城区、东城区、房山区、怀柔区和延庆区；此外还有6个区增速不低于北京市GDP增速（0.7%），分别是朝阳区、石景山区、丰台区、昌平区、通州区、门头沟区。与2021年对比，各区增速均有不同程度下滑，其中，延庆区增速下降幅度最小，大兴区增速下降幅度最大。总体来看，2022年各区经济虽然面临高基数等压力，但都表现出较强的韧性和潜力，整体保持恢复态势。

2. 各区三大产业情况

从第二产业产值规模看，北京经济技术开发区和海淀区产值最大，其中北京经济技术开发区以1601.6亿元位居第一，占北京市第二产业产值的

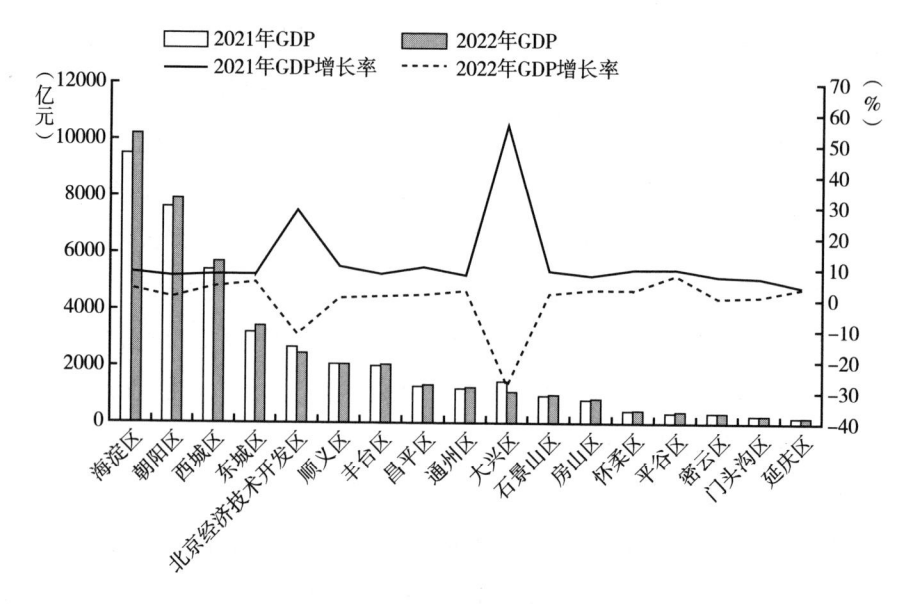

图 5　2021~2022 年北京市各区 GDP 及增长率

数据来源：北京市统计局网站。

24.25%；海淀区以 811.9 亿元位居第二，占比 12.29%。生态涵养区各区第二产业产值占比在 0.5%~3%区间，其他各区第二产业产值则基本维持在 4%~9%区间。可以看出北京经济技术开发区依托地理优势和政策优势，承接了北京市相当大体量的工业、制造业，而海淀区由于有超万亿元总产值，第二产业规模也很庞大。

从第三产业产值规模看，海淀区、朝阳区、西城区、东城区属于第一梯队，其中海淀区以 9393.0 亿元位居第一，占北京市第三产业总产值的 26.92%；朝阳区以 7389.0 亿元位居第二，占比 21.18%；西城区以 5406.2 亿元位居第三，占比 15.49%；东城区以 3358.6 亿元位居第四，占比 9.63%。第一梯队产值总和占北京市第三产业的比重超过 73%，其他各区第三产业规模均小于 2000 亿元，占比不超过 5.1%。可以看出，2022 年，北京市服务业等高净值产业仍集中于中心城区，产业整体布局未发生明显改变。

第三产业与第二产业产值比值大小反映产业结构水平，比值越高，说明产业结构越优。从该指标来看，除北京经济技术开发区以外，其他各区比值均大于1。东城区以42.78遥遥领先，产业结构最高级。西城区、朝阳区、海淀区属于第二梯队，其中西城区以18.39位居第二，朝阳区以14.23位居第三，海淀区以11.57位居第四。其他各区第三产业与第二产业比值均小于7，其中北京经济技术开发区是唯一第二产业产值高于第三产业产值的地区，比值为0.53。可以看出，除北京经济技术开发区以外，其他各区均以第三产业为主导。其中东城区、西城区、朝阳区、海淀区不仅产业规模大，而且产业结构更高级。北京经济技术开发区则主抓高端制造业，承接中心城区科技成果转化，产业特色明显。

从第二产业产值增长率来看，有7个区第二产业产值较2021年有所提升，分别为平谷区、西城区、通州区、房山区、密云区、昌平区、门头沟区。其中平谷区第二产业产值增长率为8.0%，位居第一；西城区增长率为4.5%，位居第二；通州区增长率为3.8%，位居第三；房山区增长率为3.0%，位居第四。北京经济技术开发区和大兴区受2021年第二产业产值高增长率影响，2022年第二产业产值出现明显下滑，其中北京经济技术开发区下滑18.9%，大兴区下滑53.6%。可以看出，第二产业受高基数和疫情的影响较大，除少部分地区外，2022年大多数地区第二产业发展受到制约。

从第三产业产值增长率来看，北京市全部17个区均实现正增长，说明第三产业发展抗压力较强，受客观因素影响较小。其中平谷区增长率最高，为8.6%；怀柔区增长率为8.2%，位居第二；北京经济技术开发区增长率为7.2%，位居第三；东城区增长率为6.2%，位居第四；西城区和海淀区增长率均为4.1%，并列第七（见表1）。

总体而言，2022年北京市大多数地区三大产业发展均扛住压力，实现平稳增长。但也需要注意到，各产业产值仍然集中于海淀区、朝阳区、西城区、东城区等中心城区，实现城市功能优化调整、区域经济协调发展仍然任重而道远。

表1 2022年北京市各区第二、三产业产值规模情况

地区	北京市	海淀区	朝阳区	西城区	东城区	大兴区	北京经济技术开发区	石景山区	丰台区	顺义区	昌平区	房山区	通州区	门头沟区	怀柔区	平谷区	密云区	延庆区
总产值（亿元）	41610.9	10206.9	7911.2	5700.1	3437.1	1091.9	2456.4	1000.2	2061.8	2073.2	1340.8	860.9	1253.4	272.2	451.5	408.6	361.9	210.3
第二产业（亿元）	6605.1	811.9	519.3	293.9	78.5	380.3	1601.6	132.5	310.3	568.4	455.5	356.0	466.7	73.2	163.5	92.2	95.9	41.3
第三产业（亿元）	34894.3	9393.0	7389.0	5406.2	3358.6	696.3	854.8	867.7	1750.7	1488.1	878.9	493.3	773.3	197.4	282.5	303.0	251.9	161.6
第三产业/第二产业产值	5.28	11.57	14.23	18.39	42.78	1.83	0.53	6.55	5.64	2.62	1.93	1.39	1.66	2.70	1.73	3.29	2.63	3.91
第二产业增长率（%）	-11.4	-2.9	-1.9	4.5	-16.4	-53.6	-18.9	-13.4	-6.3	-1.2	1.5	3.0	3.8	0.3	-5.4	8.0	1.6	-4.1
第三产业增长率（%）	3.4	4.1	0.9	4.1	6.2	3.5	7.2	4.7	2.4	1.2	1.5	3.6	2.2	1.2	8.2	8.6	0.2	5.4

注：可能由于统计口径不同等原因，各区合计与北京市整体数据略有偏差。

数据来源：北京市统计局网站。

二 北京高精尖产业发展概况

（一）2022年北京市高精尖产业相关政策梳理

2017年12月，为深入贯彻落实党的十九大精神和中央经济工作会议精神，立足有序疏解非首都功能，以提升发展水平为根本要求，以创新驱动为导向，落实京津冀协同发展战略，北京市发布《加快科技创新发展新一代信息技术等十个高精尖产业的指导意见》，选取10个产业为重点发展的高精尖产业。2022年以来，北京市持续推进高精尖产业的发展，从资金支持、人才激励等多个方面出台相关政策，支持高精尖产业稳中向好发展，继续占领全国高精尖产业的发展高地。

1. 资金支持政策

2022年初，北京市经济和信息化局和北京市财政局发布《2022年北京市高精尖产业发展资金实施指南》，明确提出2022年度高精尖资金重点支持高精尖产业高端智能绿色发展和着力保持高精尖产业平稳发展，具体包括重点新材料首批次应用示范奖励和医药创新品种首试产奖励等12个细分方向。高精尖资金将坚持"普惠共享"支持原则，采用明确的标准，实现"达标即享"，同时进一步优化简化达标企业的申报流程，快速给予企业资金支持，资金的使用范围进一步扩大、使用过程更加透明化。该指南还强调，不仅要发挥有效市场作用，还要注重发挥有为政府作用，双重作用共同加持才能提升资金政策"事半功倍"的效能，从而为北京市制造业高质量发展保驾护航，增强经济增长的稳定性，加快高精尖产业转型升级的步伐。

2022年，北京市高精尖产业的资金支持政策重点关注中关村国家自主创新示范区，着力优化园区创新创业环境，促进园区内企业提升创新能力和国际化发展水平。在优化园区创新创业环境方面，多项政策为促进园区建设高品质产业承载空间、高能级创新创业载体和培育高质量产业生态提供资金支持，比如《中关村国家自主创新示范区优化创新创业生态环境支持资金管理办法（试行）》指出，从支持创新创业公共服务平台建设、加强保护知识产权、加快技术标准创制运用和提升科技服务专业能力四个方面对中关村国家自主创新示范区的创新创业生态环境进行优化。在促进园区内企业提升创新能力方面，多项资金支持政策着力提升科技创新企业的融资能力，畅通科技创新企业的融资渠道，比如通过加强科技信贷和科技保险创新、大力发展天使和创业投资、支持企业利用资本市场融资等方式，促进科技金融深度融合发展；还通过建立金融产品创新机制、鼓励培育科创企业上市、建立被投企业服务机制、建立金融机构服务科创企业考评激励机制、推动政府与金融机构共担风险、优化政银企制度对接平台和建立科创金融服务试点7个方面，加大对科技创新企业的全链条融资支持力度。另外，《中关村国家自主创新示范区提升国际化发展水平支持资金管理办法（试行）》指出，北京市将采取后补助的方式分档给予支持，从融入全球创新网络、聚集国际创新资源和促进国际交流合作三个方面提升中关村国家自主创新示范区国际化发展水平（见表2）。

表2 2022年北京市高精尖产业资金支持政策

发布(成文)时间	文件名称
2022年1月30日	《2022年北京市高精尖产业发展资金实施指南》
2022年6月10日	《中关村国家自主创新示范区促进科技金融深度融合发展支持资金管理办法(试行)》
2022年6月10日	《中关村国家自主创新示范区促进园区高质量发展支持资金管理办法(试行)》
2022年6月10日	《中关村国家自主创新示范区提升企业创新能力支持资金管理办法(试行)》
2022年6月10日	《中关村国家自主创新示范区优化创新创业生态环境支持资金管理办法(试行)》
2022年6月13日	《中关村国家自主创新示范区提升国际化发展水平支持资金管理办法(试行)》
2022年6月25日	《关于对科技创新企业给予全链条金融支持的若干措施》

数据来源：北京市人民政府网站。

2.人才激励政策

2022年下半年，北京市政府从技术经理人队伍建设工作、登记申请和高技能人才培养三个方面出台人才激励政策，推动高等院校、医疗卫生机构、研发机构、企业等科技成果转化落地。技术经理人队伍建设工作方面，北京市坚持以需求为导向、加强政府引导、注重协同联动、促进示范引领的原则，促进形成技术经理人的培养、引进、使用和激励机制，致力于打造一支职业化、专业化、国际化技术经理人队伍；技术经理人登记申请方面，为促进北京技术转移机构发展和技术经理人队伍建设，优化技术转移服务体系及提升科技成果转化效率，北京市发布了《北京市技术转移机构及技术经理人登记办法》；高技能人才培养方面，北京市面向全市高新技术等产业培养中级及以上技能人才开展高技能人才培训，通过发放公共实训基地高技能人才培训补助，促进个人、用人单位和实训基地积极参与技能训练，从而加快北京市高技能人才培养和促进就业（见表3）。

表3 北京市高精尖产业人才激励政策

发布时间	文件名称
2022年9月23日	《关于推动北京市技术经理人队伍建设工作方案》
2022年9月23日	《北京市技术转移机构及技术经理人登记办法》
2021年12月17日	《北京市公共实训基地高技能人才培训经费补助办法（试行）》

数据来源：北京市人民政府网站。

3.特定产业支持政策

为强化软件和信息服务业、制造业高精尖企业对北京市国际科技创新中心建设和现代产业体系构建的重要支撑作用，并加强企业梯度培养、优化企业结构，形成创新引领的新格局，2022年北京市出台了促进特定产业企业高质量发展的若干措施。在软件和信息服务业方面，北京市出台支持新技术新产品研发、软件产品首试首用、互联网3.0新技术体验验证等措施，推动软件和信息服务业进一步做优做强和提升发展能级，加快建设全球数字经济标杆城市。在先进制造业和软件信息服务业中小企业方面，北京市建立全市先进软件信息服务业和制造业中小企业升规稳规企业培育库，并且通过部门数据共享、区域推荐以及企业自荐等途径，将有发展潜力的企业纳入培育库，优化企业结构，加强企业梯度培育，形成创新引领的新发展格局（见表4）。

表4　2022年北京市高精尖产业中特定产业支持政策

发布时间	文件名称
2022年3月15日	《关于支持发展高端仪器装备和传感器产业的若干政策措施实施细则》
2022年7月26日	《北京市推动软件和信息服务业高质量发展的若干政策措施》
2022年9月15日	《关于促进先进制造业和软件信息服务业中小企业升规稳规创新发展的若干措施（2023—2025年）》

数据来源：北京市人民政府网站。

4.其他政策文件

进入新发展阶段，党中央明确了支持北京形成国际科技创新中心的战略任务。"十四五"时期，北京市将以推动首都高质量发展为主线，以体制机制创新和科技创新为动力，以"三城一区"为主平台，以中关村国家自主创新示范区为主阵地，推动支持全面创新的基础制度建设，率先建成国际科技创新中心。同时，《北京经济技术开发区关于加快推进国际科技创新中心建设打造高精尖产业主阵地的若干意见》指出，北京市将以服务国家战略为根本，以首都发展为中心思想，在发展全局中坚持创新的核心地位，充分发挥企业作为创新主体的中坚力量，加强推动高水平人才高地建设，着力打造"两区"建设亦庄样本，对首都国际科技创新中心建设形成有力支撑。

在加快推进和支持建设高精尖产业方面，北京市还做出了如下努力。第一，充分发挥市级财政科技资金的引导作用，优化科技资源配置机制，积极适应创新范式变革趋势，推动"十四五"规划落实以及中关村先行先试改革任务的落地，为加速建设世界领先科技园区奠定基础。第二，建立高新技术企业培育服务体系，引导市场机构加强对高新技术企业的孵化培育，进而形成梯次接续的高新技术企业发展格局，将有力支撑北京国际科技创新中心和中关村世界领先科技园区建设。第三，《北京高等学校高精尖创新中心建设项目管理办法》提出要加快推动从基础理论研究到技术产业化突破的全创新链贯通发展，加快产出实质性重大科技成果以及培养高层次创新人才，搭建与国家实验室等错位布局、相互补充、协同发展的高端创新平台，打造高校服务首都高质量发展的高能级创新基地（见表5）。

表5 2022年北京市高精尖产业其他政策文件

发布（成文）时间	文件名称
2021年11月3日	《北京市"十四五"时期国际科技创新中心建设规划》
2022年1月14日	《北京经济技术开发区关于加快推进国际科技创新中心建设打造高精尖产业主阵地的若干意见》
2022年6月10日	《关于推动中关村加快建设世界领先科技园区的若干政策措施》
2022年6月15日	《北京市关于实施"三大工程"进一步支持和服务高新技术企业发展的若干措施》
2022年7月29日	《北京市科技型社会组织服务企业聚力发展的行动方案（聚力行动）》
2022年9月16日	《北京高等学校高精尖创新中心建设项目管理办法》

数据来源：北京市人民政府网站。

（二）北京高精尖产业发展现状分析

目前北京市十大高精尖产业的分类没有明确的统计口径与标准，而高精尖产业和高技术产业都需要高研发投入和产出，两者形成和发展的动力源泉都是远离平衡态，两者在具体分类上有较多交叉的子行业。本文利用高技术产业[①]的相关数据对北京高精尖产业发展情况进行分析。

---

① 高技术产业是指研发投入大、产品附加值高、国际市场前景良好的技术密集型产业，具备智力性、创新性、战略性和资源消耗少等特点，2017年和2018年国家统计局先后制定了《高技术产业（制造业）分类（2017）》和《高技术产业（服务业）分类（2018）》。按照《高技术产业（制造业）分类（2017）》，高技术产业（制造业）包括医药制造，航空、航天器及设备制造，电子及通信设备制造，计算机及办公设备制造，医疗仪器设备及仪器仪表制造，信息化学品制造6个大类。按照《高技术产业（服务业）分类（2018）》，高技术产业（服务业）包括信息服务，电子商务服务，检测检验服务，专业技术服务业的高技术服务，研发与设计服务，科技成果转化服务，知识产权及相关法律服务，环境监测及治理服务，其他高技术服务9个大类。

1. 生产经营情况

从规模上看，近年来北京高精尖产业规模不断扩大，占北京市GDP的比重呈上升趋势。从北京市高技术产业产值、增速与占比来看，2020年北京市高技术产业产值为9242.30亿元，占北京市GDP比重为25.71%，较2015年上升4.82个百分点（见图6）。2015~2021年，北京市规模以上高技术制造业新产品销售收入以及工业总产值总体呈现逐年上升的趋势，其中，高技术制造业新产品销售收入从2015年的1597.81亿元上升到2021年的5388.10亿元，2021年增速达116.60%，明显高于以前年份。高技术制造业总产值从2015年的3499.40亿元增至2021年的8708.63亿元，2021年增速达69.79%，同样表现出强劲的增长势头（见图7和图8）。

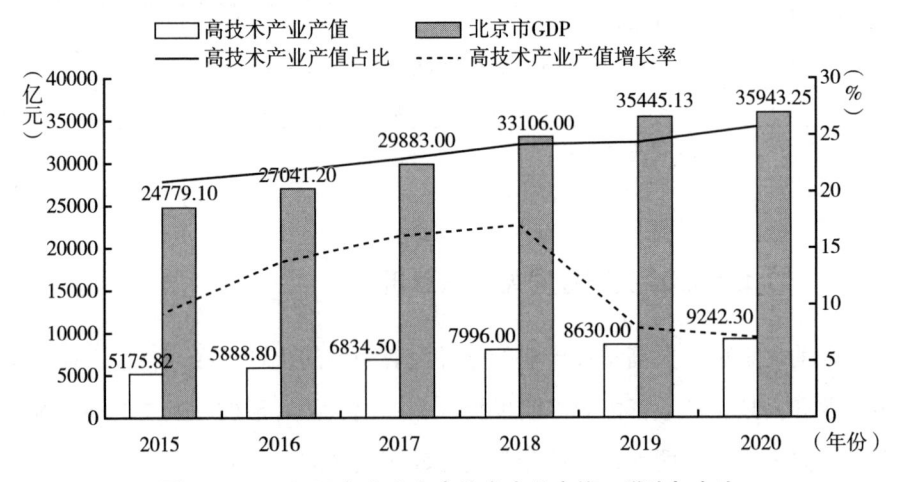

图6 2015~2020年北京市高技术产业产值、增速与占比

数据来源：北京市统计局网站。

从结构上看，医药制造业加速增长，其他产业稳中有升。本文根据规模以上高技术制造业细分产业新产品销售收入与增速，研究细分产业的发展情况，并解析高技术制造业的结构变动。2015~2021年，医药制造业，计算机及办公设备制造业，航空、航天器及设备制造业和医疗仪器设备及仪器仪表制造业新产品销售收入整体呈增长趋势。

图 7　2015~2021 年北京市规模以上高技术制造业新产品销售收入与增速

数据来源：北京市统计局网站。

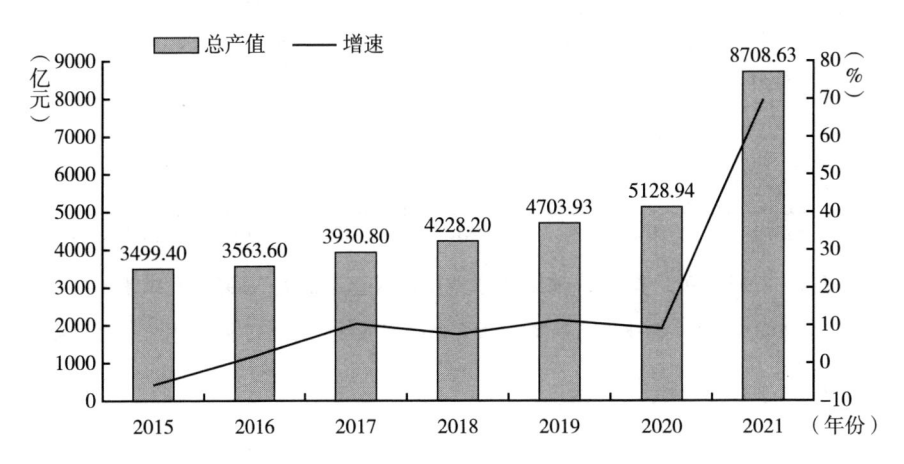

图 8　2015~2021 年北京规模以上高技术制造业总产值与增速

数据来源：北京市统计局网站。

其中，医药制造业新产品销售收入在 2021 年的增速最快，达655.49%。航空、航天器及设备制造业新产品销售收入在 2019 年短暂下滑，增速为-45.25%，但 2020~2021 年迅速回升，增速分别达到 85.58%和16.09%，2021 年实现销售收入 88.61 亿元。计算机及办公设备制造业和医疗仪器设备及仪器仪表制造业新产品销售收入增速整体呈先下降后上升的趋势。计算机及办公设备制造业新产品销售收入在2016~2019年呈下降趋势，2020年略有回升，2021年实现较为明显的增长。医疗仪器设备及仪器仪表制造业新产品销售收入在2016~2018年呈下降趋势，但在随后几年内稳步回升（见图9和图10）。从规模以上高技术制造业新产品销售收入占比看，医药制造业是抬升产业整体新产品销售收入的主要力量，受疫情的影响，2021年医药制造业产业规模和销售收入实现高速增长（见图11）。

图9 2015~2021年北京市规模以上高技术制造业细分产业新产品销售收入

注：2021年医药制造业新产品销售收入为2511.93亿元，因与其他数据相差较大，未在图中显示。

数据来源：北京市统计局网站。

从高技术产业出口创汇来看，我国高技术产业出口贸易的总体形势良好。2016~2021年，中国高技术产业出口创汇从18166.36亿元增长到29225.18亿元，增长60.88%，高技术产业出口创汇占GDP比重基本稳步增长。北京市高技术产业出口贸易竞争力不断增强，2016~2021年北京市高技术产业出口创汇从183.26亿元增长到1976.90亿元，增长9.79倍，北京市高技术产业出口创汇占GDP比重由0.68%升至4.82%，2020年基本达到全国平均水平，2021年大幅赶超全国平均水平（见表6和图12）。

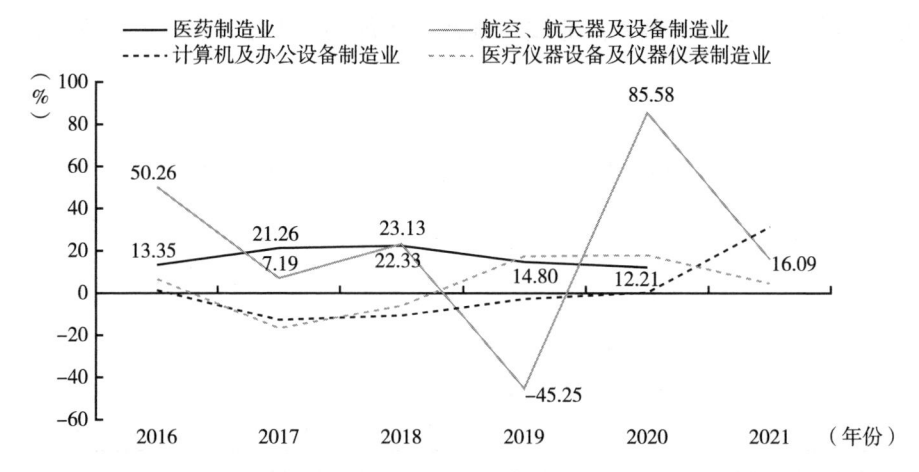

2022~2023年北京产业发展状况分析及未来展望

图10 2016~2021年北京市规模以上高技术制造业细分产业新产品销售收入增速

注：2021年医药制造业新产品销售收入增速为655.49%，因与其他数据相差较大，未在图中显示。

数据来源：北京市统计局网站。

图11 2015~2021年北京市规模以上高技术制造业细分产业新产品销售收入占比

数据来源：北京市统计局网站。

北京市高技术产业出口创汇占全国高技术产业出口创汇比重由2016年的1.01%增长到2021年的6.76%（见图13），说明北京市高技术产业在全国的战略地位越发重要。总体来看，我国高技术产业出口贸易竞争力逐渐增强，其中北京市高技术产业成绩显著，有利于提升全国高技术产业出口贸易竞争力。

表6　2016~2021年北京市和全国高技术产业出口创汇

单位：亿元

	2016年	2017年	2018年	2019年	2020年	2021年
北京市GDP	27041.20	29883	33106	35445.13	35943.25	41045.63
北京市高技术产业出口创汇	183.26	—	424.55	557.56	878.07	1976.90
全国GDP	746395.06	832035.95	919281.13	986515.2	1013567	1149237
全国高技术产业出口创汇	18166.36		19332.05	20064.05	24880.28	29225.18

数据来源：相关年份《中国高技术产业统计年鉴》和《中国统计年鉴》。

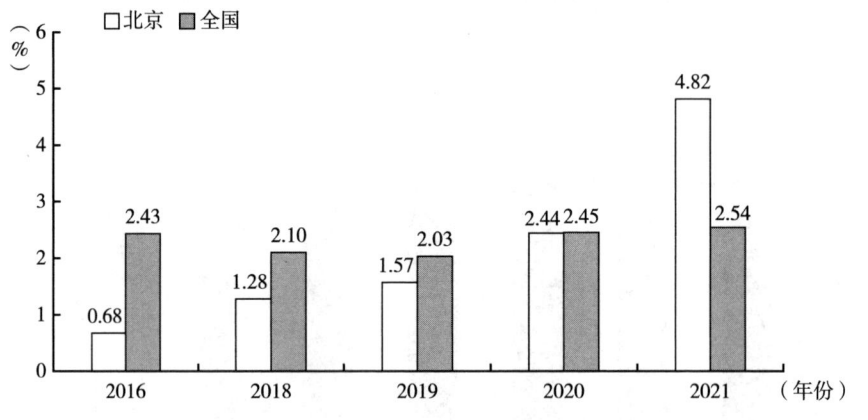

图12　2016~2021年北京市和全国高技术产业出口创汇占GDP比重

数据来源：相关年份《中国高技术产业统计年鉴》和《中国统计年鉴》。

2. 研发投入与成果情况

从研发投入来看，北京高技术产业R&D经费内部支出不断增加。北京市针对高精尖产业研发出台了一系列资金扶持政策，从基础研究、技术创新等方面促进高技术产业的发展。2015~2021年，北京高技术产业R&D经费内部支出逐年增长，从2015年的120.23亿元增长到2021年的211.91亿元，年均增速为9.91%，2021年增速最为显著，达到34.15%（见图14）。

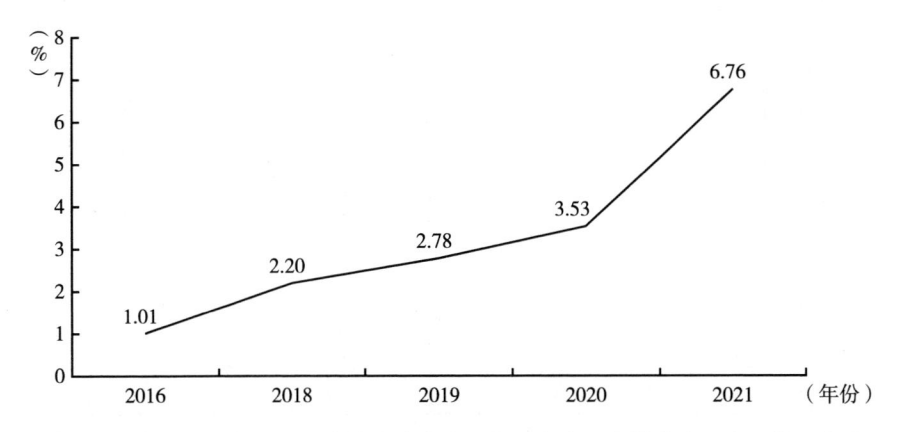

图13 2016~2021年北京市高技术产业出口创汇占全国高技术产业出口创汇比重

数据来源：相关年份《中国高技术产业统计年鉴》和《中国统计年鉴》。

图14 2015~2021年北京市高技术产业R&D经费内部支出及增速

数据来源：相关年份《中国高技术产业统计年鉴》和《中国科技统计年鉴》。

从产业人才来看，北京市高技术产业R&D人员折合全时当量在2018年和2019年均明显下降，2020年明显提升（见图15）。2015~2021年，北京市高技术产业R&D人员数整体呈增长趋势，2021年达到32476人（见图16）；北京市高技术产业有R&D活动的企业数稳步增加，从2015年的450家增至2021年的547家（见图17）。

图15　2015~2021年北京市高技术产业R&D人员折合全时当量及其增速

数据来源：相关年份《中国高技术产业统计年鉴》和《中国科技统计年鉴》。

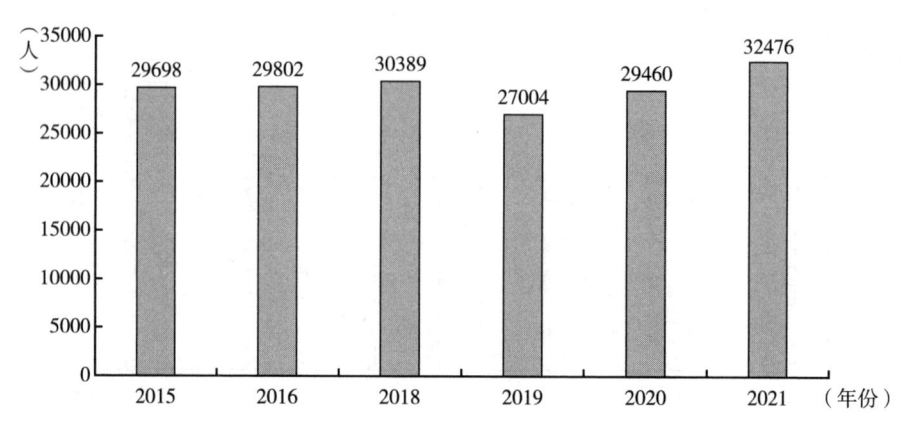

图16　2015~2021年北京市技术产业R&D人员数

注：国家统计局发布的《中国高技术产业统计年鉴》在2018年停更一年，也未从其他资料获得相关指标的2017年统计数据，故2017年数据空缺。

数据来源：相关年份《中国高技术产业统计年鉴》。

从研发成果来看，高精尖产业科技创新成果大幅增加，创新技术含量更高。2021年，北京市高技术产业专利申请数达14457件，同比增长27.67%，有效发明专利数达43932件，同比增长40.61%。高技术产业专利申请数增速在2017~2021年稳步上升，2021年最高。有效发明专利数增速

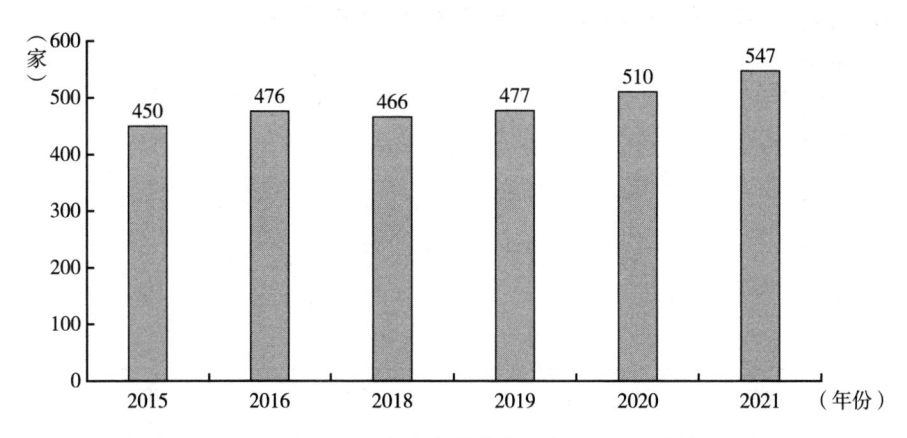

图17 2015~2021年北京市高技术产业有R&D活动的企业数

注：国家统计局发布的《中国高技术产业统计年鉴》在2018年停更一年，也未从其他资料获得相关指标的2017年统计数据，故2017年数据空缺。
数据来源：相关年份《中国高技术产业统计年鉴》。

在2018~2021年呈先下降后上升的趋势，2019年达到最低值9.68%，2020年及以后增速逐年提高（见图18和图19）。

图18 2015~2021年北京市高技术产业专利和发明专利申请数及其增速

数据来源：相关年份《中国科技统计年鉴》。

图 19　2015~2021 年北京市高技术产业有效发明专利数及其增速

数据来源：相关年份《中国科技统计年鉴》。

3. 北京市高精尖产业园区概况——"三城一区"和中关村国家自主创新示范区

2014 年以来，习近平总书记多次视察北京市并发表重要讲话，明确提出北京市建设"四个中心"的城市战略定位，强调北京市要以建设具有全球影响力的国际科技创新中心为纲领，抓好"三城一区"的建设。其中，"三城"——中关村科学城、怀柔科学城和未来科学城注重基础研究、理论科研以及前瞻研究，"一区"——北京市经济技术开发区则是科研成果转化的主阵地，"三城一区"构成了北京市建设国际科技创新中心的主平台，在推动实现经济高质量发展和加快构建"高精尖"经济结构方面起到重要的作用。

（1）中关村科学城

中关村科学城主体区域为中关村科技园区海淀园，属于中关村国家自主创新示范区的核心部分，也是北京国际科技创新中心的核心区，是"三城一区"主平台中的领头羊，其核心定位是科技创新出发地、原始创新策源地和自主创新主阵地。同时，《北京市"十四五"时期国际科技创新中心建设规划》指出，中关村科学城应围绕量子信息、人工智能、区块链等重点方向，实现更多"从0到1"的原始创新。

中关村科学城中"双一流"高校数占北京市所有"双一流"高校数的51.5%，一大批新型研发机构如北京市协同创新研究院、北京市石墨烯产业创新中心等背靠"大院大所"，有利于打通产学研和资本衔接通道，促进原始创新成果的产出与落地转化，同时，丰富的人才资源支撑着中关村科学城建设成更有影响力的科技创新中心。中关村科学城是北京市专利及科技奖项等创新项目的主要产区，高新技术产业规模居示范园区首位。

（2）怀柔科学城

怀柔科学城以怀柔区为主体并拓展到密云区的部分地区，围绕物质科学、信息和生命科学、智能科学、空间科学及地球系统科学五大方向，目标是建成与国家战略需要相匹配的世界级原始创新承载区。

《北京市"十四五"时期国际科技创新中心建设规划》指出，怀柔科学城应加快形成重大科技基础设施集群，加快推进现有重大科技基础设施以及交叉研究平台建设，面对战略必争和补短板领域，预研和规划一批新的重大科技基础设施，营造开放共享、融合共生的创新生态系统，打造怀柔科学城产业转化示范区，重点培育高端仪器与传感器、能源材料、细胞与数字生物等战略性新兴产业和未来产业。"十四五"时期，怀柔科学城将以显著提升源头创新能力和科技综合实力为目标，逐步完善创新生态体系，显著增强区域辐射带动作用和国际影响力，形成明显的示范效应，对北京国际科技创新中心的建设形成有力支撑。

目前怀柔科学城正在加快构建高效、开放、可持续的管理体制和运行机制，加快建设5个国家重大科技基础设施项目：地球系统数值模拟装置、综合极端条件实验装置、空间环境地基综合监测网、高能同步辐射光源和多模态跨尺度生物医学成像设施。这5个国家重大科技基础设施项目将为怀柔科学城的发展提供重要支撑和保障，助力北京市建设国际科技创新中心。

在培育壮大高新技术企业方面，2022年，怀柔科学城高新技术企业保有量为678家；推荐50家企业申报纳入北京市"小升规"企业清单，其中34家通过市科委评审，构建梯次接续的高新技术企业发展体系。怀柔科学城还成

立"苗圃计划"工作专班，实行项目"一盯到底"及"首盯负责制"，挖掘区内区外符合怀柔产业发展规划的优质项目及初创团队，建立项目评审专家队伍及评价体系，引进团队在怀柔落地并做好各类服务保障等工作。持续跟踪拓展种子库项目，通过与科研院所、高校、平台公司、路演活动、创新创业大赛等多途径对接，挖掘优质团队及项目，目前种子库储备项目共计197个。此外，怀柔科学城统筹市、区两级科技服务政策，加大对区内现有科技服务机构及企业的支持力度。加快落实承租非国有房屋科技型孵化器减免房租补贴政策，梳理怀柔区符合条件的科技型孵化器1家，并拨付孵化器补贴资金共计4.8万元。进一步落实企业运行费用补贴支持政策，共受理申报企业17家，申请金额总计46.9万元。梳理怀柔区2022年科学研究和技术服务业固定资产投资项目38项，2022年1~9月完成投资额20亿元。2022年1~9月，科学研究和技术服务业企业实现营业收入19.1亿元，同比增长34.4%。

(3) 未来科学城

未来科学城位于北京市昌平区，聚焦先进制造、先进能源、医药健康三大核心领域，其东区将依托未来科学城成果转化基地（北七家）的能源领域优势，加快科研成果就地转化，建设具有国际影响力的"能源谷"，同时西区将依托中关村生命科学园的医药健康领域发展优势打造"生命谷"，同时推动高校科学研究特色与优势学科如计算机科学与技术、航空科学与技术迁入沙河高教园区。

《北京市"十四五"时期国际科技创新中心建设规划》提出，未来科学城应秉承"攻关未来科技、发展未来产业、聚集未来人才"理念，紧抓生物技术、生命科学、先进能源、数字智造等发展机遇，推进"两谷一园"建设。"生命谷"布局基因编辑等前沿技术，培育美丽健康产业和生物科技，加快建设国际研究型医院及北京市疫苗检验中心等关键平台，"能源谷"则围绕绿色能源等领域，加快开展重大科学问题研究和底层技术攻关，打造国际领先的能源产业集群。

(4) 北京市经济技术开发区与顺义区

北京市经济技术开发区位于北京市大兴区亦庄地区，它是大兴亦庄新城的核心功能区，也是国务院批准的北京市唯一的国家级经济技术开发区，同时是国家高新技术产业园区，聚焦生命健康、电子信息、高端汽车和智能制造四大主导产业，其核心定位是打造具有全球影响力的技术创新示范区、科技成果转化承载区、深化改革先行区、宜居宜业绿色城区、高精尖产业主阵地的"四区一阵地"。未来，北京经济技术开发区将围绕关键核心技术攻关、细分领域隐形冠军培育、技术路线图绘制以及科技成果转化承载力提升，推动"三城"创新成果转化落地。

2022年以来，北京经济技术开发区加快发展数字经济，致力于打造全球数字经济标杆城市先行区，特别是围绕创新链布局服务链，围绕生物医药产业链部署创新链，强化生物医药产业服务的系统集成、开放创新、协同联动，加速将北京经济技术开发区打造成国内一流、国际公认的生物医药创新策源地。

北京创新产业集群示范区（顺义）聚焦新一代信息技术、医药健康和智能装备三大战略性新兴产业，建设目标为围绕新能源智能汽车整车及核心零部件、第三代半导体、航空发动机等领域建设一批产业创新中心，持续优化营商环境，在重点领域和关键环节改革取得明显成效，国际合作和竞争优势不断增强，初步建成宜业宜居的高精尖产业新城。

(5) 中关村国家自主创新示范区

自北京市第十二次党代会以来，中关村国家自主创新示范区总收入保持年均10%以上的连续增长，企业发明专利授权量贡献了全市的八成，GDP占全市超三成，总收入占全国高新区总收入的1/6。[①]

《"十四五"时期中关村国家自主创新示范区发展建设规划》指出，中关村国家自主创新示范区将从以下几个方面做出努力，以实现科技自立自强并引领高质量发展，发展成国际领先的科技园区。第一，进一步打造中关村"金名片"，持续打造面向全球科技创新交流合作的国家级平台，进而加强

---

① 数据来源于中华人民共和国科学技术部，https：//www.most.gov.cn/dfkj/bj/zxdt/202207/t20220704_181441.html。

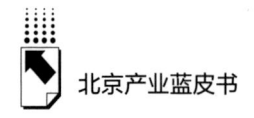

中关村论坛的权威性和影响力。第二，持续优化营商环境，保持企业创新创业活跃态势，加速推动中关村小微企业研发经费支持和高新技术企业所得税减免等政策落到实处。第三，继续建立健全创新创业服务体系，包括但不局限于支持新建一批专业化科技成果转化服务机构，完善创业孵化支持政策，提升大学科技园运营管理水平和科技成果落地转化效率。第四，进一步推动"一区多园"统筹、协同发展，按照功能相通、产业相近、地域相连的原则，推动发展形成组团，促进土地集中利用和空间集聚发展等。第五，完善园区管理体制机制，加强市级层面对各分园工作的支持和领导，加强分园管理机构干部队伍建设，同时组建专业化运营管理团队，提升相应产业服务水平，并支持一批园区先行发展从而形成示范带动效应等。

（三）产业发展存在的问题与建议

高精尖产业体系是实现创新发展、融合发展和协调发展的产业体系。北京市是全国首个提出高精尖产业构想的城市，目的在于有效利用北京丰富的科教资源优势，打造具有全球影响力的国际科技创新中心，解决产业发展的深层次问题。然而，与国际科技创新中心的要求相比，北京高技术企业创新实力仍然不足，与首都高质量发展的要求仍然存在一定的差距，主要原因有三个方面。第一，创新资源优势未能得到完全发挥。北京市作为全国创新资源最丰富的城市之一，科技文化资源优势以及潜力仍需进一步释放，原始创新能力仍需提升，而集成电路、智能制造等行业对发达国家核心元器件的依赖程度比较高。2015~2021年，医药制造业，航空、航天器及设备制造业，计算机及办公设备制造业，医疗仪器设备及仪器仪表制造业产值整体呈增长趋势，但是从产业链上看，北京高精尖产业在关键核心技术领域还缺少重大突破，原创能力尤其是"从0到1"的技术相对不足，并未完全发挥资源优势。第二，北京科技创新转化能力相对不强。高精尖产业的研发投入通常较高且周期较长，需要大量资金支持，北京部分科技创新企业融资渠道相对狭窄，一些潜力项目得到充分支持存在一定困难；科技成果产业化的活力和动力仍显不足，部分高校科技创新与企业技术进步的需求不能进行有效对接；

科技资源的活力仍有待完全激发，亟须全面提升企业创新主体地位和竞争力。第三，部分高精尖技术人才吸引力不足。北京集聚了大量的高端人才，但部分优秀人才选择外出或离开北京，导致部分高精尖产业人才外流。

针对以上问题，需要强化创新驱动北京高精尖产业发展，积极推动首都产业高质量发展，提升北京产业发展在全球的竞争力。第一，继续优化创新生态环境。加快推进科技创新中心、众创空间和孵化器等创新载体建设，提供优质的创新创业服务和支持，搭建高效便捷的创新创业平台，为高精尖产业的发展营造良好的创新生态环境。第二，加大资金和政策支持力度。增加对高精尖产业的投入，通过设立专项资金、引导基金等方式，为科技创新型企业和有潜力的项目提供资金支持。同时，制定和完善相关政策，为高精尖产业的发展提供更多优惠政策和税收优惠。建立产学研密切衔接机制，促进高校、科研机构和企业紧密合作，共同开展科研项目和技术转移，充分利用科研成果推动产业升级和创新发展。第三，加强人才培养和引进。建立健全高精尖人才培养体系，加强教育机构与企业之间的合作，培养适应高精尖产业需求的人才。同时，通过住房、教育、医疗等各方面的优惠政策和创新人才引进计划吸引更多优秀人才来到北京并留在北京。

三　北京市现代服务业发展概况

（一）北京市现代服务业发展背景

现代服务业是拉动北京市经济增长的主要引擎和引领北京市高质量发展的主力军。"十三五"以来，北京市加快推动现代服务业高质量发展，2020年首先形成"双80%"的服务经济发展格局，在全国处于领先地位。具体表现为北京服务业增加值占地区生产总值比重超过80%，吸纳从业人员和税收贡献占全市的比重也均超过80%，现代服务业增加值占服务业增加值比重达到79.6%，吸纳从业人员和税收贡献占服务业的比重也均在80%左右。

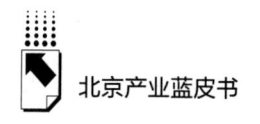

现代服务业快速发展的同时也促进了北京市首都城市功能布局的优化和国际影响力的提升。在首都城市功能布局层面，现代服务业要素在商务中心区、金融街等高端产业功能区不断集聚，这些功能区的国际化服务能力显著提升。北京市"三城一区"高精尖产业园区布局更加完善，各园区的服务功能日益优化，成为促进科技创新和成果转化的奠基石；其他特色服务集聚区如丽泽金融商务区、通州运河商务区和新首钢高端产业综合服务区的建设不断加快，成为全市现代服务业的新驱动；首都国际机场和大兴国际机场的高效运行及其临空经济区的加速建设，有利于促进全球服务资源的链接与整合，带动全市及京津冀地区若干国际消费微中心功能提升；雄安新区加速布局央企总部以及金融、教育、医疗等企业主体和服务资源；京津冀在大数据、云计算、医药健康等领域的合作取得新突破，区域服务市场已经出现加速融合态势。在国际影响力层面，中国（北京）自由贸易试验区和国家服务业扩大开放综合示范区重点服务领域正加快开放，"两区"不断完善制度体系并逐步与国际规则相衔接。此外，北京市作为国家服务贸易创新发展试点城市，其承办的中关村论坛、金融街论坛等已经成为国家级对外开放合作平台。

（二）北京市现代服务业发展现状

随着技术的不断发展进步，专业分工需求不断增长，信息技术与传统服务业不断融合，现代服务业应运而生。具体包括两类：一类是信息传输、软件和信息技术服务等直接由信息技术发展而来的新兴服务业态；另一类是金融业、房地产业、租赁和商务服务业等基于"传统服务业+信息化"产生的混合服务业态。与传统服务业相比，现代服务业因具有高技术含量、高附加值、低资源消耗、低环境污染等特点，成为衡量地区综合实力的重要标志之一。为与国民经济行业分类相匹配，更好适应现代服务业行业发展，北京市统计局于2020年4月24日修订发布《北京市现代服务业统计分类（2020）》，本部分关于现代服务业相关数据统计均以该分类为准（见表7）。

表7　北京市现代服务业分类

行业门类	行业大类	行业名称	行业门类	行业大类	行业名称
I		信息传输、软件和信息技术服务业		75	科技推广和应用服务业
	63	电信、广播电视和卫星传输服务	N		水利、环境和公共设施管理业
	64	互联网和相关服务		77	生态保护和环境治理业
	65	软件和信息技术服务业	P		教育
J		金融业		83	教育
	66	货币金融服务	Q		卫生和社会工作
	67	资本市场服务		84	卫生
	68	保险业	R		文化、体育和娱乐业
	69	其他金融业		86	新闻和出版业
K		房地产业		87	广播、电视、电影和录音制作业
	70	房地产业		88	文化艺术业
L		租赁和商务服务业		89	体育
	72	商务服务业		90	娱乐业
M		科学研究和技术服务业	S		公共管理、社会保障和社会组织
	73	研究和试验发展		94	社会保障
	74	专业技术服务业			

数据来源：北京市统计局《北京市现代服务业统计分类（2020）》。

1. 总体分析

（1）总体趋势分析

经济新常态背景下，产业结构转型升级成为必然趋势。《北京市"十二五"时期商业服务业发展规划》提出，率先建成覆盖城乡的高品质民生商业服务体系，率先建成以信息技术为推动力的智能型商业发展模式，率先建成以创新流通方式为引擎的现代商业发展格局，率先建成兼具北京特色与国际时尚的品牌之都。《北京市"十三五"时期现代产业发展和重点功能区建设规划》提出，优化三次产业结构，实现第三产业提质增效发展，提升现代产业发展质量和效益。《北京市"十四五"时期现代服务业发展规划》提出，构建具有国际竞争力的现代服务业体系，实现现代金融优势巩固、信息服务创新提速、科技服务优化升级、文化产业繁荣发展、商务服务开放提质等新目标，推动首都现代服务业在"十四五"时期实现更高质量发展。北京市政府始终高度重视服务业的发展，并将服务业大发展作为助力经济转型的核心方向。此外，随着我国经济持续发展，居民收入水平大幅提高，消费服务业迎来黄金发展期；数字经济蓬勃发展，新的商业模式、发展业态不断涌现，现代服务业发展效益大幅提升，成为引领经济高质量发展主力军，相关政策扶持也进一步扩大了现代服务业发展规模。

具体而言，现代服务业作为拉动北京经济增长的主引擎，产业规模逐年扩大。2022年，北京现代服务业产值达30284.20亿元，占当年北京市GDP的72.78%，较2021年增长7.64%。2013~2022年，北京市现代服务业产值由11222.36亿元增加至30284.20亿元，增长1.70倍，继2018年突破2万亿元后，2022年产值突破3万亿元，经受住了多方外部压力，产业发展势头良好，规模能级持续提升，发展韧性强劲。现代服务业产值占比除2021年小幅回落外，整体上逐年增加，由2013年的56.68%提升至2022年的72.78%，2015年占比超过60%，2019年占比超过70%（见图20）。现代服务业占比始终位居第一且逐年增加，反映了北京市现代服务业已经成为支撑经济增长的主引擎，发展效率不断提高，产业结构不断优化，质量效益稳步提升，经济高质量发展态势明显。

图20 2013~2022年北京市现代服务业产值及占比

数据来源：Wind数据库。

（2）总体结构分析

2022年，信息传输、软件和信息技术服务业及金融业是北京市现代服务业的两大巨头，产值合计超过现代服务业产值的50%。其中，金融业实现产值8196.7亿元，较2021年增长6.4%，占现代服务业产值的27%；信息传输、软件和信息技术服务业实现产值7456.2亿元，较2021年增长9.8%，占现代服务业产值的25%。房地产业、租赁和商务服务业、科学研究和技术服务业则属于第二梯队，占比均在8%及以上。其中，科学研究和技术服务业实现产值3465.0亿元，较2021年增长1.8%，占现代服务业产值的11%；房地产业实现产值2594.5亿元，较2021年下降1.2%，占现代服务业产值的9%；租赁和商务服务业实现产值2581.4亿元，较2021年下降1.3%，占现代服务业产值的8%（见图21）。金融业，信息传输、软件和信息技术服务业，科学研究和技术服务业等重点领域对全市经济增长的贡献持续提升，进一步表明北京市产业结构不断优化，经济体系不断升级。

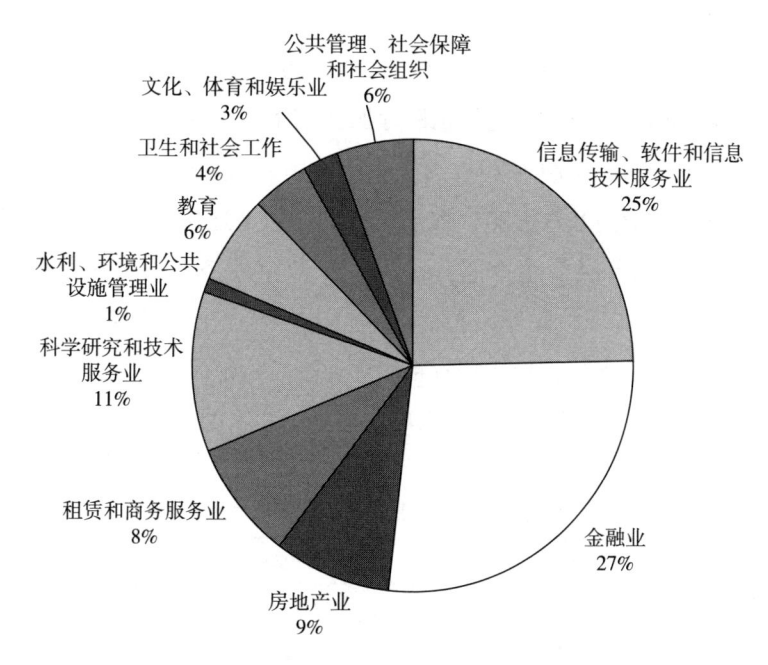

图21　2022年北京市现代服务业产业结构

数据来源：Wind数据库。

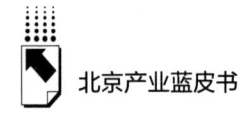

（3）与"十四五"目标对比

2021年11月10日，北京市发展改革委印发《北京市"十四五"时期现代服务业发展规划》，提出到2025年，基本建成以首都功能为引领、具有国际竞争力的现代服务业体系，现代服务业在全市经济高质量发展中的主引擎作用更加显著，在全球服务网络中的资源配置力、市场辐射力、创新引领力不断提升，支撑北京成为国际一流的高能级服务枢纽，并提出"十四五"时期现代服务业10个主要发展指标：第一，现代服务业增加值年均增速达到7%；第二，现代服务业增加值占GDP的70%；第三，重点领域劳动生产率提升至65万元/人；第四，数字经济增加值年均增速达到7.5%；第五，北京市市级两业融合试点单位达到120家；第六，北京市技术合同成交额超过8000亿元；第七，力争服务贸易规模突破1.3万亿元；第八，提升国际辐射能级，跨国公司在京总部数量不低于240家；第九，养老机构医疗服务覆盖率达到100%；第十，社区家政机构覆盖率超过90%。

2022年，北京市现代服务业增加值增速为7.64%，现代服务业增加值占GDP比重为72.78%，养老机构医疗服务覆盖率为100%，这三项指标均已达标。技术合同成交额为7947.5亿元，跨国公司在京总部数量达207家，有望实现目标。受高基数影响，数字经济增加值增速由2021年的13.1%下降至4.4%，但随着经济企稳回升，2025年数字经济增加值年均增速达到7.5%的目标有望实现。此外，北京市率先出台两业融合试点认定办法，通过政策引导和资金支持，加快培育市级两业融合示范园区和试点企业，以期达到2025北京市市级两业融合试点单位达到120家的目标（见表8）。

表8 "十四五"时期北京市现代服务业发展指标

指标	2025年目标	2022年完成度
现代服务业增加值年均增速（%）	7	7.64
现代服务业增加值占GDP比重（%）	70	72.78
金融、科技、信息、商务、文化等重点领域劳动生产率（万元/人）	65	—

续表

指标	2025年目标	2022年完成度
数字经济增加值年均增速(%)	7.5	4.4
本市市级两业融合试点单位(家)	120	—
技术合同成交额(亿元)	8000	7947.5
服务贸易额(万亿元)	1.3	—
跨国公司在京总部数量(家)	240	207
养老机构医疗服务覆盖率(%)	100	100
社区家政机构覆盖率(%)	90	—

数据来源：北京市统计局网站。

2. 重点行业变化趋势与发展动态

《北京市"十四五"时期现代服务业发展规划》中提及的七大领域升级行动中，第一个是现代金融优势巩固提升行动，第二个是信息服务创新提速行动。现代金融优势巩固提升行动以打造全球金融科技创新中心为目标，信息服务创新提速行动则以支撑全球数字经济标杆城市建设为目标。本部分对这两个产业的发展动态展开重点分析。

（1）金融业

从金融业的实际运行情况来看，北京一直都是重要金融机构总部的首选城市，金融业运行的总体情况在全国表现优异。北京金融业增加值从2012年的2536.91亿元增加至2022年的8196.70亿元（见图22），年均增速为12.44%，高于全国平均水平（10.62%），且北京市金融业增加值占GDP的比重由2012年的14.20%上升至2022年的19.70%，且始终远高于全国平均水平（见图23）。

2022年，北京市金融机构各项人民币存贷款余额相比2021年有较大幅度的增长。其中，存款余额从2021年的192104.31亿元增长到2022年的212446.70亿元，增速为10.59%，增速相比2021年提升了4.52个百分点；贷款余额从86077.50亿元增长到95496.90亿元，增速为10.94%，增速相比2021年提升了4.72个百分点（见表9）。2022年，北京社会融资规模增

图 22　2012~2022 年北京市金融业增加值与同比增速

数据来源：Wind 数据库。

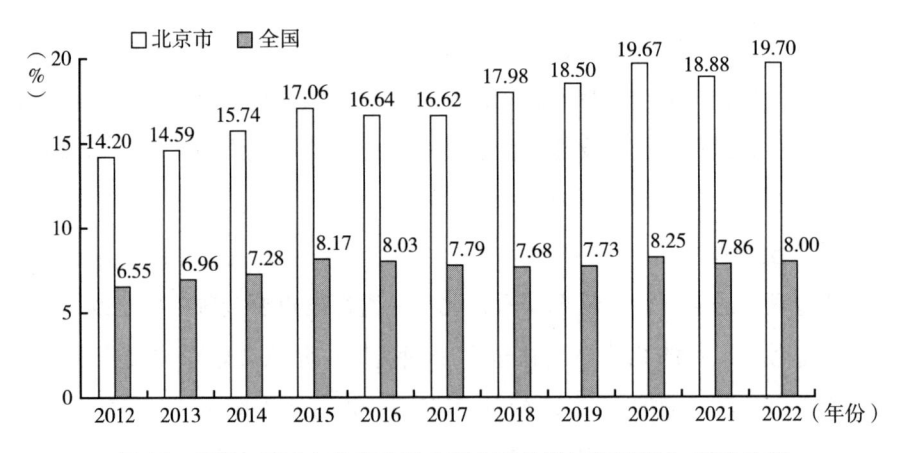

图 23　2012~2022 年北京市及全国金融业增加值及其占 GDP 比重

数据来源：Wind 数据库。

量为 1.14 万亿元，相比疫情前（2019 年）的 1.46 万亿元下降了 0.32 万亿元（见图 24）。总体上看，近年来北京社会融资增量稳中有降，社会经济发展进入结构优化阶段。此外，中国人民银行数据还显示，2022 年 12 月北京市人民币企（事）业单位中长期贷款余额相比 2021 年 12 月实现了 14.73%的增长，说明金融对实体经济的中长期投融资支持力度不断加大。

表9 2021~2022年北京市金融机构各项人民币存贷款余额及增速

单位：亿元，%

年份	北京市金融机构各项人民币存款余额	北京市金融机构各项人民币存款余额增速	北京市金融机构各项人民币贷款余额	北京市金融机构各项人民币贷款余额增速
2021	192104.31	6.07	86077.50	6.22
2022	212446.70	10.59	95496.90	10.94

数据来源：中国人民银行。

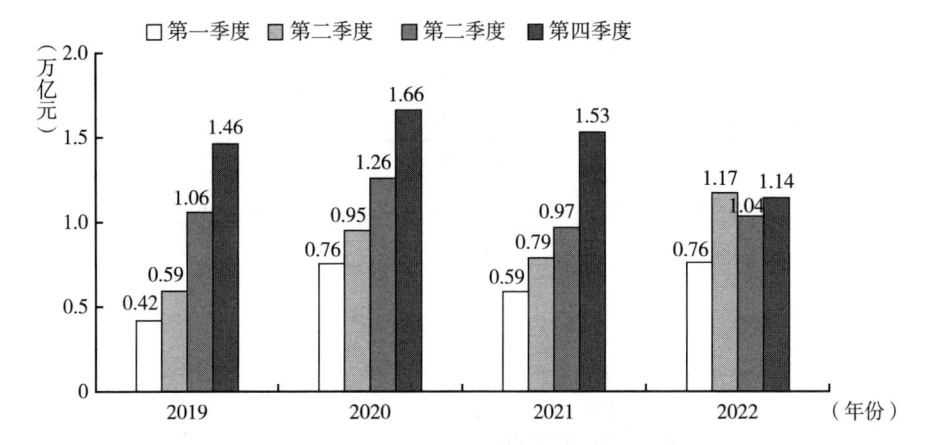

图24 2019~2022年北京各季度社会融资规模增量

数据来源：中国人民银行。

2022年，北京市各月本外币各项存款余额相比2021年同期均有一定幅度的增长，然而从同比增速来看，2022年北京市各月本外币各项存款余额增速基本都高于2021年。2022年，北京市各月本外币各项贷款余额相比2021年同期也均有一定幅度的增长，然而从各月同比增速来看，2022年1~8月同比增速低于2021年同期，2022年9~12月同比增速高于2021年同期。2022年，北京市各月本外币各项存款余额增速相比2021年更加平稳，各项贷款余额增速在前三季度未能达到2021年的同期水平，但在第四季度实现了加速赶超（见图25和图26）。

从金融支持实体经济发展的各项具体措施来看，2022年北京市针对重点发展领域和薄弱环节的金融支持力度进一步加大。根据北京金融街研究院

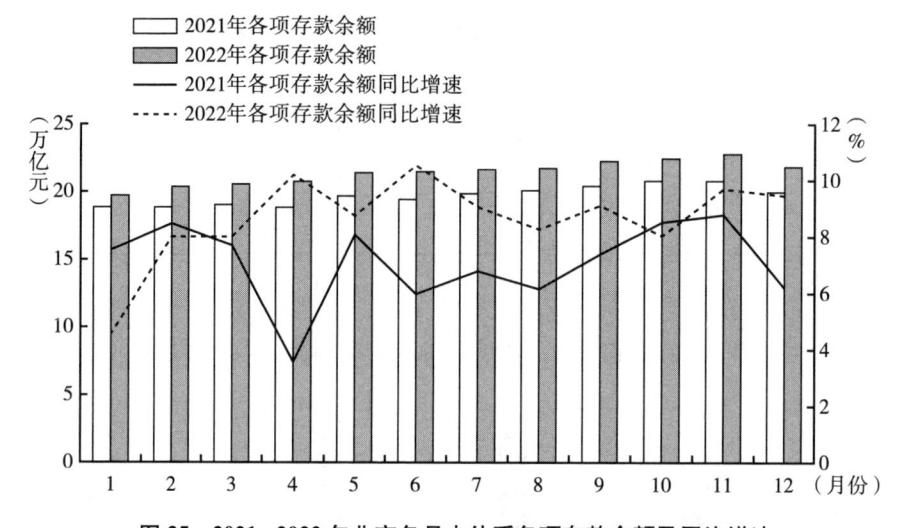

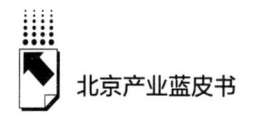

图25　2021~2022年北京各月本外币各项存款余额及同比增速

数据来源：中国人民银行。

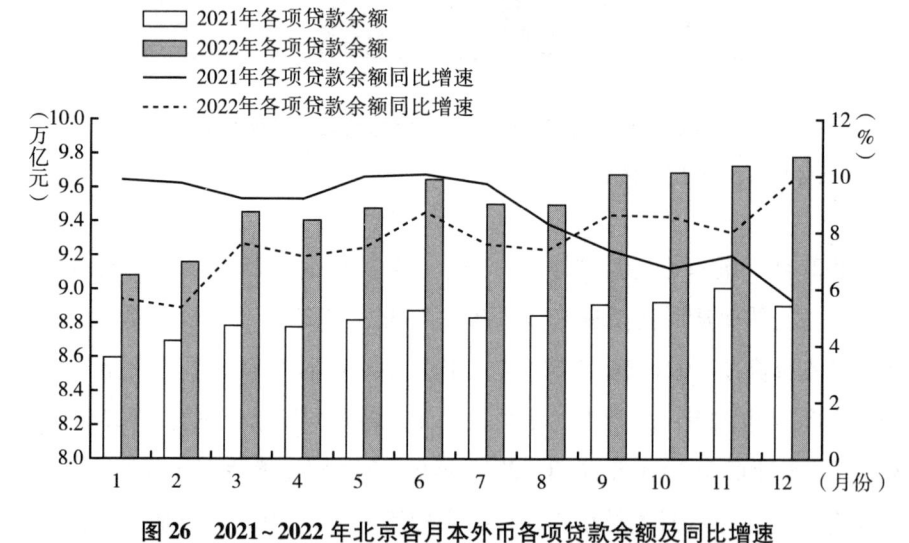

图26　2021~2022年北京各月本外币各项贷款余额及同比增速

数据来源：中国人民银行。

发布的《中国金融新发展指数报告2022》，中国东部城市的金融新发展指数表现最为突出，北京、上海、深圳和广州作为中国四个超大城市，在践行金融新发展理念方面表现较出色，北京在 2019~2021 年始终排名第一。从 2021 年各维度具体表现来看，北京市在创新维度和开放维度上位列第一，在协调维度上位列第二，在绿色维度和共享维度上未进入前五。近两年，北京市在完善金融基础设施，健全中小微企业、创新型企业等金融服务机制，推进绿色金融发展，建设多层次资本市场体系方面做出了诸多努力。

2021 年，北京市在促进金融业发展方面出台多项重大举措，如正式成立北京金融法院，进一步加强对金融领域的司法服务保障；印发《关于推广北京市小微企业简易开户服务试点的通知》《关于进一步推进创业担保贷款增量扩面助力更多市场主体创新创业的行动方案》《北京市辖内试点银行开办创业担保贷款业务操作指引》《进一步完善北京民营和小微企业金融服务体制机制行动方案（2021—2023 年）》等政策文件，进一步畅通中小微企业、民营企业和科创企业融资渠道，促进其纾困提效、实现高质量发展；印发《金融支持北京绿色低碳高质量发展的意见》，提出引导货币信贷、完善直接融资体系、促进保险市场建设、构建金融机构组织体系和搭建产品服务体系等措施，更加系统、专业和精准地加强金融支持北京绿色低碳发展的能力；联合天津和河北地区征信机构共建"京津冀征信链"，以加速京津冀协同发展；设立北京证券交易所，打造好服务创新型中小企业上市融资的主阵地。

2022 年，北京市进一步健全多层次金融市场服务体系，印发《关于支持创新型中小企业在北京证券交易所上市融资发展的若干措施》，以加大对北京证券交易所上市企业的政策服务保障力度，还通过联合地方银行为企业提供专属信贷服务、建立股权融资服务库以及完善上市培育机制等方式畅通"专精特新"企业债权和股权的融资渠道。《北京市 2022 年国民经济和社会发展统计公报》数据显示，2022 年北京市证券交易额达 184.6 万亿元，比上年增长 2.5%。其中股票交易额 40.2 万亿元，比上年下降 6.4%；基金交易额 7.0 万亿元，比上年增长 50.7%；债券交易额 137.3 万亿元，比上年增长 10.5%。2022 年末，北京证券交易所拥有上市公司 162 家，比上年增加 80 家，拥有总股本比上年增长 70.1%，发行股票数量比上年增长 1.2 倍；

融资金额比上年增长1.2倍。北京市还在绿色金融领域继续发力，印发《"两区"建设绿色金融改革开放发展行动方案》，深入推动中国（北京）自由贸易示范区和国家服务业扩大开放综合示范区在绿色金融领域持续进行改革开放，进一步完善绿色金融基础设施，健全"两区"绿色金融市场功能，支持绿色产业发展及绿色城市建设，深化在绿色金融领域的国际合作。这些举措将陆续补齐北京市在绿色维度和共享维度上金融新发展的短板，助力中小微企业、民营企业和创新型企业高质量发展，切实提升城市绿色金融服务水平，为加快实现"双碳"目标贡献首都方案。

北京市金融服务工作领导小组印发《北京市"十四五"时期金融业发展规划》，提出北京市将以坚持首善标准、坚持开放战略、坚持创新引领、坚持服务实体和坚持安全发展为原则，目标到2025年，北京显著提升国家金融管理中心能级、高水平推进金融双向开放、更加凸显金融服务保障首都高质量发展的作用、持续增强金融改革创新动能、健全绿色金融治理体系和显著提高绿色金融治理能力。同时，到2025年，在北京上市的公司数量达到1000家左右，北京市金融业增加值将达10000亿元左右，且全市金融机构不良率将持续低于全国平均水平。

（2）信息传输、软件和信息技术服务业

近年来，北京市信息技术发展十分迅速，助推北京现代服务业高质量发展。北京市信息传输、软件和信息技术服务业增加值从2012年的1621.78亿元增加至2022年的7456.20亿元（见图27），年均增速为16.48%，高于全国平均水平（14.92%），增加值占GDP的比重从2012年的9.08%上升至2022年的17.92%（见图28），仅次于金融业增加值占GDP的比重，同样始终远高于全国平均水平。

2022年，北京、广东、江苏、山东、浙江软件业务收入位列全国前五，五省市共完成软件业务收入74537亿元，占全国软件业务总收入的近七成，占比较上年提高了2.9个百分点，其中北京软件业务收入稳居第一，占全国软件业务总收入的比重超过1/5（见图29）。

北京市数字经济规模不断壮大，逐步建成全球数字经济标杆城市。2021

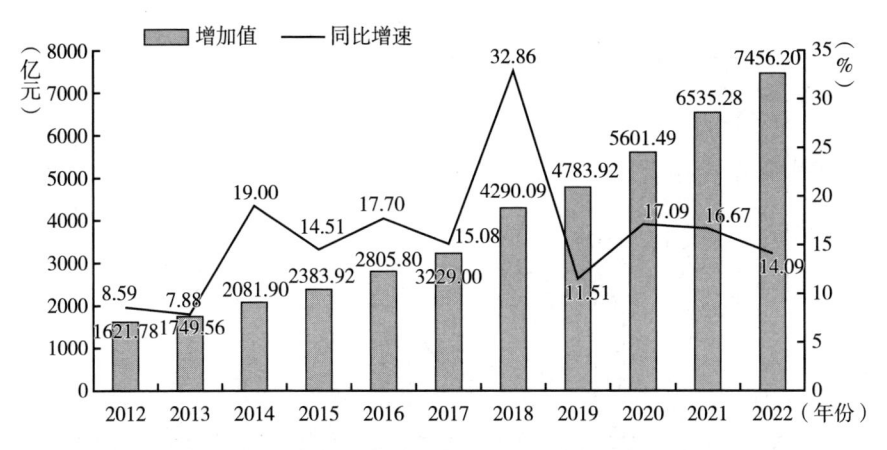

图27 2012~2022年北京市信息传输、软件和信息技术服务业增加值及同比增速

数据来源：Wind数据库。

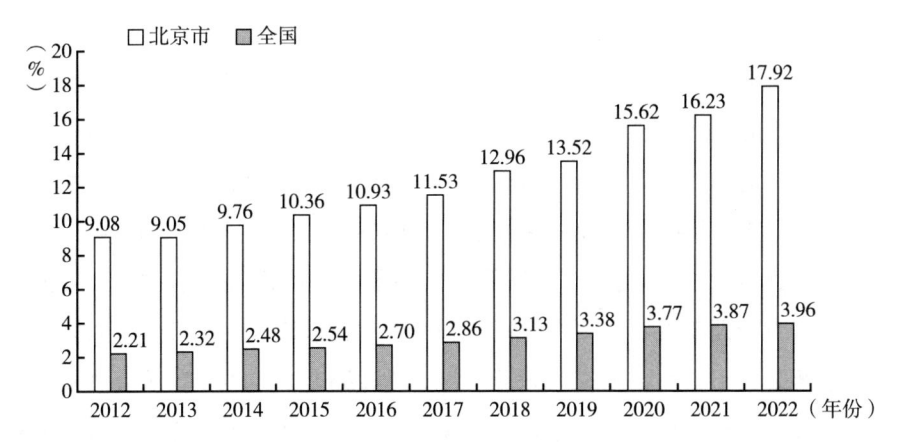

图28 2012~2022年北京市及全国信息传输、软件和信息技术服务业占对应GDP比重

数据来源：Wind数据库。

年7月30日，北京市印发《北京市关于加快建设全球数字经济标杆城市的实施方案》，旨在从未来战略需求出发，对世界前沿技术进行加速布局，加快实现数字技术与实体经济深度融合发展。该方案提出将通过5~10年的努力将北京打造成引领全球数字经济发展的"六个高地"：城市数字智能转型示范高地、全球数字技术创新策源高地、国际数据要素配置枢纽高地、新兴

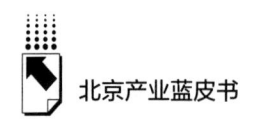

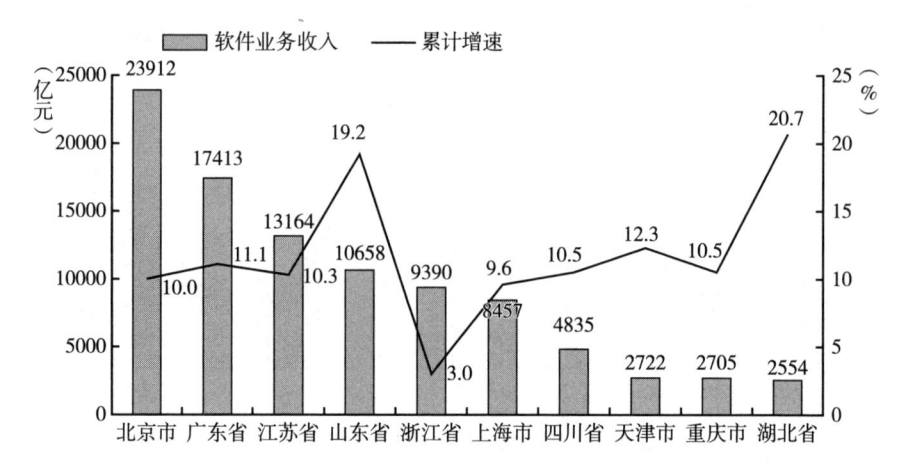

图 29 2022年全国软件业务收入前十省市情况

数据来源：中华人民共和国工业和信息化部网站。

数字产业孵化引领高地、数字治理中国方案服务高地和数字经济对外合作开放高地。该方案还提出建设全球数字经济标杆城市的三个阶段性的目标：第一阶段目标为，到2022年，北京市数据资源优势得到强化、数字技术创新活力不断释放，数字产业化加速推进，国内标杆地位进一步巩固；第二阶段目标为，到2025年，北京市数据驱动的高质量发展模式基本建立、数据资源要素潜力全面激发、数字企业集聚和产业集群效应大幅提升，进入国际先进数字经济城市行列；第三阶段目标为，到2030年，北京市开始引领国际规则和标准制定，数字经济增加值占GDP比重持续提升，建成全球数字经济标杆城市。

截至2022年，北京市数字经济第一阶段发展成果数据已经出炉，数字经济发展阶段性目标完成效果显著。2022年北京冬奥会使用数字科技为智慧场馆建设赋能、助力开闭幕式以及保障赛事运行，无不彰显着北京在建设全球数字经济标杆城市过程中的显著成果。《北京市2022年国民经济和社会发展统计公报》显示，2022年北京数字经济规模已达17330.2亿元，比2021年增长4.4%，占全市GDP的比重为41.6%，比2021年提高1.2个百分点。其中，数字经济核心产业增加值达到9958.3亿元，比2021年增长

7.5%，占GDP的比重为23.90%，比2021年提高1.3个百分点。另外，自2023年1月1日起，《北京市数字经济促进条例》正式施行，该条例从四个重点方向促进北京市数字经济发展：第一，着力夯实数字经济发展的物质基础与技术基础；第二，立法探索做强做优做大数字经济的北京方法；第三，确保经济发展成果惠及民生并造福人民美好生活；第四，加强保障数字经济安全运行并使其行稳致远。

目前，北京市已成为全球数字经济资源禀赋最充裕、发展条件最优越的城市之一，数字经济进入全球数字经济发展"北京标杆"的"3.0标杆引领"阶段，数字产业化的规模和速度优势明显，数字化赋能产业、赋能城市、赋能生活作用凸显，信息传输、软件和信息技术服务业稳中求进，成为推动首都经济增长的重要驱动力，为建设全球数字经济标杆城市提供重要支撑力量。

2022年，北京市信息传输、软件和信息技术服务业实现了合理运行和稳步增长，产业发展呈现以下特点。一是加强产业谋篇布局，持续塑造高质量发展新动能新优势，积极完善工业互联网创新生态体系，推进数据中心先进绿色发展，多措并举提升数字消费能级，网络安全（信创）、开源、北斗、互联网3.0、人工智能等产业稳步发展。二是头部企业数量持续壮大，企业综合实力和创新优势突出，专精特新企业数量快速增长，产业发展活力有效激发，行业新增企业数量平稳增长。三是外省市在京总部收入小幅下降，跨国企业收入实现正增长，各区产业特色鲜明，协同创新促进北京数字经济发展。四是北京成为全国软件创新主力，创新产出规模逐步扩大，研发投入稳步增长。五是行业从业人数同比下降，高学历人才比重提高，互联网行业人才正在转换赛道，去向最多的行业是人工智能。从地域流动趋势看，北京新经济领域人才流入位居全国第一。六是行业投融资有所放缓，企业早期融资金额提高，创新企业上市热情高涨。七是行业对外辐射能力持续增强，在全国设立分支机构数同比增长18.7%，加快向津冀、长三角、粤港澳等国家重大战略区域辐射，外省市信息传输、软件和信息技术服务业企业在京设立分支机构1261家，投资56.6亿元。

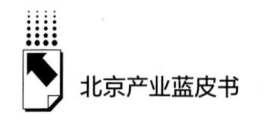

（三）展望与建议

现代服务业是拉动北京市经济增长的主要引擎和引领北京市高质量发展的主力军，北京市要依托相关政策扶持，发挥枢纽优势，通过科技创新驱动、改革开放引领等方式，提升现代服务业发展能级。首先，坚持战略导向，以京津冀协同发展、城市总体规划为蓝本，协调各区域发展资源，引导服务资源流向，优化现代服务业结构，实现区域协同持续发展。其次，深化重点服务领域改革，通过数字经济赋能等先进发展策略，实现业态创新与产业融合，加速现代服务业转型升级。最后，积极推动国家服务业扩大开放综合示范区和中国（北京）自由贸易试验区建设，以"两区"建设为发力点，吸收融合国际高端服务要素，对接国际新发展规则，推动现代服务业机制改革创新，提升国际辐射力。

北京是金融科技创新中心和国家金融管理中心，在数字经济领域走在全国乃至世界前列，正全力打造全球数字经济标杆城市，具有经济、金融、数字经济三方面叠加的优势。目前金融业及信息传输、软件和信息技术服务业已成为首都两大支柱产业，金融业数字化转型特征十分明显，数字与金融的融合发展将助力打破信息桎梏，破解中小企业融资难、融资贵的问题，还有利于优化公共服务模式，提升社会民生保障水平。在促进数字金融技术创新方面，北京将继续加大力度，在大数据、区块链等前沿领域开发底层技术，搭建面向更多社会群体的金融科技服务平台，打造一批有价值且可落地的数字金融应用场景，为新技术的发展提供环境，也为新形式、新模式的应用提供空间。在推动金融服务数字化转型方面，北京将引导金融机构提升和强化数字化管理能力和管理思维，设立专门科技部门或相关法人实体，以促进金融机构利用数字技术有效监测金融风险，更加凸显首都金融业核心竞争力，进一步增强综合实力。除此之外，培育数字金融的产业主体也是北京市金融业发展的重点之一，要持续提升金融服务在个人端和企业端的应用水平，推动金融科技创新在资本市场进行监管试点并早日落地。

参考文献

吴爱芝：《北京"高精尖"产业发展的现状与对策研究》，《北京教育（高教版）》2019年第5期。

贾品荣：《高精尖产业发展研究》，经济科学出版社，2022。

陈媛媛、赵宏伟：《北京高精尖产业发展演变分析与对策研究》，《科技智囊》2021年第5期。

李艳、周钰莎、李钰：《我国高精尖产业发展的现状、问题及对策——以北京高精尖产业为例》，《工信财经科技》2022年第2期。

贾品荣：《把握机遇 推动高精尖产业发展》，《智慧中国》2022年第5期。

梁鹏、刘梦真、曾文志：《现代服务业高质量发展与城镇消费结构升级的灰色关联分析——以首都服务业为例》，《商业经济研究》2022年第10期。

许广永、周颖秋、张李娜：《先进制造业与现代服务业融合对技术创新效率影响研究》，《天津商业大学学报》2023年第3期。

潘福达：《北京数字经济发展走在前列》，《北京日报》2023年7月7日。

指数评价篇
Index Evaluation

B.2
北京市"高精尖"产业人才发展指数及评价

贾晓俊 张欣月[*]

摘 要： 近年来，北京"高精尖"产业规模持续扩大，但仍存在技术研发人才储备不足、自主创新能力不足的问题。要提升"高精尖"产业自主创新能力，"高精尖"产业人才的培养和发展是关键。本文结合"高精尖"产业的特点和数据可得性，从人才存量、人才投入、人才效益和人才环境四个维度构建北京市"高精尖"产业人才发展指数体系，以全面衡量北京市"高精尖"产业人才发展的实际水平，为促进北京市"高精尖"产业人才的培养与发展提供参考和建议。指数测算结果表明，2020~2021年北京市人才投入水平增速高于全国，人才环境建设成效显著，"高精尖"产业人才发展指数增速高于全国平均水平。

---

[*] 贾晓俊，北京交通大学经济管理学院副教授，研究方向为财政与金融；张欣月，北京交通大学金融硕士，研究方向为公司金融。

北京市"高精尖"产业人才发展指数及评价

关键词： "高精尖"产业　人才发展指数　人才效益　人才环境

一　北京市"高精尖"产业人才发展现状

近年来，北京"高精尖"产业不断发展壮大，技术水平日益提升，但仍存在关键核心技术"卡脖子"的问题。要想进一步增强"高精尖"产业的自主创新能力，就必须加强基础研究工作，特别是高度重视关键核心技术与前沿技术的研究和创新，而研究和创新离不开人才的支撑。因此，"高精尖"产业人才的培养和发展是"高精尖"产业提升自主创新能力的关键。

2015~2021年，北京市高技术产业有R&D活动的企业数总体呈上升趋势（见图1），R&D人员数在2015~2018年呈上升趋势，2019年和2020年均低于2015~2018年，2021年有明显回升（见图2）。

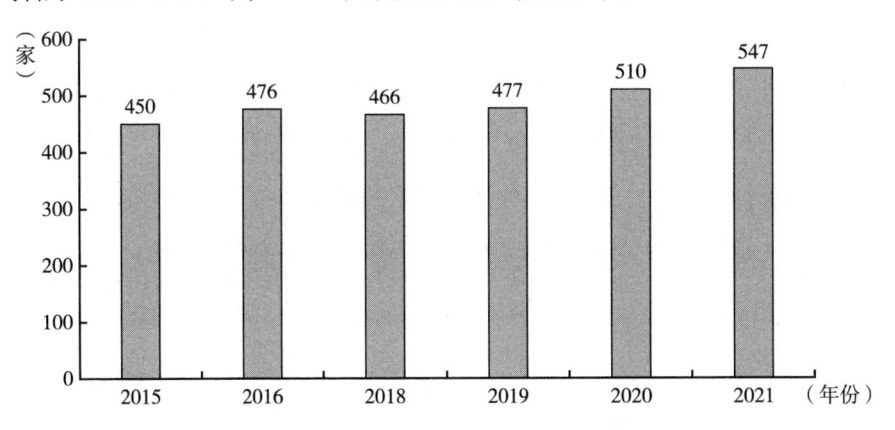

图1　2015~2021年北京市高技术产业有R&D活动的企业数

注：国家统计局发布的《中国高技术产业统计年鉴》在2018年停更一年，也未从其他资料获得相关指标的2017年统计数据，故2017年数据空缺。

数据来源：相关年份《中国高技术产业统计年鉴》和《中国科技统计年鉴》。

2015~2021年，北京市高技术产业R&D人员折合全时当量在2018年和2019年均明显下降，2020年明显提升（见图3）。R&D经费内部支出在2015~2021年呈稳步增长的趋势（见图4）。总体来看，"高精尖"产业研

051

北京产业蓝皮书

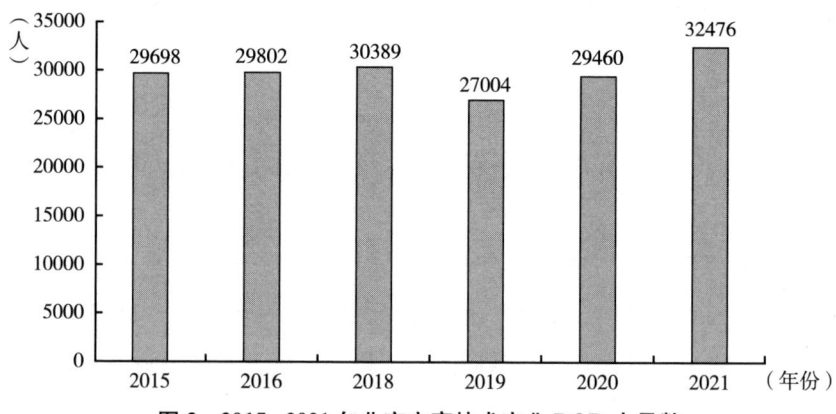

图 2　2015~2021 年北京市高技术产业 R&D 人员数

注：国家统计局发布的《中国高技术产业统计年鉴》在 2018 年停更一年，也未从其他资料获得相关指标的 2017 年统计数据，故 2017 年数据空缺。
数据来源：相关年份《中国高技术产业统计年鉴》和《中国科技统计年鉴》。

发活动和研发人员相关数据指标并非呈现简单的趋势一致性，主要表现在北京市高技术产业 R&D 人员数和 R&D 人员折合全时当量的不稳定增长。"高精尖"产业部门所支付的劳动力成本较非"高精尖"产业更高，是因为其对于高端、科技型创新人才的依赖性更强，所以"高精尖"产业劳动力研发投入的增加，并不一定代表 R&D 人员数和有效创新产出的增加。

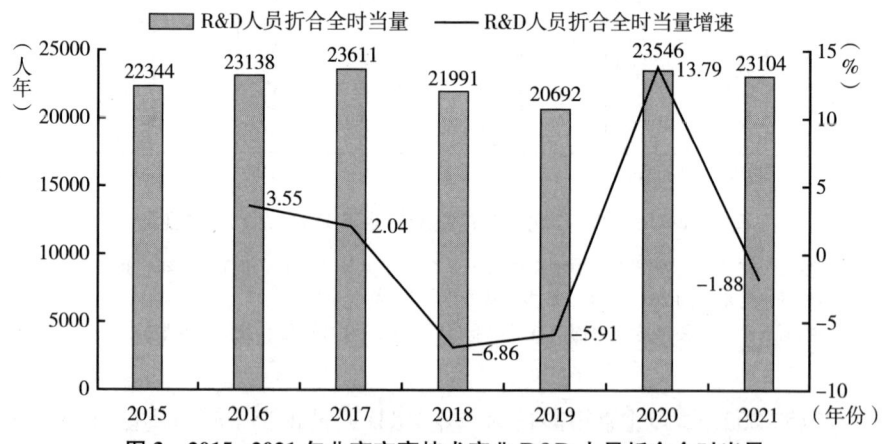

图 3　2015~2021 年北京市高技术产业 R&D 人员折合全时当量

数据来源：相关年份《中国高技术产业统计年鉴》和《中国科技统计年鉴》。

052

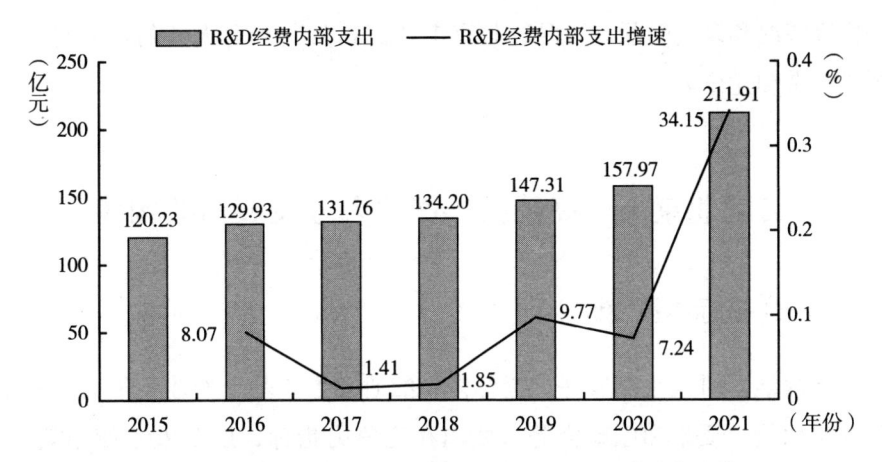

图 4 2015~2021 年北京市高技术产业 R&D 经费内部支出

数据来源：相关年份《中国高技术产业统计年鉴》和《中国科技统计年鉴》。

目前，技术研发人才储备不足是北京"高精尖"产业面临的重要问题之一。"高精尖"产业中所使用的技术主要是近些年发展起来的技术，如大数据、人工智能、区块链、新能源、新材料制造等。新兴技术发展初期存在的主要问题是人才不足，这在一定程度上制约了"高精尖"产业的发展。"高精尖"产业研发人员不足主要表现在两个方面：一是高校与研究所中大部分人员从事非"高精尖"产业方面的研究，只有少数从事相关技术研究的人员，大部分研究人员受限于自身研究方向，难以快速转变为从事"高精尖"产业技术的研究，而且高校培养的人才与市场实际需求及供需双方目标契合度有偏差；二是企业中高技术研究人员不足，很多企业能够提供的各类待遇与"高精尖"产业人才的期待有较大差距。另外，"高精尖"产业尚未形成大规模且高水平的创新团队，产业创新能力欠缺的重要原因之一便是人才不足。

全面认识北京市"高精尖"产业人才发展的实际水平，有利于洞察"高精尖"产业人才培养的难点，有针对性地提升人才发展水平，从而促进"高精尖"产业的创新产出和高效发展。本文从多个角度构建北京市"高精尖"产业人才发展指数，从而分析和评价北京市"高精尖"产业人才发展

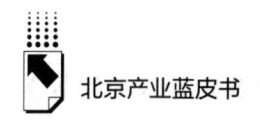

的实际情况和现实问题,为促进北京市"高精尖"产业人才的培养与发展提供参考和建议。

二 北京市"高精尖"产业人才发展指数构建

(一)指标体系设计

国内学者对人才发展评价指标体系的研究主要基于人才竞争力。桂昭明提出数量、质量和创新力等人才内在竞争力指标,以及人才使用效益、人才状态和人才环境等外在竞争力指标,从内在竞争力和外在竞争力两个维度出发构建人才发展评价指标体系。[①] 王建强提出包含人才总量、结构、比例、流动、效能和环境六个方面的城市人才竞争力指标。[②] 杨河清等指出构建人才竞争力指标体系既要考虑所选地区的数据资料可得性,又要考虑指标是否准确地反映了所选地区的发展趋势,并在此基础上构建包含人才资源本体竞争力、人才配置竞争力、人才环境竞争力、人才市场竞争力、人才效益竞争力、政府人才工作竞争力六个一级指标及对应的二、三级指标的指标体系。[③] 吴江认为人才竞争力实质上是人才创新力,基于创新投入和创新产出两个一级指标构建创新型科技人才创新力指标体系,二级指标考虑了创新人才的范围、创新成果的统计、创新人才的特征与创新人才成长的影响因素。[④] 目前学界对于人才竞争力、人才创新力或者人才发展指数的研究在构建指标体系时呈现结构上的相似性,大体可以分为内在指标和外在指标两类,内在指标包括对人才存量情况与人才投入情况的衡量,外在指标体现在对人才产出效益情况和人才发展环境的评价,另

---

① 桂昭明:《人才国际竞争力评价》,《中国人才》2002 年第 10 期。
② 王建强:《区域人才竞争力评价指标体系设计》,《中国人才》2005 年第 8S 期。
③ 杨河清、吴江:《区域人才竞争力评价指标体系构建的几点思考》,《人口与经济》2006 年第 4 期。
④ 吴江:《尽快形成我国创新型科技人才优先发展的战略布局》,《中国行政管理》2011 年第 3 期。

外对于特定区域和特定产业，衡量人才竞争力的侧重点会有所差异。

"高精尖"产业具有先导性、高集聚性、高价值、低碳化、集约化等特性，北京将"高精尖"产业定义为以技术密集型产业为引领、以效率效益领先型产业为重要支撑的产业集合。从微观层面看，"高精尖"产业的发展需要企业持续优化人才结构，确保人才与企业和市场发展相匹配，加强企业自主创新，不断加大研发投入，力争实现技术先进性。因此，在构建"高精尖"产业人才发展指数模型时，应重点关注"高精尖"产业研发人员数量等存量指标，专业水平和创新能力等效益指标，同时要关注鼓励人才流入和人才创新的人才投入指标和人才环境指标。本文结合"高精尖"产业的特点和数据可得性，构建北京市"高精尖"产业人才发展指数的四个一级指标：人才存量、人才投入、人才效益和人才环境。

1. 人才存量

人才存量是对一个产业的人才储备情况和人才吸引与留存能力的综合反映，能为该产业人才的培养与发展奠定基础。该指标包含5个二级指标，即高技术产业R&D人员数和全市R&D人员数2个存量指标，以及全市R&D人员中博士及以上占比、高等学校R&D人员中科学家与工程师占比和高新技术企业员工中留学归国人员占比3个结构指标。指标数量越大，说明高端人才占比更高，人才存量的结构更优。

2. 人才投入

人才投入是产业人才管理与引进的必要手段，对提升该产业人才竞争力和创新能力产生激励作用。该指标包含5个二级指标，即高新技术企业R&D经费内部支出和高等学校R&D经费内部支出2个绝对指标，以及高等学校R&D课题平均投入经费、高等学校R&D成果应用及科技服务项目平均经费和高新技术企业研发投入强度3个相对指标，依据绝对指标与相对指标相结合的原则对人才投入情况进行评估。

3. 人才效益

人才效益是人才发展成果的最终体现，反映了人才创造的经济绩效和创新产出状况，体现了人才对该产业创新产出和经营效益的贡献大小。该指标包含5个二级指标，即高等学校技术转让合同数和高新技术企业出口创汇额2个绝对指标，以及高技术产业R&D人员人均新产品销售收入、高技术产业R&D人员人均有效发明专利和高技术产业发明专利申请数占专利申请数比重3个相对指标，不仅考虑了技术创新产出的绝对数量大小，还考虑了人均效益的大小和创新产出的构成，可以综合评估人才效益情况。

4. 人才环境

人才环境是评价一个地区促进人才成长氛围的重要因素，是人才发展不可或缺的因素，反映产业人才环境对人才集聚的影响力。人才发展环境具有综合性和复杂性，从多个方面对人才发展产生影响。本文选择5个二级指标对人才环境进行评估，分别是经济环境——高新技术企业平均净利润、投资环境——科创企业孵化器当年获得风险投资额、政策环境——高等学校R&D经费内部支出中政府资金占比、社会文化环境——高新技术企业数、自然环境——城市人均公园绿地面积（见表1）。

表1 北京市"高精尖"产业人才发展指数体系

单位：%

一级指标	权重	二级指标	权重
人才存量	25.00	高技术产业R&D人员数	5.00
		全市R&D人员数	5.00
		全市R&D人员中博士及以上占比	5.00
		高等学校R&D人员中科学家与工程师占比	5.00
		高新技术企业员工中留学归国人员占比	5.00
人才投入	25.00	高新技术企业R&D经费内部支出	5.00
		高等学校R&D课题平均投入经费	5.00
		高等学校R&D经费内部支出	5.00
		高等学校R&D成果应用及科技服务项目平均经费	5.00
		高新技术企业研发投入强度	5.00

续表

一级指标	权重	二级指标	权重
人才效益	25.00	高技术产业R&D人员人均新产品销售收入	5.00
		高等学校技术转让合同数	5.00
		高新技术企业出口创汇额	5.00
		高技术产业R&D人员人均有效发明专利	5.00
		高技术产业发明专利申请数占专利申请数比重	5.00
人才环境	25.00	经济环境—高新技术企业平均净利润	5.00
		投资环境—科创企业孵化器当年获得风险投资额	5.00
		政策环境—高等学校R&D经费内部支出中政府资金占比	5.00
		社会文化环境—高新技术企业数	5.00
		自然环境—城市人均公园绿地面积	5.00

数据来源：相关年份《中国科技统计年鉴》《高等学校科技统计资料汇编》《中国高技术产业统计年鉴》《中国火炬统计年鉴》《中国环境统计年鉴》。

（二）评价模型：线性加权综合评价模型

本文利用线性加权综合评价模型对2015~2021年北京市和全国人才发展指数进行计算，其中个别年份缺失数据使用最近邻插补法和中位数插补法补足，得到相应的综合评价结果，计算过程如下。

首先，设评价指标集有 n 个评价指标（一般来说，这 n 个指标是相关的，不是独立的），评价指标的观测值用 x 表示，每个指标有 m 期观测值，这样 n 个指标中第 i 个指标的 m 期观测值可以表示为式（1）向量形式：

$$X^{(i)} = (x_{i1}, x_{i2}, \cdots, x_{im})^T，且有(i = 1,2,3,\cdots,n) \quad (1)$$

n 个指标的权重向量可以表示为式（2）：

$$W = (w_1, w_2, \cdots, w_n)^T \quad (2)$$

其次，对原始数据进行标准化处理，然后运用处理后的数据，应用式（1）和式（2）即可建立式（3）线性综合评价模型：

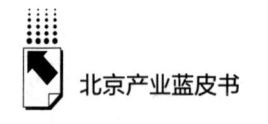

$$index_j = \sum_{i=1}^{n} Y_{ij} \times w_i (i = 1,2,3,\cdots,n; j = 1,2,3,\cdots,m) \tag{3}$$

式（3）中 $index_j$ 即为第 j 期的人才发展指数，w_i 为第 i 个指标对应权重，Y_{ij} 为第 j 期的第 i 个指标的标准化值。

本文对数据进行标准化处理的方法为 Z-score 标准化法，具体计算公式如下：

$$Y_{ij} = \frac{x_{ij} - \mu}{\delta} \tag{4}$$

式（4）中，μ 为所有第 i 个指标的样本数据均值，δ 为第 i 个指标样本数据的标准差。

三 北京市"高精尖"产业人才发展指数分析

根据线性加权综合评价模型计算得出 2015~2021 年北京与全国"高精尖"产业人才发展指数（见表2）。

表2 2015~2021 年北京市与全国"高精尖"产业人才发展指数

分类	2015年	2016年	2017年	2018年	2019年	2020年	2021年
北京	-0.68	-0.73	-0.33	0.03	0.16	0.73	1.27
全国	-0.72	-0.44	-0.20	0.12	0.29	0.54	0.75

为便于对比，将北京与全国"高精尖"产业人才发展指数进行平移，以 2015 年的人才发展指数为基期（1.00）。需要注意，本文进行北京和全国"高精尖"产业人才发展指数测算的目的是考察 2015~2021 年北京和全国"高精尖"产业人才发展指数的变动情况，各年份指数均为相对于基期的人才发展指数测算结果，不代表"高精尖"产业人才发展指数的绝对水平。同时，北京与全国"高精尖"产业人才发展指数的可比性表现为各维度的变动趋势，而非人才发展指数的绝对值。

2015~2021年北京与全国"高精尖"产业人才发展指数变动趋势见图5，可以看到相比于全国"高精尖"产业人才发展指数的平稳增长，北京市指数增长的波动性更强，2020~2021年北京市"高精尖"产业人才发展指数相对于全国"高精尖"人才发展指数增长态势更为明显。

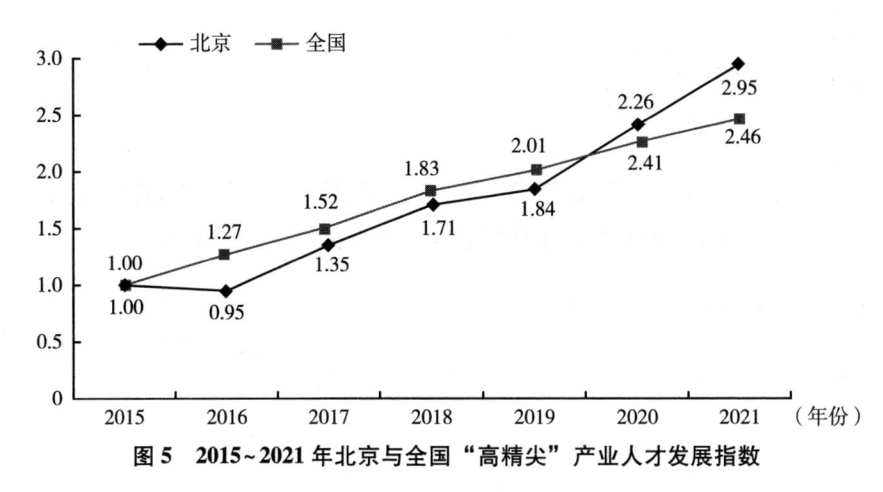

图5　2015~2021年北京与全国"高精尖"产业人才发展指数

在人才存量方面，2015~2021年北京与全国的变动趋势基本一致（见图6）；在人才投入方面，北京在2020年和2021年稳步增长，而全国明显下滑（见图7）；在人才效益方面，北京在2021年增速明显高于全国平均水平（见图8）；在人才环境方面，2015~2019年北京与全国的变动趋势基本一致，而2020年和2021年北京人才环境指数增长态势相比全国更为明显（见图9）。

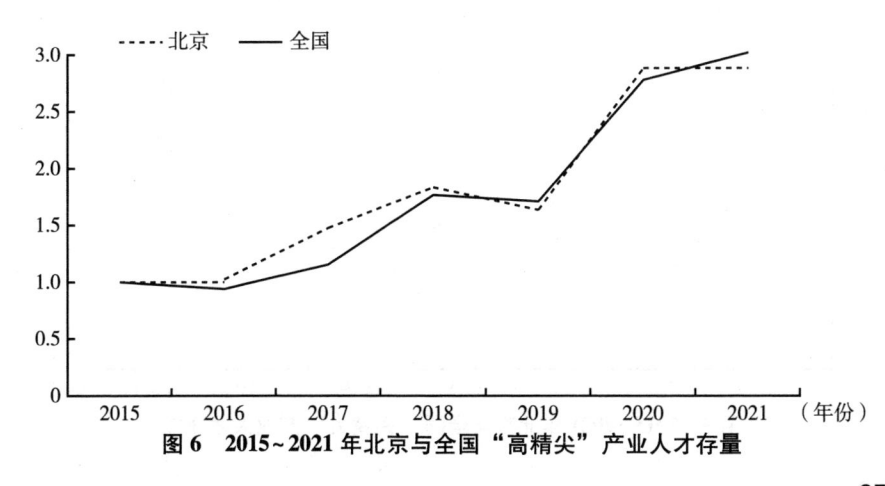

图6　2015~2021年北京与全国"高精尖"产业人才存量

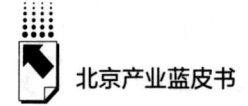

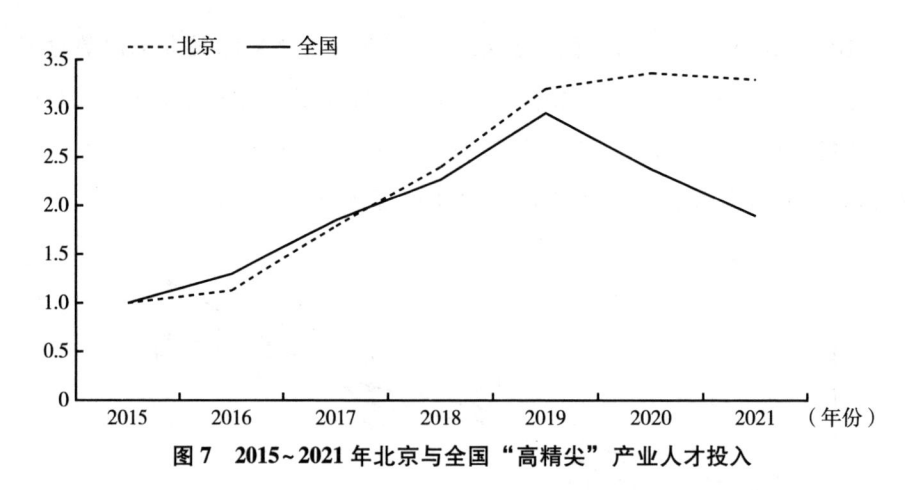

图7 2015~2021年北京与全国"高精尖"产业人才投入

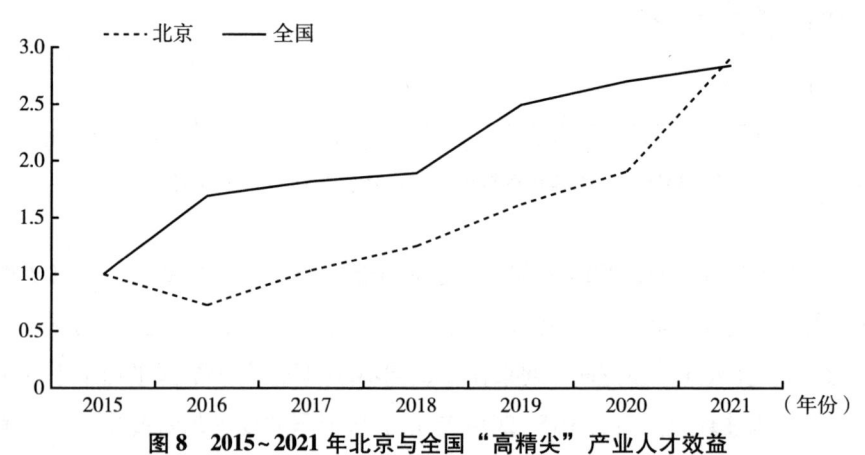

图8 2015~2021年北京与全国"高精尖"产业人才效益

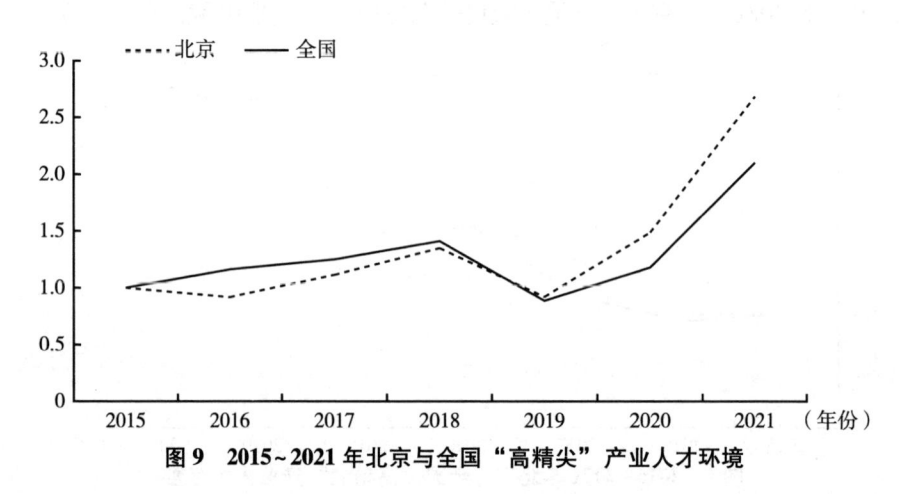

图9 2015~2021年北京与全国"高精尖"产业人才环境

综合来看，2020~2021年北京市进一步加大人才投入，坚持营造更优越的人才环境吸引人才聚集并促进研发产出，由此产生更高的人才效益，使北京市"高精尖"产业人才发展指数增速明显高于全国水平。一方面，北京作为首都，是全国的政治中心、文化中心、国际交往中心和科技创新中心，是我国第一个设立国家自主创新示范区和人才管理改革试验区的城市，北京市"双一流"高校的数量在全国各省份中排名第一，拥有强大的人才后备队伍，为高端人才的培育和发展打下稳固的根基。另一方面，近年来北京市各方面环境建设取得明显成效。生态环境方面，"十四五"时期，北京市提出二氧化碳排放强度持续下降和排放总量初步下降的目标，2019年北京市已基本实现碳达峰目标，碳排放指标领先全国，同时北京生态环境质量从中心城区到生态涵养区呈现递增趋势；社会环境方面，北京市不断提高城市公共服务数字化水平，助力北京公共服务的精准高效发展；经济环境方面，北京市持续以"高精尖"产业推动北京高质量发展，不断优化现代服务业体系，加快构建北京现代化产业体系，推进首都经济结构优化和新旧动能转换；政策环境方面，近年来北京市实行了更加积极有效的人才引进和培育政策，正快速建设拥有国际竞争力的人才体制，比如建立优秀人才引进的"绿色通道"，符合各项人才计划的人选可以快速办理引进手续，还通过"北京市科技新星计划"资助不同领域交叉合作课题，培育壮大首都青年科技人才队伍。

四 加快北京市"高精尖"产业人才发展的建议

（一）增强"高精尖"产业的人才引领力

1. 持续加大对"高精尖"产业的投入

产业的发展能够为高端人才提供更好的就业机会和具有前景的职业发展路径，同时，产业对高端人才的需求也更强烈，形成人才集聚的良性循环，因此，加大对"高精尖"产业的投入能够提升"高精尖"人才发展水平，

增强对高端人才的吸引力。政府要不断加大在"高精尖"产业方面的宏观调控力、政策扶持力与资金支持力，提升"高精尖"产业的实力，逐步扩大北京市"高精尖"产业的规模，更好发挥北京市"高精尖"产业在全国的引领作用，鼓励企业根据发展规划加大R&D经费投入，保证"高精尖"企业的科技创新活动，持续增强"高精尖"产业对高端人才的吸引力。

2. 推动"高精尖"产业与"高精尖"人才协调发展

"高精尖"人才发展和"高精尖"产业发展这两个系统是相互促进的，仅提高"高精尖"产业发展水平并不能满足持续促进"高精尖"人才发展的要求。北京市有强大的人才吸引力，拥有较多"高精尖"人才，"高精尖"产业的发展也处于全国领先水平，但北京市"高精尖"产业对"高精尖"人才的有效利用能力还存在提升空间，需要进一步推动"高精尖"产业与"高精尖"人才协调发展。

推动"高精尖"产业与"高精尖"人才协调发展，首先要从经济、社会、政策等各个方面出发，在全市范围内加强"高精尖"人才与"高精尖"产业的联动发展，加大整合力度，逐步发展至完全协调。其次，要促进产学研一体化，从高校学科建设和培养体系入手，为"高精尖"产业发展储备人才，同时为高校相关创新成果的培育、转化和落地保驾护航；最后，在促进"高精尖"产业发展的同时，还需根据实际情况调整产业内部的组织结构及发展方向，同时调整相应的"高精尖"人才内部结构，促进"高精尖"产业不断创新、"高精尖"人才向更高水平发展，推动"高精尖"产业与"高精尖"人才逐步实现完全协调发展。

（二）持续加大人才培养力度

1. 持续深入贯彻人才发展计划

北京市应继续深入贯彻国家高层次人才计划以及《北京市引进人才管理办法（试行）》，为"高精尖"人才提供资金、住房、医疗、子女教育等方面的保障，制定奖励、荣誉称号、职称评定等方面的激励政策。比如可以通过提高高层次人才引进专项资金的额度、增加科研经费支持等方式吸引更多的"高精尖"人才,还可以通过提供更多的住房资源、降低租金等方式解决"高精尖"人才在北京市的住房问题,提高"高精尖"人才的生活质量和工作效率。

2. 完善人才培养机制

健全人才从引进到培养的发展机制,围绕"高精尖"产业发展的布局及其对人才的需求,不断优化高校学科建设与专业设置,鼓励高校"研"端与企业"产"端积极合作,各大高校应制定有针对性的计划来培养企业真正需要的人才,同时加强与企业的合作,实现知识共享、经验共享,提高"高精尖"人才的综合素质和创新能力,提高工作效率和成果质量。另外,还需加强对"高精尖"人才的留用管理,包括建立更加完善的人才评价机制、提供更多的职业发展机会等,这将有助于吸引并留住更多的"高精尖"人才。

(三)完善人才发展环境

在"高精尖"人才的发展方面,引进人才是第一步,而良好的生活、学习和工作环境,能为留住"高精尖"人才提供保障。此外,还需要建立长效、系统的人才管理机制,关注人才的发展环境,以加强人才集聚。

1. 打造促进人才发展的社会环境

打造促进人才发展的社会环境可以从两个方面入手。一是完善人才激励政策,加强人才保障,比如加大对"高精尖"人才的补贴力度,进一步解决"高精尖"人才的住房问题,关注"高精尖"人才的子女抚养与教育问题。二是树立正确人才观念,鼓励人才、尊重人才,打造严谨又宽松的科研环境,打破"杜绝失败"传统观念的束缚,认识到高端人才的重要性和必要性,避免对于高端人才的"神化",激发高端人才的思想火花,促进创新性成果的产生。另外,要重视培养高端人才的社会使命感、责任感,激发他们的工作潜力。打造促进人才发展的社会环境不仅需要政府的努力,更需要全社会的大力支持,营造尊重人才的社会风气,创造鼓励创新的社会氛围,这将为高端人才发展提供强有力的支撑。

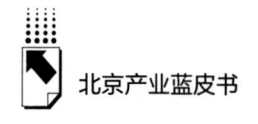

2.持续推进首都绿色高质量发展

持续推进首都绿色高质量发展是优化经济环境和生态环境的重要举措，这为不断吸引高端人才、营造促进人才发展的经济和生态环境奠定了基础。推进首都绿色高质量发展，首先要大力发展数字经济，支持绿色经济高效发展，提高各个行业企业的决策运营效率，降低各个行业能耗；其次，要发展生态产品"第四产业"，与农产品、工业品和服务产品并列，为人与自然和谐相处提供实现路径；还要落实"碳达峰"目标，学习其他城市的先进减排经验，建设完善的碳排放交易市场，大力发掘和利用可再生能源，推动首都绿色可持续发展，吸引更多高端人才向北京聚集。

参考文献

汪萍、徐小林：《江苏人才发展评价指标体系建构与应用》，《南京大学学报》（哲学·人文科学·社会科学版）2011年第3期。

范合君：《北京市高精尖产业发展机理研究》，首都经济贸易大学出版社，2021。

贾品荣：《高精尖产业发展研究》，经济科学出版社，2022。

陆小成主编《北京市城市发展报告（2021~2022）》，社会科学文献出版社，2022。

B.3
北京现代服务业发展指数及评价

胡国良 王天扬*

摘 要： 近年来，北京现代服务业不仅规模快速扩大，而且在质量和创新方面也有了长足的发展。本文构建北京现代服务业发展指数体系，并分析该行业的产业规模、经济效益和成长潜力。实证结果显示，2022年北京现代服务业发展经受住了外部冲击考验，可持续发展能力不断提升，总体表现较为平稳，展现出了巨大的经济韧性。北京现代服务业需要进一步提高集聚水平，推动改革和技术突破，以实现高质量发展。

关键词： 现代服务业 发展指数 等权重法 北京市

根据《北京市"十四五"时期现代服务业发展规划》，现代服务业可以划分为以下几个领域：第一，金融服务业，包括银行、证券、保险、基金、期货等金融机构和相关服务机构；第二，科技服务业，包括科技研发、科技成果转化、科技孵化器、科技园区等科技创新平台和相关服务机构；第三，信息服务业，包括互联网、软件、电子商务、大数据、人工智能等信息技术和相关服务机构；第四，商务服务业，包括会展、商贸流通、法律咨询、会计审计等专业化的商务支持和咨询服务机构；第五，文化创意产业，包括文化传播、文化艺术表演、文化旅游景区等文化生产和消费的主体和载体；第六，生活性服务业，包括教育培训、

---

* 胡国良，北京交通大学经济管理学院助理研究员，研究方向为产业经济；王天扬，北京交通大学经济管理学院硕士研究生，研究方向为产业安全。

医疗卫生、社会福利等公共性民生保障和提升的服务机构；第七，城市流通网络，包括国际循环骨干通道、城市物流网络体系、流通服务、应急储备物资保障体系。

一 北京现代服务业发展指数体系及实证分析

（一）指标选取

本文所指的现代服务业涵盖了交通运输、仓储和邮政业，信息传输、软件和信息技术服务业，租赁和商务服务业，金融业等。为提升指标覆盖面和精确度，本文从产业规模、经济效益和成长潜力三个维度构建2022年北京市现代服务业发展指数（见表1）。

表1 北京市现代服务业发展指数体系

单位：%

一级指标	权重	二级指标	权重
产业规模	33.4	从业人员平均人数(万人)	16.7
		企业营业收入(亿元)	16.7
经济效益	33.6	金融业利润总额(亿元)	8.4
		信息传输、软件和信息技术服务业利润总额(亿元)	8.4
		科学研究和技术服务业利润总额(亿元)	8.4
		文化产业利润总额(亿元)	8.4
成长潜力	33	从业人员数增长率(%)	5.5
		企业营业收入增长率(%)	5.5
		利润总额增长率(%)	5.5
		邮电业务总量(亿元)	5.5
		铁路客运量(万人)	5.5
		航空客运量(万人)	5.5

产业规模指标能够反映一个产业的基本面。由于行业就业人员数量的增长通常与该行业的生产力和劳动需求相关，一个行业的规模扩大、生产需求增加，相应地需要更多的人力资源来满足生产和服务的需求，本文选择各月

从业人员平均人数作为二级指标。另外，企业每月的营业收入也可以直观反映北京现代服务业发展规模。

如果仅考察规模指标，可能会陷入"大而不强"的误区，为全面反映北京市现代服务业发展水平，本文将经济效益纳入指标体系。基于此，本文将金融业，信息传输、软件和信息技术服务业，科学研究和技术服务业，以及文化产业的利润总额作为二级指标。选取上述行业的原因如下：首先，这些行业与传统的餐饮服务业等相比，具有更加明显的现代化特征；其次，上述行业是北京市大力推动发展的重点服务业，进而可以分析北京市2022年相关行业的政策有效性。

成长潜力指标是本文所构建指标体系中的重点。此一级指标由两类二级指标构成。一类是反映北京市现代服务业成长状态的增速指标，包括从业人员数增长率、企业营业收入增长率和利润总额增长率，此类指标能够动态反映北京市现代服务业发展水平。另一类是反映北京市现代服务业发展潜力的相关指标，具体为邮电业务总量、铁路客运量和航空客运量。在我国积极推进数字化转型的背景下，邮电业务总量成为评估某地数字化转型程度的初步指标，同时邮电业务本身也是现代服务业的重要组成部分；同样，交通运输业作为国民经济的基础产业和服务性行业，能为其他服务业提供外部消费者，能够增强当地服务业的发展潜力和提升营收上限。因此，本文选取上述指标对北京现代服务业发展潜力进行刻画。

（二）北京现代服务业发展指数计算

1. 数据来源

本文原始数据来源为《中国统计年鉴》《北京统计年鉴》和Wind数据库，样本期为2022年1~12月。

2. 数据标准化处理

本文选取 m 个指标，共 n 个样本，则 X_{ij} 为第 i 个样本的第 j 个指标值。其中，$i=1, 2, 3, \cdots, n$；$j=1, 2, 3, \cdots, m$。

由于各个指标的单位并不统一，本文对各项数据均进行了标准化处理：

对于正向指标（越大越好的指标）：

$$X' = \frac{X_{ij} - \min(X_{ij})}{\max(X_{ij}) - \min(X_{ij})} \tag{1}$$

对于负向指标（越小越好的指标）：

$$X' = \frac{\max(X_{ij}) - X_{ij}}{\max(X_{ij}) - \min(X_{ij})} \tag{2}$$

3. 指数结果

数据标准化后按各自权重相加，得到北京市2022年现代服务业发展指数（见图1）。

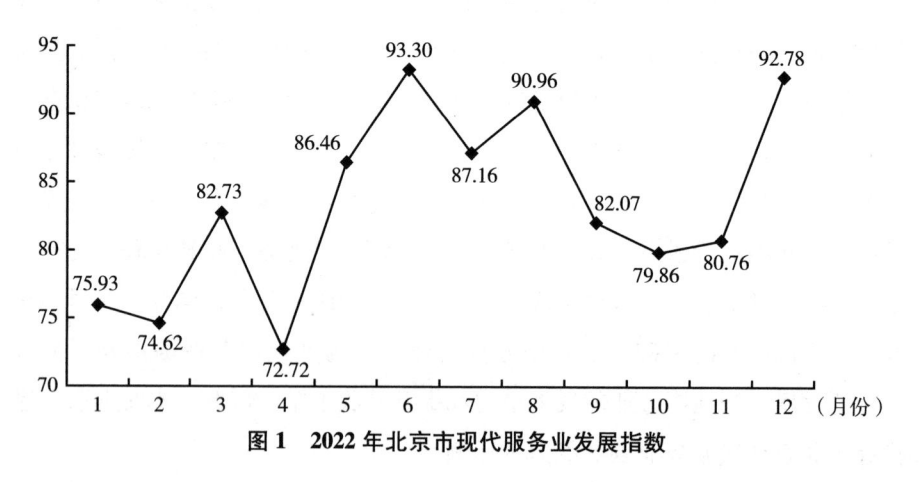

图1 2022年北京市现代服务业发展指数

2022年，北京市现代服务业发展指数呈现明显的"三起二落"，其中主要的上升期分为三段：第一段为2~3月，现代服务业发展指数从74.62升至82.73，增幅达10.87%；第二段为4~6月，现代服务业发展指数从72.72上升至93.30，增幅达28.30%；第三段为10~12月，该指数从79.86上升到92.78，增幅为16.18%。

主要的下降期分为两段：第一段为3~4月，从82.73降到72.72，降幅为12.10%。第二段为6~10月，尽管8月有小幅度的回升，但这一阶段从93.30下降到79.86，整体降幅达到14.41%，为全年最高。

图 2 反映了 2022 年北京市现代服务业发展指数二级指标的变动情况。其中，产业规模指数在 2022 年 1~3 月呈稳健上升趋势，6~11 月整体下降，12 月有所回升。2022 年 1~6 月，经济效益指数呈快速上升趋势，由于疫情的反复，7 月出现了短暂回落，随后 8 月开始恢复并保持增长势头。

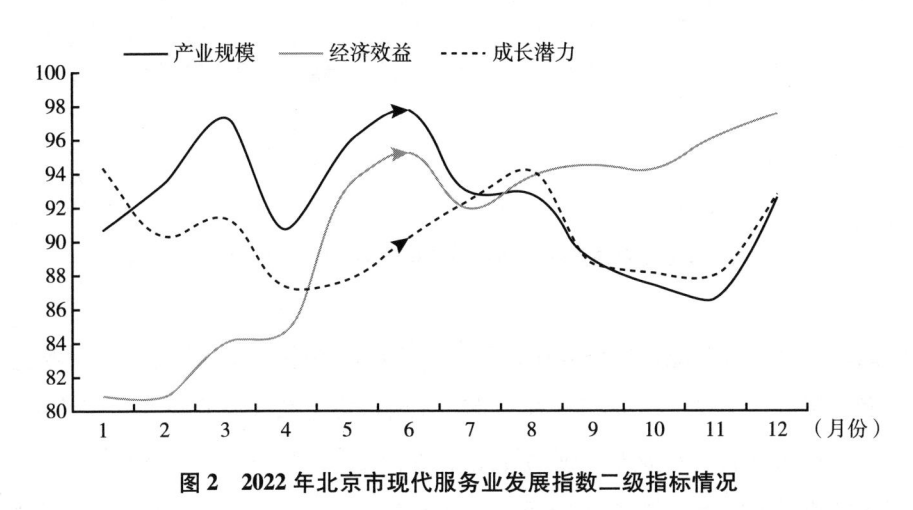

图 2　2022 年北京市现代服务业发展指数二级指标情况

从各行业的利润数据来看，北京市金融业迈向高质量发展，与年初的 246.15 亿元相比，2022 年底金融业利润总额增长至 2794.7 亿元，增长超 10 倍；信息传输、软件和信息技术服务业在企业数与从业人员数没有明显变化的情况下，利润总额从 38.5 亿元增长至 318.1 亿元，增长 7.3 倍；文化产业利润总额由年初的 80.3 亿元增至年底的 125.3 亿元。

北京市现代服务业发展指数波动的主要动因是利润总额和从业人员数增长率的较大波动。这两项指标波动与 2022 年上半年北京现代服务业发展指数的变动趋势大体一致（见图 3），这表明疫情等外部冲击是造成 2022 年北京现代服务业发展指数出现波动的主要原因。

（三）北京市现代服务业发展指数结果分析

2022 年，北京市现代服务业发展指数整体波动较大。

1~3 月，北京现代服务业发展指数小幅上涨，有两个推动因素。第一，

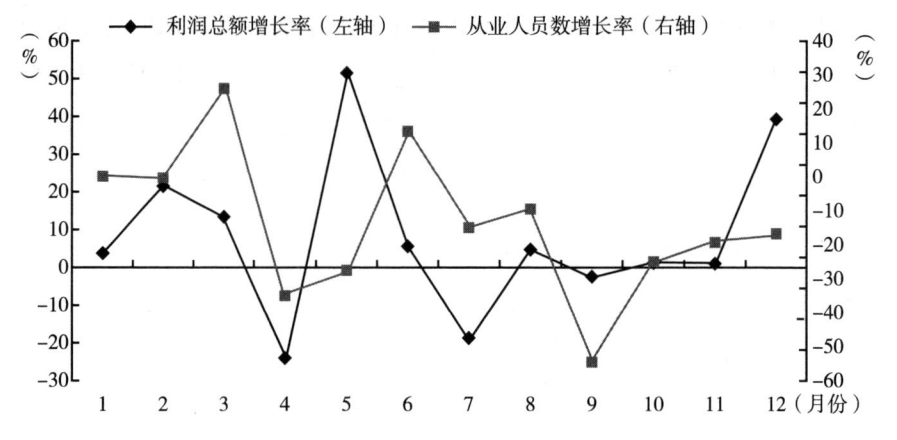

图3 2022年北京市现代服务业利润总额和从业人员数增长率变化

北京市数字经济赋能现代服务业，先进数字技术消除了部分人群进行服务业消费的阻碍。例如，2021年9月，北京开始构建生活服务业网点动态地图，提升了社区（村）生活服务业便利性，通过数据统计和分析，相关部门可以了解市民的消费行为和需求变化，进而制定更精准的服务和资源配置规划，提供更符合市民期望的便利服务。第二，2022年2月，北京冬季奥运会这一全球性盛会带动了北京市及周边地区的经济发展，冬奥会相关产业的发展直接带动了北京现代服务业规模的扩大。

3~4月，北京现代服务业发展指数出现骤降，这与国外疫情流入密切相关。在此期间，北京市现代服务业利润总额增速显著下降，从业人员数增速也开始下降甚至出现负增长。

4~6月，北京现代服务业发展指数快速增长，各项指标均呈上涨态势，主要归功于相关疫情防控措施和"稳经济"政策的颁布，提振了广大从业人员的信心。此外，北京市在这一时期因地制宜地开展了一系列公共活动，为北京现代服务业发展提供了有力支持，如颐和园科普体验活动、天坛公园古树信息大调查活动与香山公园自然观察活动等，为市民提供了更多消费平台。

北京市这一阶段现代服务业高速发展也与我国经济整体平稳复苏有关，且受益于以往政策积淀和产业发展惯性，北京现代服务业活力更加充沛。北京作为国际科技创新中心，陆续出台了一系列政策措施，这些举措有力地推动了科学研究和技术服务业的快速发展，为实现高质量发展做出了重要贡献。金融业方面，北京继续加大对普惠小微、科技创新、绿色低碳的投入力度，有效提升了北京服务业的现代化程度。北京市铁路和航空客运量逐渐恢复，交通运输客流量的上升为北京市现代服务业发展提供了强劲动能。

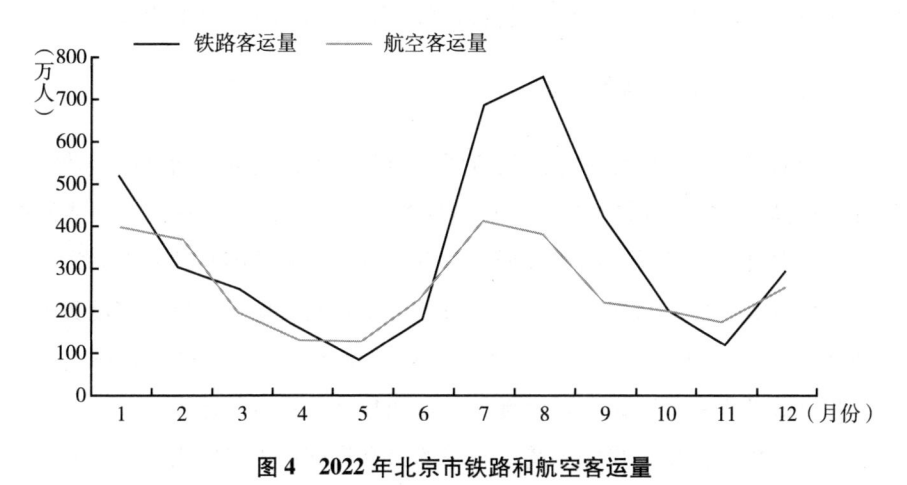

图4　2022年北京市铁路和航空客运量

在经历了6~10月的波动下降后，北京现代服务业发展指数在10~12月快速恢复。2022年12月7日，国务院进一步优化疫情防控措施，这为北京市现代服务业的复苏提供了有利条件，北京市交通客运量在12月开始出现增长趋势，北京游客吞吐量的上升使会议和展览服务、翻译服务、租赁服务等产业企稳回升。另外，2022年下半年，北京信息传输、软件和信息技术服务业通过对共性平台的建设，推动梯队企业蓬勃发展，产业集聚度有效提高，有效推动了全球数字经济标杆城市的建设和落地。

二　北京市现代服务业发展现状

（一）外资吸引力显著提升

2022年，北京市利用外资规模体现出明显的集聚效应，朝阳区和海淀

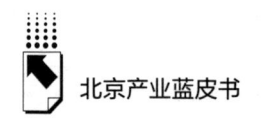

区合计占70%以上。朝阳区和海淀区利用外资两年来取得了显著成果，新设外资企业达1133家，实际利用外资总额累计98.1亿美元，同比增长34%；累计吸引合同外资220.7亿美元。北京其他各区也出台了各项政策，如顺义区发布《顺义区支持中介机构投资促进实施办法》，对于符合条件的中介机构最高予以100万元一次性支持资金；大兴区出台《大兴区招商引资中介机构奖励办法》，对各类机构或经济组织最高奖励2000万元。

（二）技术创新特色明显

国家对技术创新服务体系的扶持资金与北京市开展创新活动的企业数量均逐年提高。《北京市关于加快建设全球数字经济标杆城市的实施方案》明确提出，对外数字贸易、跨境数据流动以及数字领域基础共性标准制定要实现突破性进展，使北京成为数字经济对外合作开放高地。依靠高密度数据平台和AI大模型，北京市未来将技术创新和数字化进行有机结合，积极探索知识图谱服务平台的建设。可以预见，依托数字化平台的建设，北京市在环境资源、气象、医学、生物系统等领域的研究将获得更多助力。

（三）人才引进力度不断增大

北京市积极引进具有创新能力和专业知识的人才，为其提供优厚的薪酬待遇和良好的工作环境，为现代服务业提供智力支持。同时，加强与高校、研究机构和企业的合作，开展人才培训和交流项目，培养满足现代服务业发展需求的高素质人才。《北京市加快建设具有全球影响力的人工智能创新策源地实施方案（2023—2025年）》提出，到2025年，北京市人工智能技术核心产业规模达到3000亿元，年均增速保持在10%以上。

三 北京市提高现代服务业发展水平政策建议

（一）统筹区域产业集聚化

北京市应当根据各地区不同的资源禀赋、要素成本及环境承载力，发展不同的细分产业或承担不同分工，避免各区重复竞争，从整体上促进供给侧结构性改革，加强国际人才服务保障，全环节吸引外资，扩大市场准入。同时，培育一些在全国乃至世界范围内都具有影响力的龙头企业，使它们成为跨地区协作的先行者及有效载体。通过构建产业集群，推行各地区经济一体化政策，消除各地区资源、生产及销售壁垒，增强各地区的协同效应，使现代服务业形成集群式及链式发展，更好地融入全国统一大市场建设。

借鉴伦敦金融城的模式，北京市应着眼于发展中心城市的功能定位，加强对现代服务业和先进制造业的空间布局规划。以北京市中心为核心，辐射带动周边区域的发展，形成多点集群的发展模式。同时，注重生态环境保护，提升集群综合效应，推动产业的可持续发展。实现现代服务业和先进制造业的有机融合，进一步提升城市的产业竞争力和创新能力。

（二）发力现代服务业人才培训

现代服务业具有高技术密集度、高知识密集度、高成本和高人力资本等特点。北京市应加强人才培养和引进，增加对高等教育和职业教育的投入，吸引国内外优秀人才，并加强与高校和科研机构的合作，以提高现代服务业的竞争力和创新能力，为服务业的健康发展打下坚实基础。

在"产学研用融"方面，北京市要继续推动相关领域的前沿科技创新，为现代服务业的发展提供科技支撑。同时，注重实用型技术研究，针对现代服务业的实际需求开展研发工作，推动技术创新和应用的落地。在"双碳"目标下，服务业的低碳化、节能化转型也需要大量专业人才和配套培训体系。此外，北京市现代服务业存在过度投资、浪费严重的问题，而这些问题都需要专业技术管理人员的参与。

2022年，北京市人力资源和社会保障局、北京市财政局印发《北京市高技能人才研修培训工作管理办法》，明确了首都城市战略功能定位和高质量发展需要更多服务业高技能人才，并且以现代服务业、文化创意产业以及城市运行保障、重大项目建设等为重点，加强急需紧缺高技能人才培养。该

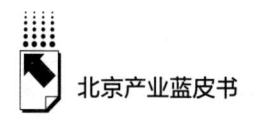

办法对高技能人才按每人 5000 元的标准进行补助，体现出北京市对于服务业高技能人才培育的重视。

（三）加强制度保障

现代服务业的发展不仅依赖外在物质配套，还需要内在制度保障。交通便利、环境宜居和信息沟通等硬件是物质配套条件的重要内容，市场经济发展程度、监管体系、法治建设和行业标准则是制度环境的关键要素。北京作为国际科技创新中心和人才高地，可以借鉴日本的产业协会合作模式，如建立协会组织和政府部门的合作机制，加强市场经济发展，健全监管体系，深化法治建设，并推动制定统一的行业标准。北京的内在制度建设能够进一步推动现代服务业的发展，提升竞争力和创新能力，为建设现代化国际化首都城市做出更大贡献。

（四）鼓励服务业创新活动

现代服务业的特征之一就是不断推出新的服务和业务模式，以满足社会和消费者多元化、个性化的需求。在服务产品上，可以开发全新的服务产品或改进现有服务产品以满足客户的新需求。例如，提供在线课程、自助式餐厅服务、远程医疗服务等。在服务过程中，可以引入新的工作流程、管理系统或信息技术，以提高服务的效率和质量。服务售卖方和提供方可以引入移动支付、在线预订、虚拟现实等技术，方便潜在顾客进行消费。

以美国企业亚马逊为例，亚马逊通过创建 AWS（亚马逊网络服务）提供云计算服务。此外，通过支付年费，亚马逊 Prime 会员可以享受包括免费快速配送、视频音乐流媒体服务等在内的一系列服务。总部位于北京的京东推出了更加适合国内消费者的京东 Plus 会员权益体系，提高了用户的购物体验和满意度，增强了用户黏性，提高了自身的商业竞争力。京东 Plus 会员可以享受全年免运费，购买京东自营商品还可以获得更多的京豆，这些京豆可以在购物中抵扣现金。此外，京东 Plus 会员还可以享受某些酒店、航空公司、在线教育平台等合作伙伴的优惠。京东推出的现代化会员体系就具备典型的现代服务业特征。

参考文献

洪群联：《中国服务业高质量发展评价和"十四五"着力点》，《经济纵横》2021年第8期。

侯红昌：《现代服务业高质量发展的内涵与对策分析——以河南省为例》，《河南科技》2023年第11期。

王晓丹、陈烨：《先进制造业与现代服务业耦合协调发展研究——以珠三角地区为例》，《当代经济》2023年第4期。

陈宇：《肇庆市现代服务业集聚状况分析及对策》，《特区经济》2023年第5期。

李建东：《以服务业现代化为引擎 加快构建江苏现代化经济体系》，《统计科学与实践》2022年第6期。

王一冰：《我国现代服务业集聚发展的影响因素测度分析》，《商业经济研究》2021年第9期。

刘胜、李沛哲、王梦翠：《粤港澳大湾区现代服务业体系构建研究》，《城市观察》2021年第2期。

张晓永：《深刻理解把握办学初心使命全面提升服务高质量发展能力》，《前进》2021年第10期。

周文、李思思：《全面理解和把握好高质量发展：内涵特征与关键问题》，《天府新论》2021年第4期。

B.4 北京市数字经济发展活力指数研究

陈昊洁 王猛猛[*]

摘　要： 数字经济是实现高质量发展重要的发动机。为走出一条数字经济发展新路，北京提出要在全球范围内打造数字经济标杆城市。本文基于创新发展、协调发展、绿色发展、开放发展、共享发展五个维度构建了北京数字经济发展活力指数，对数字经济发展进行测度分析。研究发现，2022年北京市数字经济发展活力指数为69.65，约为2013年的7倍。本报告建议，推动北京数字经济高质量发展应不断优化发展环境，加大创新要素投入，加强投融资模式创新，持续激发数字经济创新、协调和开放发展活力，深度挖掘北京数字经济发展的空间和潜力。

关键词： 数字经济　发展活力　北京市

习近平主席在2021年世界互联网大会乌镇峰会的贺信中指出："中国愿同世界各国一道，共同担起为人类谋进步的历史责任，激发数字经济活力，增强数字政府效能，优化数字社会环境，构建数字合作格局，筑牢数字安全屏障，让数字文明造福各国人民，推动构建人类命运共同体。"[①]

---

[*] 陈昊洁，北京融信数联科技有限公司高级经济师，中国社会科学院数量经济与技术经济研究所博士后，研究方向为数字经济与中国经济数字化转型、社会信用体系；王猛猛，北京金堤科技有限公司智库研究员，研究方向为时间序列、数据治理。

① 《习近平向2021年世界互联网大会乌镇峰会致贺信》，央视网，2021年9月26日，https://news.cctv.com/2021/09/26/ARTIK9bDsxG8RDkpuGoey5sG210926.shtml? spm = C94212. PirFny xHi2TB. S16152. 1。

2023年2月，中共中央、国务院印发《数字中国建设整体布局规划》，强调全面提升数字中国建设的整体性、系统性、协同性，促进数字经济和实体经济深度融合，以数字化驱动生产生活和治理方式变革，为以中国式现代化全面推进中华民族伟大复兴注入强大动力。2021年，北京提出建设全球数字经济标杆城市，探索能够在全球竞争中谋得先发优势的数字经济发展新路。

数字经济是指以数据资源为关键要素，以现代信息网络为主要载体，以信息通信技术的集成应用和全要素的数字化改造为重要推动力量，推动更加统一公平和效率的新经济形态。[①] 数字经济凭借其独有的高创新性、强渗透性、广覆盖性，推动经济高质量发展，为推进中国式现代化注入强劲动能。

本文对数字经济发展活力指数进行了系统设计，基于创新发展、协调发展、绿色发展、开放发展、共享发展五个维度，对北京数字经济发展活力指数进行测度和分析。其中，创新发展是第一动力，协调发展是内生特点，绿色发展是普遍形态，开放发展是必由之路，共享发展是根本目的。

一　北京市数字经济发展现状

（一）创新发展活力波动上升，数字经济市场主体规模持续增加

2013~2022年，北京数字经济市场主体规模呈增长态势。2022年，北京市数字经济市场主体达914337户，同比增长18.36%，数字经济市场主体数量变化趋势与全国基本保持一致（见图1）。

北京市数字经济市场主体专利和商标数量整体呈增长趋势，不过受新冠疫情的影响，2021~2022年出现下降趋势（见图2和图3）。

---

① 参见《北京市数字经济促进条例》。

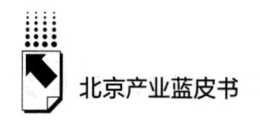

（二）协调发展活力受宏观环境影响，疫情阶段波动较大

2013~2022年，北京市数字经济市场主体融资金额在2018年前呈波动上升趋势，受国内外宏观环境的影响，2019~2022年波动较大，但2022年（2268亿元）超过疫情前水平（2019年的1948亿元）（见图4）。

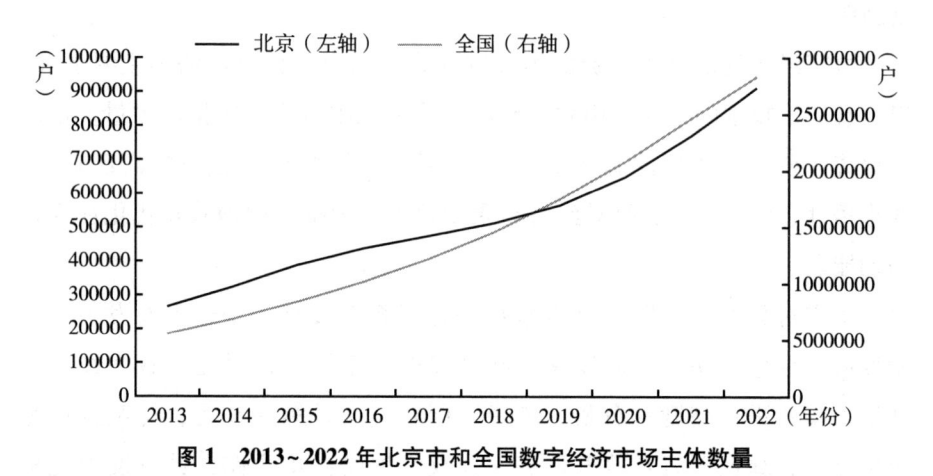

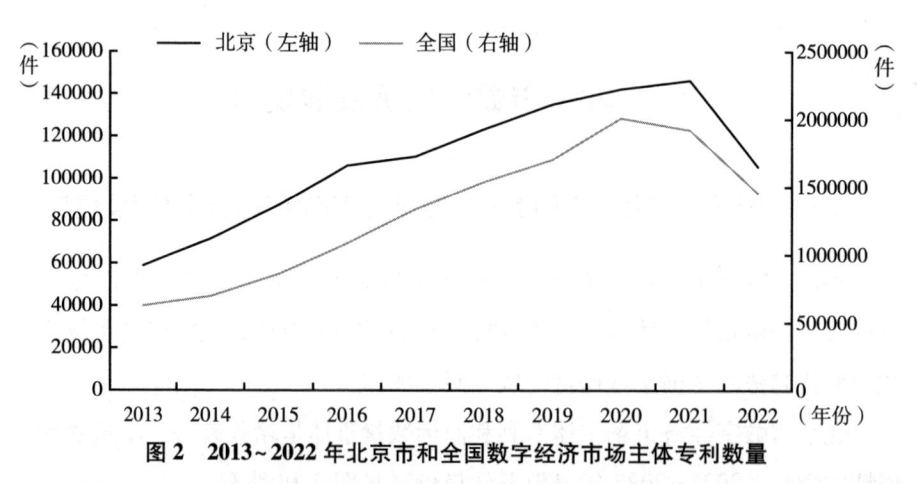

图1　2013~2022年北京市和全国数字经济市场主体数量

数据来源：天眼查。

图2　2013~2022年北京市和全国数字经济市场主体专利数量

数据来源：天眼查。

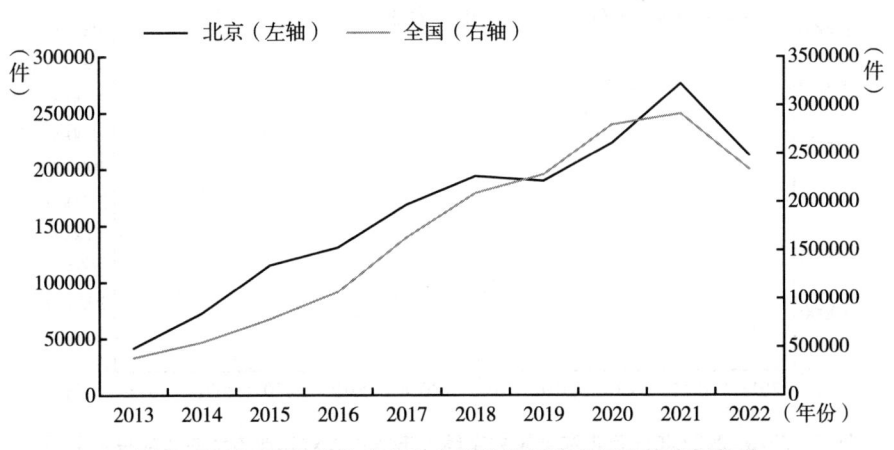

图3 2013~2022年北京市和全国数字经济市场主体商标数量

数据来源：天眼查。

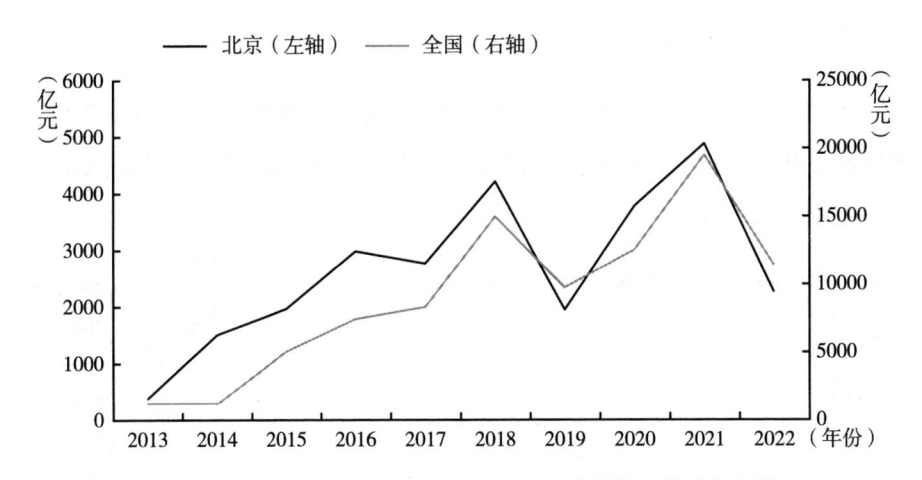

图4 2013~2022年北京市和全国数字经济市场主体融资金额

数据来源：天眼查。

2015~2022年，北京市和全国数字经济市场主体对其他市场主体的投资金额都呈现整体下降的态势。2022年，北京市数字经济市场主体对其他市场主体的投资金额为8638亿元，同比下降12.71%（见图5）。

北京产业蓝皮书

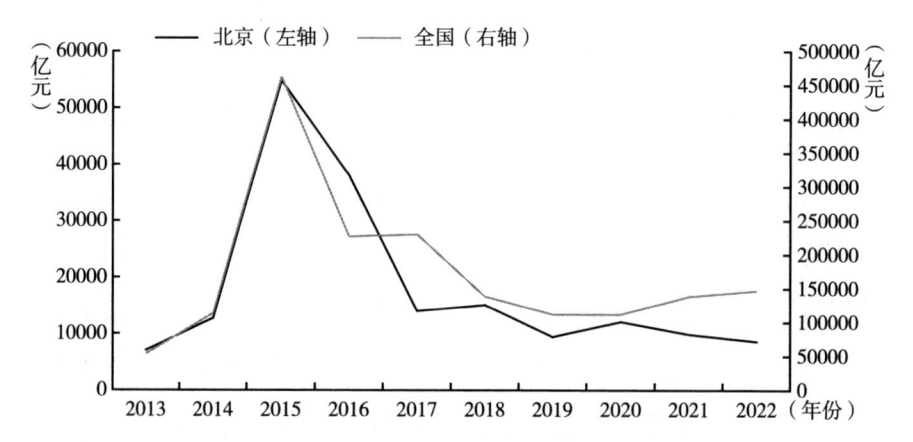

图5　2013~2022年北京市和全国数字经济市场主体对其他市场主体的投资金额

数据来源：天眼查。

（三）绿色发展活力保持增长趋势

2013~2022年，北京市数字经济市场主体环境管理体系和能源管理体系认证数量基本保持上升趋势（见图6和图7），但环保行政处罚数量呈波动下降趋势（见图8）。

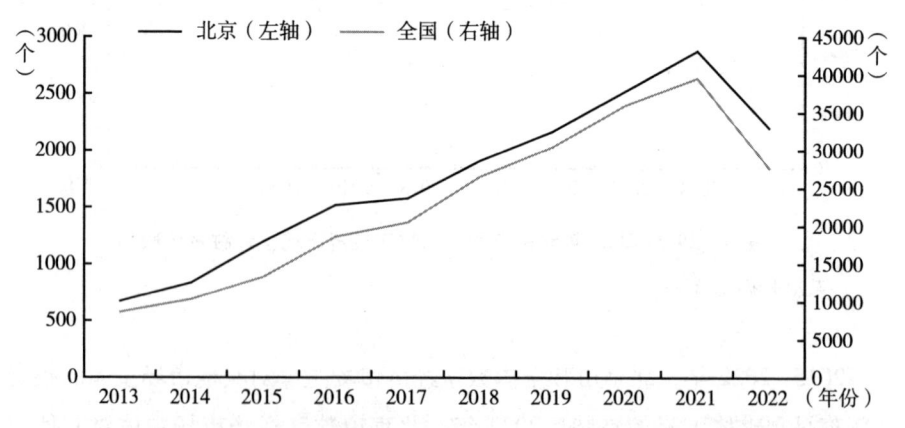

图6　2013~2022年北京市和全国数字经济市场主体环境管理体系认证数量变化趋势

数据来源：天眼查。

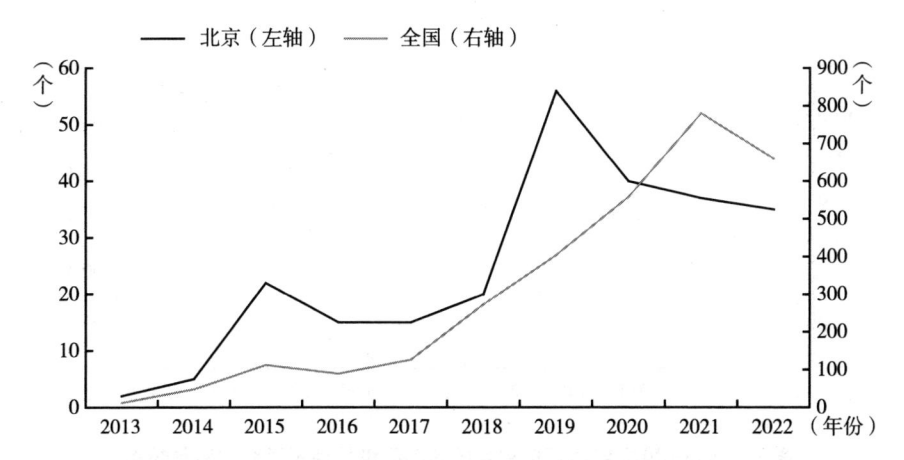

图7　2013~2022年北京市和全国数字经济市场主体能源管理体系认证数量变化趋势

数据来源：天眼查。

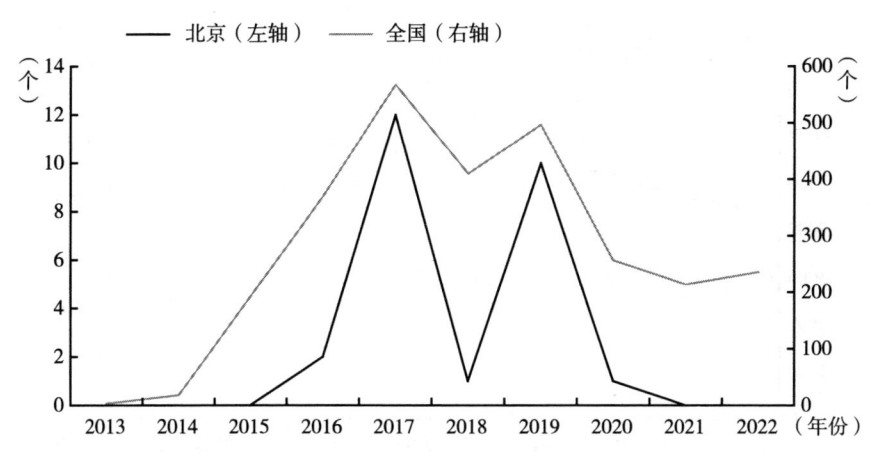

图8　2013~2022年北京市和全国数字经济市场主体环保行政处罚情况

数据来源：天眼查。

（四）开放发展活力稳步上升，外商投资保持增长

2013~2022年，北京市数字经济外商投资企业数量保持上升趋势（见图9），外商投资企业注册资本也呈增长趋势（见图10）。

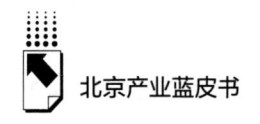

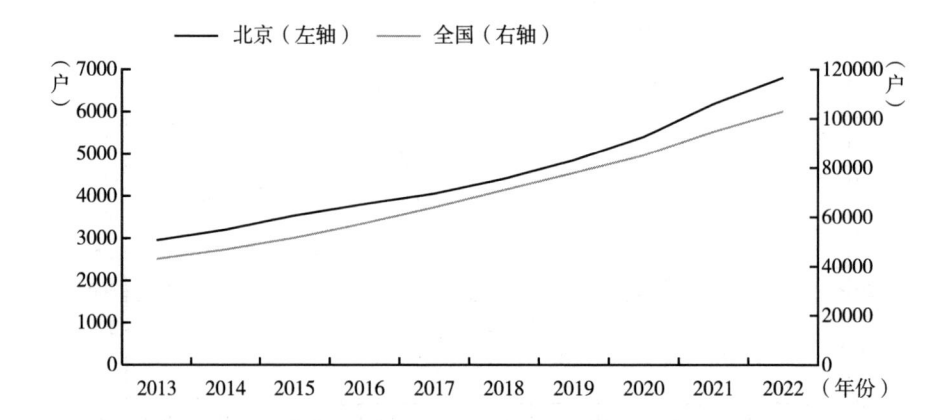

图 9 2013~2022 年北京市和全国数字经济外商投资企业数量情况

数据来源：天眼查。

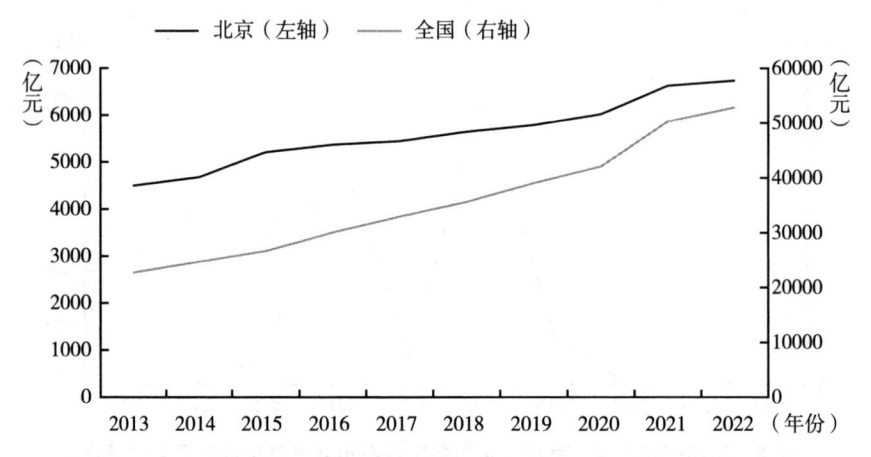

图 10 2013~2022 年北京市和全国数字经济外商投资企业注册资本情况

数据来源：天眼查。

（五）共享发展活力快速增长，市场主体增长率超过全国平均水平

2013~2022 年，北京市数字经济领域每万户市场主体数量呈高速增长态

势（见图11）。2022年，无论是高新技术企业数量，还是上市公司数量，增速均高于全国平均水平（见图12和图13）。[①]

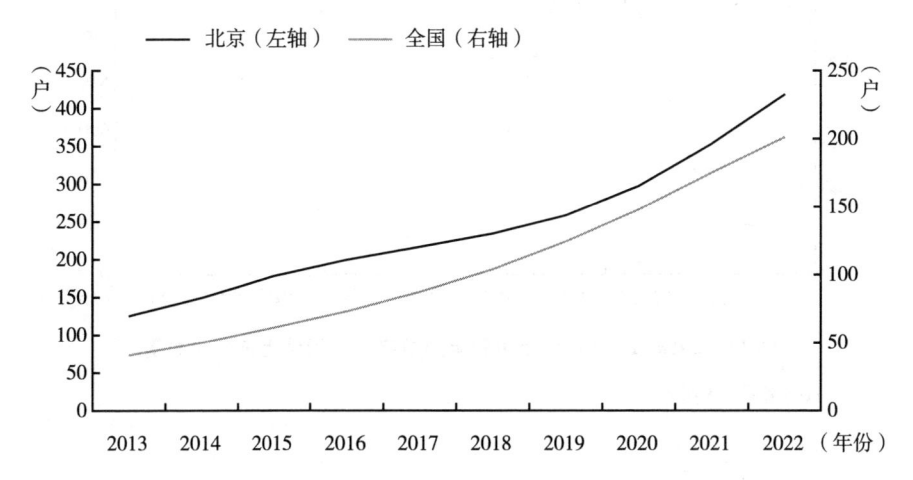

图11　2013~2022年北京市和全国数字经济领域每万户市场主体数量

数据来源：天眼查。

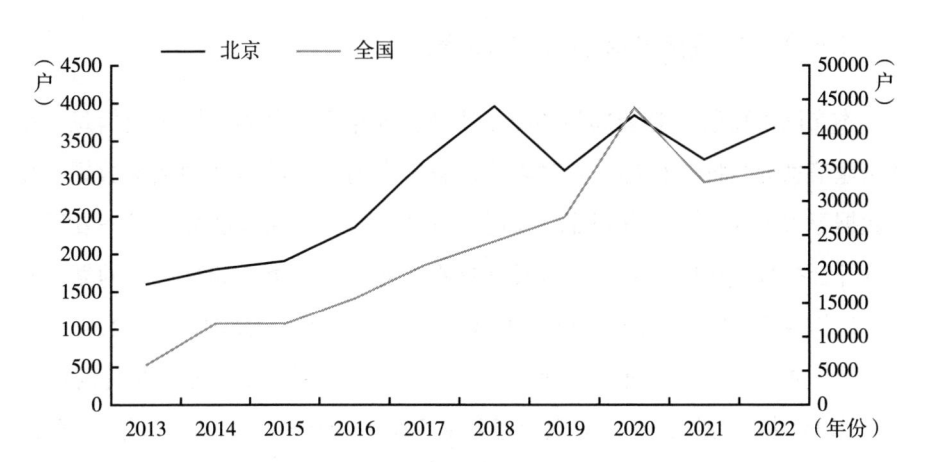

图12　2013~2022年北京市和全国数字经济领域高新技术企业数量

数据来源：天眼查。

[①] 数字经济领域每万户市场主体数量=本区域数字经济领域市场主体数量/本区域每万户人口数量。

083

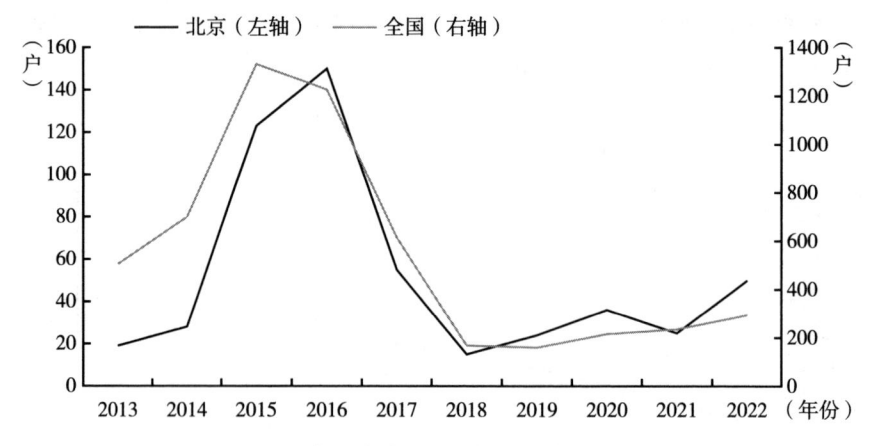

图13 2013~2022年北京市和全国数字经济领域上市公司数量

数据来源：天眼查。

二 北京市数字经济发展活力指数体系构建及指数测算

（一）数字经济发展活力指数体系

本文以市场监督管理部门的市场主体注册信息、外商投资企业信息、小微企业信息等数据为核心，同时以天眼查平台通过算法整合的融资数据、投资数据等为重要补充，得到能够及时、有效、客观反映地区数字经济发展活力的综合指数。按照《数字经济及其核心产业统计分类（2021）》的划分标准，该指数将数字经济的产业范围确定为五大类：数字产品制造业、数字产品服务业、数字技术应用业、数字要素驱动业、数字效益提升业。统计时间为2013~2022年。数字经济发展活力指数由5个一级指标（创新发展活力指数、协调发展活力指数、绿色发展活力指数、开放发展活力指数和共享发展活力指数）、7个二级指标和14个三级指标组成（见表1）。

指标权重设计采用等比重方法。创新发展活力指数权重为20%，协调发展活力指数权重为20%，绿色发展活力指数权重为20%，开放发展活力指数权重为20%，以及共享发展活力指数权重为20%。

表1　北京市数字经济发展活力指数体系

单位：%

一级指标	一级指标权重	二级指标	二级指标权重	三级指标	三级指标权重
创新发展活力指数	20	创新效率	20	专利数量（件）	10
				商标数量（件）	10
协调发展活力指数	20	融资情况	10	获得融资次数（次）	5
				获得融资总额（亿元）	5
		对外投资情况	10	对外投资次数（次）	5
				对外投资总额（亿元）	5
绿色发展活力指数	20	绿色治理能力	10	环境管理体系认证数量（个）	5
				能源管理体系认证数量（个）	5
		环保合规能力	10	环保行政处罚数量（个）	10
开放发展活力指数	20	外商投资情况	20	外商投资企业数量（户）	10
				外商投资企业注册资本（亿元）	10
共享发展活力指数	20	人均市场主体发展情况	20	每万户市场主体数量（户）	6.67
				高新技术企业数量（户）	6.67
				上市公司数量（户）	6.67

（二）指标构成

1. 创新发展活力指数

创新是第一动力，以创新为动力支撑的发展投入产出比更高，生态更友好，竞争力、成长力和活力更强盛。按照投入产出理论，根据市场主体创新特点，设计创新效率1个二级指标，以区域内市场主体拥有专利数量和商标数量2个三级指标衡量，反映区域内市场主体创新发展状况。创新效率指市场主体经营过程中的研发转化情况，用来评估市场主体创新能力。一般地，市场主体知识产权数量（专利数量和商标数量）越多，创新效率越高，市场主体创新发展活力越强。

2. 协调发展活力指数

协调发展体现在各方面，既有产业间的协调，也有各经济体间的协调；

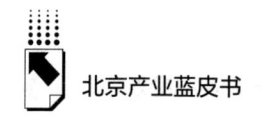

既有体制上的协调，也有资金上的协调。因此，设计地区市场主体融资情况和对外投资情况2个二级指标，反映数字经济的协调发展情况。一般地，市场主体对外投融资次数多、投融资金额越高，市场主体协调发展越好、活力越强。

3. 绿色发展活力指数

绿色发展反映的是发展活力的持续性，即不能以经济增长为代价，破坏自然生态环境。绿色发展要落实国家绿色发展的产业政策，鼓励市场主体加快节能降碳先进工艺技术和设备应用，调整产业结构、能源结构，提高能效管理水平。

本文设计绿色治理能力和环保合规能力2个二级指标。其中，绿色治理能力用地区市场主体环境管理体系认证数量和能源管理体系认证数量2个三级指标度量，环保合规能力用地区市场主体环保行政处罚数量1个逆向三级指标度量，共同反映地区市场主体的绿色发展情况。绿色治理能力反映本地区对环境的保护程度，评估市场主体绿色发展情况，一般资质数量越多，地区绿色发展情况越好。市场主体环保行政处罚数量越少，环保合规能力越强，地区绿色发展情况越好，是负向指标。

4. 开放发展活力指数

开放才能有发展的活力。发展应是开放合作发展，要在开放中寻求合作，在开放中拓展经济发展空间。本文选择地区市场主体中外商投资情况综合反映地区开放发展情况。设计外商投资情况1个二级指标，以外商投资企业数量和外商投资企业注册资本2个三级指标来度量。一般外商投资企业数量越多、注册资本越高，地区开放发展情况越好、发展活力越强。

5. 共享发展活力指数

发展活力以共享为目标，提倡共同参与、共同受益，为实现共赢寻求利益共享。本文设计人均市场主体发展情况1个二级指标，以每万户市场主体数量、高新技术企业数量和上市公司数量3个三级指标反映地区市场主体共享发展活力情况。一般地，地区市场主体数量、高新技术企业数量、上市公司数量越多，市场主体共享发展越好、活力越强。

（三）数据标准化处理

由于不同的指标有不同的量纲，指数合成首先要对指标进行标准化处理。三级指标对应的数据项采用层级分析法确定指标权重。

对于正向指标标准化：

$$x'_i = \frac{(x_i - \min x_i)}{(\max x_i - \min x_i)} (i = 1,2,3,\cdots,n) \tag{1}$$

对于负向指标标准化：

$$x'_i = \frac{(\max x_i - x_i)}{(\max x_i - \min x_i)} (i = 1,2,3,\cdots,n) \tag{2}$$

式（1）和（2）中，x_i 表示第 i 个指标对应数据，$\max x_i$ 表示第 i 个指标所有样本中的最大值，$\min x_i$ 表示第 i 个指标所有样本中的最小值。经过极差算法，所有的指标均变为正向指标，同时指标对应数值范围为 0~1。经过标准化后的次级指标，能够通过加权求和的方式进一步合成更高一级的指标。

（四）线性加权综合评价模型

通过建立线性加权综合评价数学模型将多个评价指标合成一个整体评价指标，即得到相应的综合评价结果。建立线性综合评价模型：

$$F(x) = Index x_k \tag{3}$$

$$Index x_k = \sum_{i=1}^{n_k} W_{ki} \times x_{ki} \tag{4}$$

式（3）和（4）中，$F(x)$ 为综合评价值，$Index$ 为测评指标评价值，即指标体系中某级某个指标得分，n_k 为这个指标下的变量个数，x_{ki} 是指标测算值，W_{ki} 是 x_{ki} 对应的权重。通过以上公式，计算得出地区数字经济发展活力指数及一级指标指数。

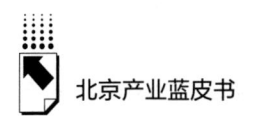

三 北京市数字经济发展活力指数结果分析

2013~2022年，北京数字经济发展活力指数呈波动上升态势。2019年北京数字经济发展活力指数为53.50，同比下降5.07%，2021年北京市数字经济发展活力指数为77.88，同比增长12.64%。2022年北京市数字经济发展活力指数为69.65，是2013年（10.20）的近7倍。从各个分项指数来看，基本呈波动上升趋势，特别是开放发展活力指数上升趋势明显（见表2和图14），说明北京市数字经济蓬勃发展。

北京市与全国数字经济发展活力指数变化趋势基本一致。北京市数字经济发展活力指数在疫情发生前基本超过全国平均水平，在疫情发生后略低于全国平均水平，表明北京市数字经济发展受宏观环境影响较大（见表3和图15）。

表2 2013~2022年北京市数字经济发展活力指数及构成

年份	数字经济发展活力	创新发展活力	协调发展活力	绿色发展活力	开放发展活力	共享发展活力
2013	10.20	0.00	0.00	10.00	0.00	0.20
2014	20.79	2.76	4.27	10.56	1.46	1.75
2015	44.53	6.39	12.36	13.70	4.68	7.39
2016	50.37	9.22	13.83	10.74	6.10	10.48
2017	39.36	11.32	9.87	2.41	7.08	8.67
2018	56.36	13.87	11.97	12.50	8.88	9.14
2019	53.50	15.03	8.38	11.67	10.68	7.73
2020	69.14	17.29	11.20	16.20	13.17	11.27
2021	77.88	20.00	13.15	16.48	17.90	10.34
2022	69.65	12.64	6.63	16.11	20.00	14.27

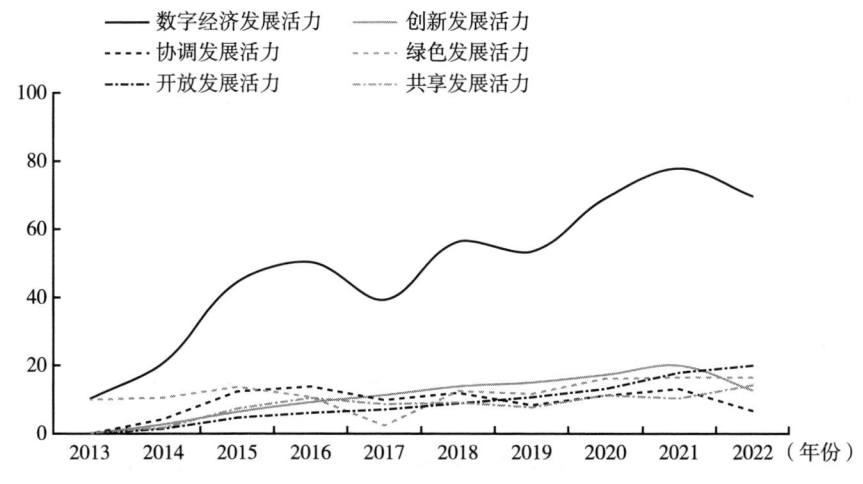

图14 2013~2022年北京市数字经济发展活力指数及构成趋势

表3 2013~2022年北京市和全国数字经济发展活力指数

年份	北京	全国
2013	10.20	11.98
2014	20.79	20.11
2015	44.53	33.55
2016	50.37	36.45
2017	39.36	37.44
2018	56.36	47.00
2019	53.50	49.69
2020	69.14	67.94
2021	77.88	79.39
2022	69.65	72.09

四 提升北京数字经济发展活力建议

一是加大数字创新要素投入，持续激发数字经济创新发展活力。一方面，促进资源要素高效配置，将数据要素、数字技术融入实体经济发展的各

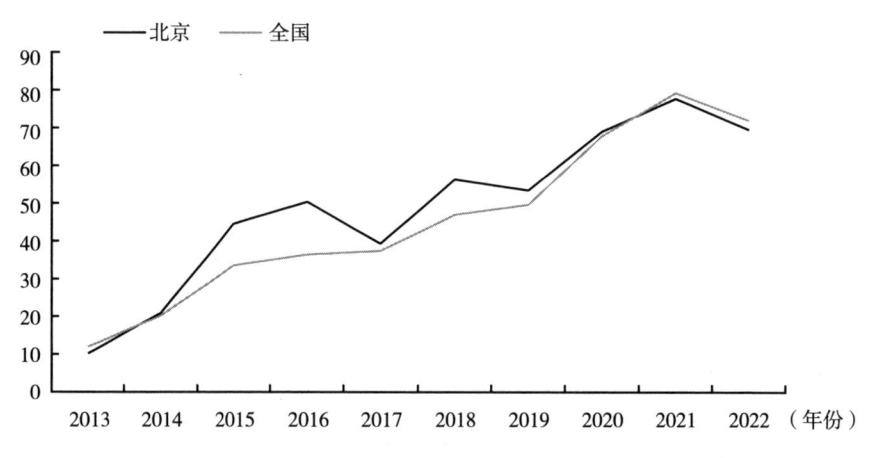

图 15　2013~2022年北京市和全国数字经济发展活力指数变化

个环节、多种应用场景，加强数字技术与实体经济的融合创新应用，建立融合创新体系，激发高质量创新活力。另一方面，加快数据要素在政府、市场主体、高校等研究机构的流动速度，形成以市场需求为导向，市场主体、研究机构加速投入，政府支持的稳定的创新链条，不断优化创新环境，激发更大的创新发展活力。

二是加强城市投融资模式创新，提升数字经济协调发展活力和开放发展活力。一方面，持续加强金融支持，美国、日本等国的主要城市在数字化建设过程中重视并大胆创新投融资模式，广泛吸引社会资本参与城市数字化建设，通过政企合作、搭建对接交流平台、园区建设、产业扶持等方式，引导和提升社会资本的利用效率。另一方面，探索多元化投融资模式，充分发挥产业基金的引领作用，加大资本市场对数字经济市场主体的投入和培育力度，增加金融资本对数字经济产业的持续投入，有力增强数字经济发展活力。

三是紧跟国家数据局的战略布局，成立统筹全市数字资源的北京市数据局。一方面，统筹全市数字经济资源，以数字经济应用场景需求为导向，增强人工智能、区块链等数字技术的融合应用，促进数字要素的供需平衡。另一方面，建立动态监测和评估机制，科学引导产业发展方向。推动政府数据和社会数据融合，对北京市数字经济细分行业进行动态监测，根据评估结果引导产业发展，综合制定产业联盟发展策略，引导数字经济产业高质量提速发展。

参考文献

赵涛、张智、梁上坤：《数字经济、创业活跃度与高质量发展——来自中国城市的经验证据》，《管理世界》2020年第10期。

荆文君、孙宝文：《数字经济促进经济高质量发展：一个理论分析框架》，《经济学家》2019年第2期。

韩家平等：《中国市场主体发展活力研究报告（2021年）》，《征信》2022年第8期。

陈胜利、王东：《数字经济对经济韧性的影响效应及作用机制》，《工业技术经济》2022年第6期。

韩文龙、晏宇翔、张瑞生：《推动数字经济与实体经济融合发展研究》，《政治经济学评论》2023年第3期。

刘军、杨渊鋆、张三峰：《中国数字经济测度与驱动因素研究》，《上海经济研究》2020年第6期。

B.5 北京国际服务贸易发展指数及评价

李孟刚 高林安*

摘 要： 服务贸易是国际贸易的重要组成部分，也是中国加快实现高质量发展和经济结构转型升级的关键因素。北京作为中国的政治、文化中心和创新高地，其服务贸易发展对中国经济结构转型升级具有引领和示范作用。本文从市场需求、服务贸易规模、发展前景和国际竞争力四个维度，构建了北京国际服务贸易发展指数，力求全面客观地反映当前北京国际服务贸易的发展水平。计算结果表明，该指数在样本期内呈波动上升态势，并在2021年达到最高值，发展前景指标的大幅变化是造成波动的主要原因。对此，本文提出，提升北京国际服务贸易水平需要从提升贸易出口综合竞争力、发展外贸新业态新模式、推动数字技术与贸易融合等方面优化服务贸易结构，并从完善服务贸易的数据统计制度和相关政策体系等方面优化服务贸易环境。

关键词： 国际服务贸易 服务贸易规模 服务业 产业结构

我国服务贸易在国际商业和全球经济合作中扮演着至关重要的角色，并在构建新的开放经济体系中起着关键作用。我国服务贸易的发展基础不断稳固，发展动力明显增加。近年来，北京市服务业增加值在GDP中的占比逐年上升，现已稳定在80%左右。同时，北京市服务贸易总额占全国的比重

---

* 李孟刚，北京交通大学经济管理学院教授、博士生导师，研究方向为经济安全、产业安全；高林安，北京交通大学经济管理学院博士研究生，研究方向为产业安全。

保持在20%左右。凭借这些高端生产要素和消费要素的集聚优势，北京将首先实现服务贸易高质量发展，推动我国服务贸易发展迈上新台阶。

一 北京国际服务贸易产业发展现状

（一）北京国际服务贸易发展特点

近年来，北京服务贸易规模显著扩大，主要表现为服务贸易进出口规模全国领先，服务贸易结构显著优化。

1. 服务贸易进出口规模全国领先

近五年，北京市服务贸易占全国比重保持在20%左右，位居全国前三。2021年，北京市服务贸易进出口额达1385.1亿美元，同比增长13.7%，增速为近五年来最快，占全市对外贸易总额的22.7%。其中，数字贸易进出口总额达697亿美元，占全国数字贸易规模的近两成，占全市服务贸易进出口总额的近五成。北京服务业实际利用外资额达140.2亿美元，同比增长5.9%，占全市实际利用外资总额的97.1%；服务业新设立外资企业1875家，同比增长52.2%。

2. 服务贸易结构显著优化

北京服务贸易结构持续改善，服务贸易逆差明显缩窄。服务贸易出口增速高于进口近20个百分点，带动服务贸易逆差同比下降40%。其中，知识密集型服务贸易稳步增长。2018~2022年，北京知识密集型服务贸易进出口总额从612.5亿美元增长到726.6亿美元，年均增长4.4%，高于服务贸易年均增速。知识密集型服务贸易进出口额占服务贸易进出口总额的比重超过50%，高于全国平均值。

（二）北京服务贸易发展进程

北京充分发挥国家服务业扩大开放综合示范区和中国（北京）自由贸易试验区"两区"建设政策叠加优势，主要从政策突破、制度创新、环境

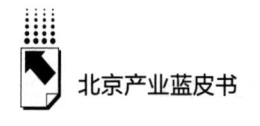

优化等方面大力促进服务贸易发展。

1. 加强法制化建设，推动服务贸易发展

《北京市人民代表大会常务委员会关于促进国家服务业扩大开放综合示范区建设的决定》和《中国（北京）自由贸易试验区条例》强调，北京要通过法制化建设保障安全高效的服务业和服务贸易发展环境，为北京市服务贸易在合规的法律环境中走向开放式发展奠定了法治根基。

2. 加快服务贸易数字化进程，实现数字服务贸易新征程

北京市努力抓住数字经济和数字贸易发展的新机遇。第一，通过构建高效的工作体系，北京把数字贸易发展纳入"两区"建设框架，以高级别推动、高频调度和全区域整合，为数字贸易的创新发展提供了良好的组织保障。第二，发布《北京市关于促进数字贸易高质量发展的若干措施》，加强数字贸易的政策保障。第三，形成以"数字贸易港"为中心的创新格局，重点推动海淀区、朝阳区和大兴区的数字贸易试验区建设，探索在规则和标准上先行先试，深化企业层面的国际合作和实践创新，并着手实施国际贸易公共服务平台等项目。

二　北京国际服务贸易发展指数构建

（一）指标选取原则

本文在构建北京国际服务贸易发展指数时，遵循以下原则来选取与国际服务贸易发展相关的指标。

1. 可靠性原则

所选取指标数据比较稳定且来源可靠，具有一定的公信力和实用性，能够尽量全面反映北京市服务业开放程度。

2. 敏感性原则

服务业受各类风险冲击影响较大，所选取的指标要具有高度的概括性和敏感性，能及时准确地反映北京服务贸易发展情况。

3. 实践性原则

计算北京市服务贸易发展指数的目标是更好地指导北京市服务业发展，所选指标必须客观、真实地反映服务贸易发展的现状和走势，使之具有现实意义。

（二）指数体系

本报告从市场需求、服务贸易规模、发展前景和国际竞争力四个维度对北京国际服务贸易发展情况进行考察，共分为4个一级指标、13个二级指标，并采用各级指标等比重的加权方法设计指标权重（见表1）。

表1 北京国际服务贸易发展指数体系及各项指标权重

一级指标	二级指标	指标权重(%)
市场需求	人均GDP(元)	8.33
	人均可支配收入(元)	8.33
	人均消费性支出(元)	8.33
服务贸易规模	服务贸易进出口总额(亿美元)	8.33
	服务业外商及港澳台企业数(家)	8.33
	服务业外商及港澳台企业从业人员数(人)	8.33
发展前景	服务业占GDP比重(%)	6.25
	服务贸易占外贸总额比重(%)	6.25
	服务业增加值增长率(%)	6.25
	国际服务贸易促进政策数量变化率(%)	6.25
国际竞争力	服务业实际利用外资金额(万美元)	8.33
	服务贸易国际市场占有率(%)	8.33
	服务贸易RCA指数	8.33

1. 市场需求

市场需求指标包括人均GDP、人均可支配收入、人均消费性支出3个二级指标。市场需求与当地经济发展程度密切相关，影响着服务贸易的规模与发展方向。市场需求的增长将促进服务贸易规模的增长，是推动服务贸易发展的有力支撑。

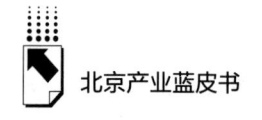

2. 服务贸易规模

服务贸易规模指标包括服务贸易进出口总额、服务业外商及港澳台企业数、服务业外商及港澳台企业从业人员数3个二级指标。服务贸易进出口总额直观反映了北京国际服务贸易规模，后2个二级指标则反映了在北京的服务业外商及港澳台企业的经营状态。

3. 发展前景

发展前景指标包括服务业占GDP比重、服务贸易占外贸总额比重、服务业增加值增长率、国际服务贸易促进政策数量变化率4个二级指标。前3个二级指标反映了服务业在北京市产业结构中的地位，而国际服务贸易促进政策数量变化率能够反映北京对该产业的关注程度。

4. 国际竞争力

国际竞争力指标包括服务业实际利用外资金额、服务贸易国际市场占有率、服务贸易RCA（Revealed Comparative Advantage，显示性比较优势）指数3个二级指标。服务业实际利用外资金额能够展示一个国家或地区吸引外资的能力和对外开放的程度。服务贸易国际市场占有率指北京服务贸易出口总额在全球服务贸易出口总额中的占比，可以反映北京在全球服务贸易市场中的竞争力。服务贸易RCA指数反映北京服务贸易在国际贸易中的比较优势以及在对外贸易中的表现。

（三）北京国际服务贸易发展指数计算

1. 数据来源

本文数据来源为《北京统计年鉴》、Wind数据库、联合国贸易和发展会议（United Nations Conference on Trade and Development，UNCTAD）、北京市人民政府网站。样本期为2013~2022年。其中，国际服务贸易促进政策数量变化率指标根据北京市人民政府网站关键词搜索"国际贸易服务"得到的相关政策数量整理。

对缺失的2022年数据进行估算：2022年世界服务贸易出口总额的估计值，由UNCTAD提供的增长率计算得出；2022年北京服务贸易出口额的估计值，由近年来北京服务贸易出口额平均占比乘以当年进出口总额计算得出。

2. 数据标准化处理

选取 m 个指标，共 n 个样本，则 X_{ij} 为第 i 个样本的第 j 个指标的值。其中，$i=1, 2, 3, \cdots, n$；$j=1, 2, 3, \cdots, m$。

为消除不同评价指标之间的差异，便于对数据进行加权求和，本文各项指标均为正向，并进行极差标准化处理：

$$X^{'} = \frac{X_{ij} - \text{Min}(X_{ij})}{\text{Max}(X_{ij}) - \text{Min}(X_{ij})}$$

3. 指数计算结果

数据标准化后，各项数据按各自权重加权后相加，并使指数结果以百分制进行映射，得到2013~2022年北京市国际服务贸易发展指数。

2013~2017年，北京国际服务贸易发展指数呈快速上升态势，从34.77增长到80.31。2018~2020年有所下降，受疫情影响，该指数在2020年降低至74.77。2021年攀升至89.05，为历年来的最高值。2022年，受全国疫情反复的影响，该指数略有下降，但仍高于2020年，为81.65，较2013年增长1.35倍（见图1）。总体而言，在北京市政府的大力支持下，北京国际服务贸易在2013~2022年增势迅猛，发展前景广阔。

从4个一级指标变化趋势来看，市场需求指标在2013~2022年整体呈大幅上升态势，从5.00上升到29.44，仅在2020年小幅下降1.94。服务贸易规模指标在2013~2022年呈波动上升态势，但增幅相对市场需求指标来说较缓，从2013年的11.61增至2020年的19.25，2021年增长至26.83，达到十年间的最高值。受疫情影响，2022年，该指标小幅下降2.26至24.57。发展前景指标从2013年的11.72上升到2016年的24.22，随后波动下降至2020年的16.72。与服务贸易规模指标相似，2021年该指标显著上升至20.95，但未超过2017~2019年的均值。2022年，受疫情影响，该指标急速下降至14.11，与2014年基本持平，略高于2013年。相较于发展前景指标，国际竞争力指标在2013~2022年波动幅度较大。该指标在2013~

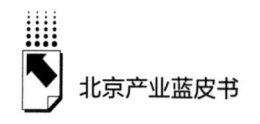

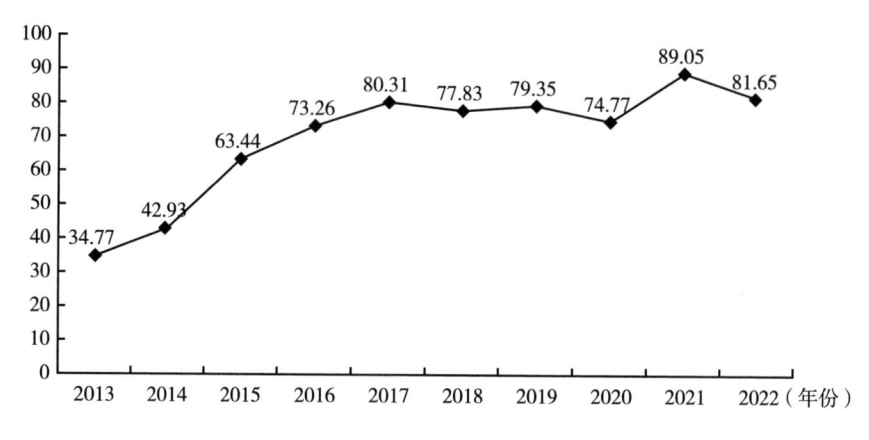

图1 2013~2022年北京国际服务贸易发展指数

2017年高速增长，从6.44增长至26.51的峰值，其中2015年的增幅最大，仅一年就增加8.95。从2018年开始，国际竞争力指标持续下降至2021年的12.38，2022年小幅增长至13.54（见表2和图2）。

表2 2013~2022年北京国际服务贸易发展指数构成

年份	市场需求	服务贸易规模	发展前景	国际竞争力
2013	5.00	11.61	11.72	6.44
2014	7.41	11.54	14.90	9.09
2015	10.43	12.61	22.37	18.04
2016	13.31	15.92	24.22	19.81
2017	16.48	16.46	20.86	26.51
2018	20.01	18.42	21.69	17.71
2019	25.17	16.90	20.29	16.98
2020	23.23	19.25	16.72	15.57
2021	28.89	26.83	20.95	12.38
2022	29.44	24.57	14.11	13.54

三 北京国际服务贸易发展指数结果分析

2013~2017年，北京国际服务贸易发展指数的增长动力来自一级指标的

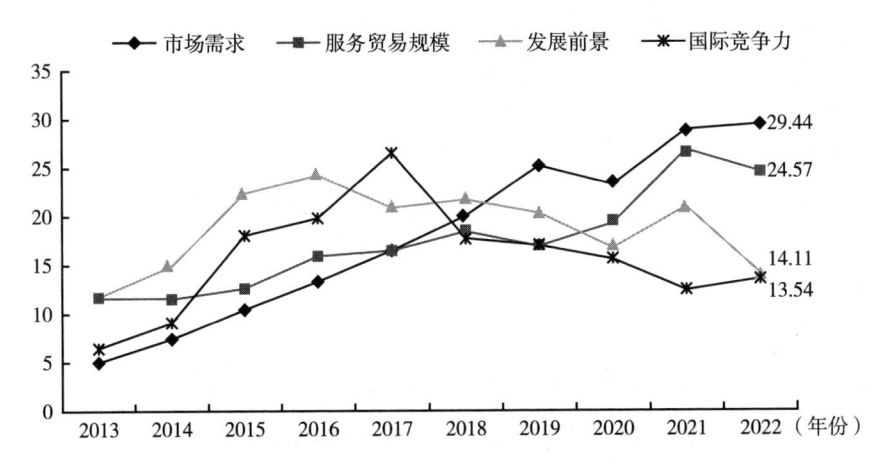

图 2　2013~2022 年北京国际服务贸易发展指数构成

整体高速提升。具体来看，国际竞争力指标在此期间贡献最大，该指标从 2013 年的 6.44 高速增长至 2017 年的 26.51。服务业实际利用外资金额和服务贸易国际市场占有率分别从 2013 年的 563886 万美元和 0.1156%，增长至 2017 年的 2320185 万美元和 0.4012%，均为 2013~2022 年的最高值（见图 3 和图 4）。服务贸易 RCA 指数则与前两个指标变化趋势不同，自 2013 年的 0.0829 增长至 2016 年 0.1224 的峰值后，2017 年下降至 0.1024（见图 5）。

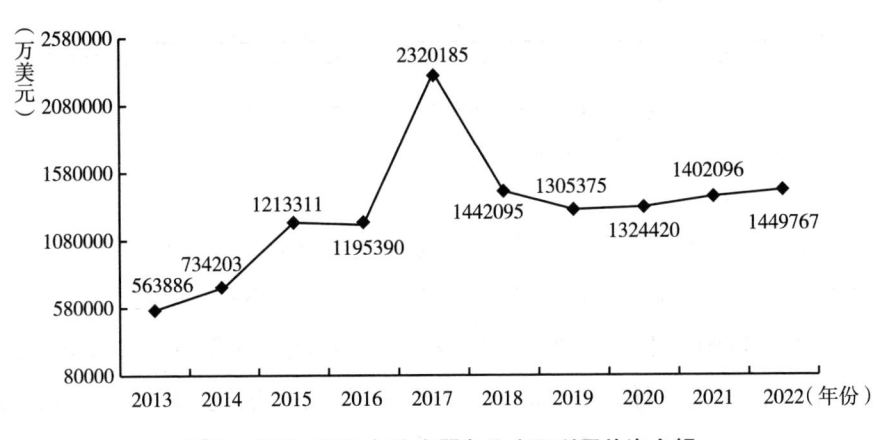

图 3　2013~2022 年北京服务业实际利用外资金额

数据来源：国家统计局网站、Wind 数据库。

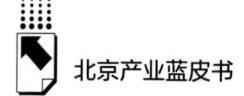

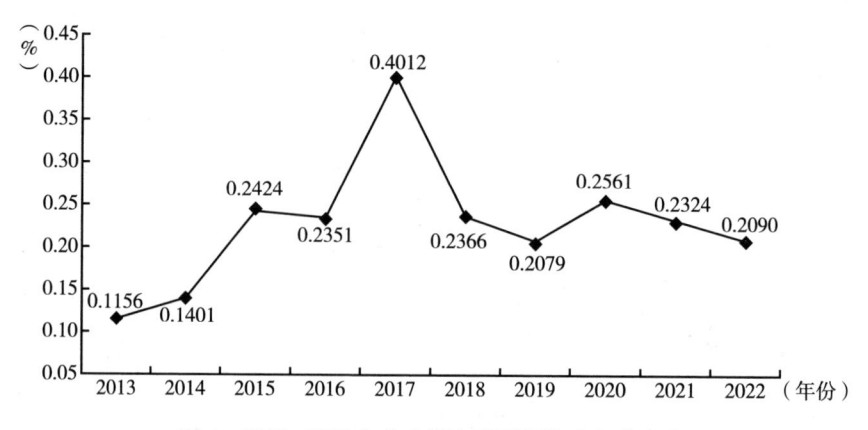

图4 2013~2022年北京服务贸易国际市场占有率

数据来源：国家统计局网站、Wind数据库。

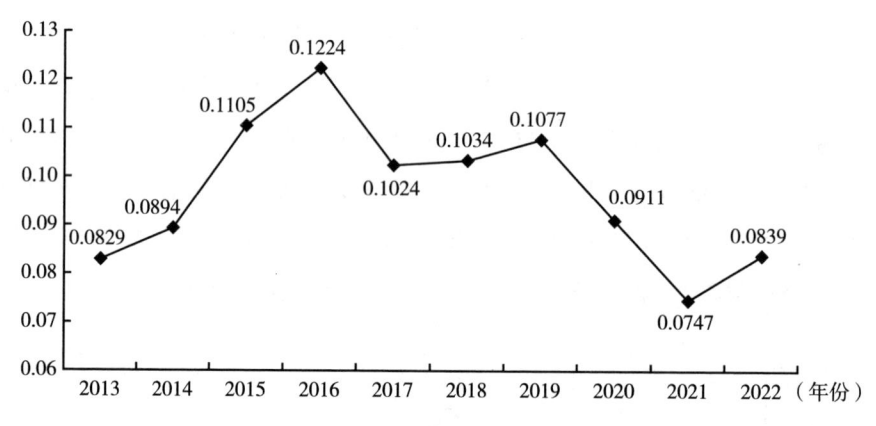

图5 2013~2022年北京服务贸易RCA指数

数据来源：国家统计局网站、Wind数据库、UNCTAD。

2017~2020年，北京国际服务贸易发展指数波动下降，这是由于各个一级指标互有升降：市场需求和服务贸易规模指标呈上升趋势，发展前景和国际竞争力指标则呈下降趋势。市场需求指标在此期间保持稳步增长，仅2020年小幅下跌，但仍高于2018年。服务贸易规模指标从2017年的16.46波动上升至2020年的19.25。发展前景指标在2018年小幅上升到21.69后，下降至2020年的16.72，略高于2014年。国际竞争力指标持续下降，2020

年为15.57。

其中，2019年北京国际服务贸易发展指数小幅上升是由于市场需求指标增长幅度弥合了其余三个指标的下跌幅度。2017~2020年，北京人均GDP和人均可支配收入指标发展趋势相似，均呈大幅增长态势，分别从2017年的128994元和57230元上升至2020年的164889元和69434元。北京人均消费性支出从2017年的37425元逐步上升至2019年的43038元，但由于疫情影响，该指标在2020年首次出现下降，较2019年减少4135元（见图6和图7）。

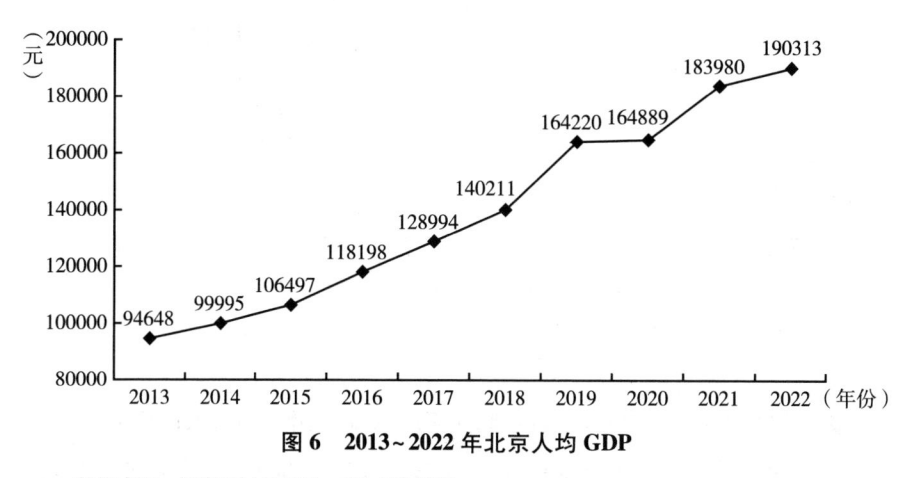

图6　2013~2022年北京人均GDP

数据来源：国家统计局网站、Wind数据库。

图7　2013~2022年北京人均可支配收入和人均消费性支出

数据来源：国家统计局网站、Wind数据库。

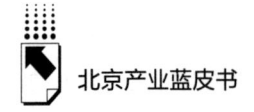

2021年，北京国际服务贸易发展指数达到2013~2022年的最高点，为89.05。这是由于4个一级指标中，仅国际竞争力指标持续下滑至12.38，其余三个指标均实现大幅反弹。其中，服务贸易规模指标增速最高，其二级指标北京服务贸易进出口总额从2020年的1217.88亿美元反弹至2021年的1385.10亿美元（见图8）。

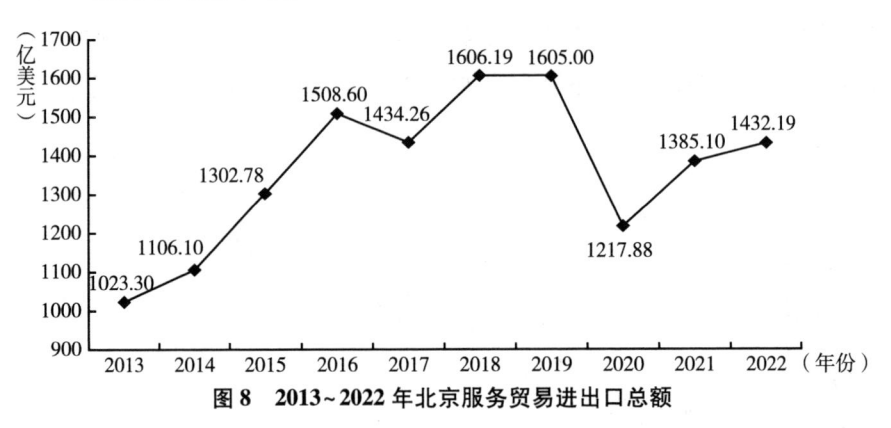

图8 2013~2022年北京服务贸易进出口总额

数据来源：国家统计局网站、Wind数据库。

服务业外商及港澳台企业数从2020年的3320家增长至2021年的3551家，首次超过2013年的3390家（见图9）。服务业外商及港澳台企业从业人员数从2020年的114万人增长到2021年的124万人，为十年内最高值（见图10）。由此可见，这两个二级指标为服务贸易规模指标的高速增长贡献颇多。

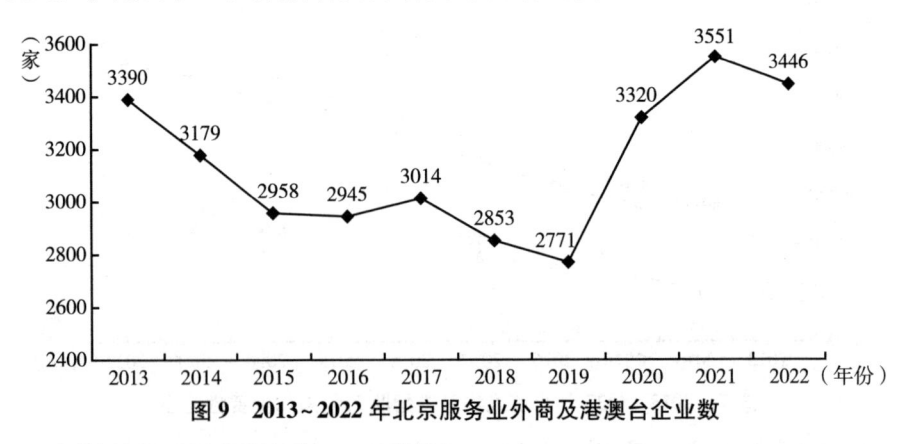

图9 2013~2022年北京服务业外商及港澳台企业数

数据来源：国家统计局网站、Wind数据库。

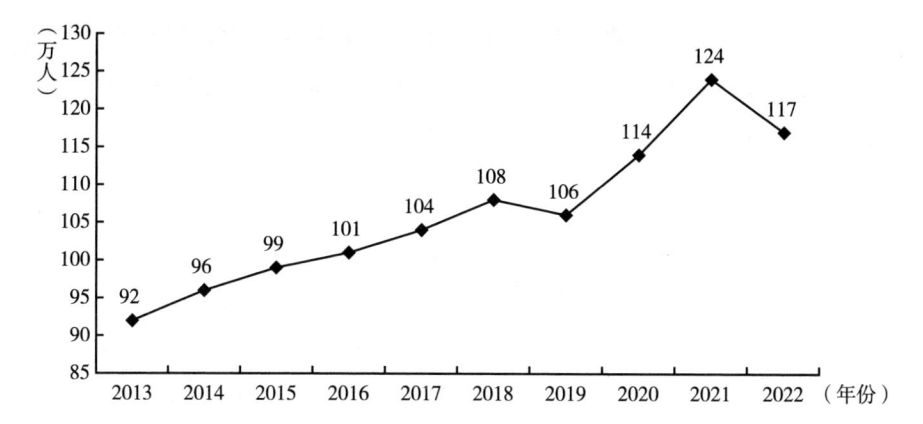

图10 2013~2022年北京服务业外商及港澳台企业从业人员数

数据来源：国家统计局网站、Wind数据库。

2022年，受全国疫情反复的影响，北京国际服务贸易发展指数略有下降，为81.65，仍高于2013~2020年的平均值。四个一级指标有升有降：市场需求指标小幅上升；国际竞争力指标则止住跌势，实现小幅反弹；服务贸易规模指标和发展前景指标呈下跌态势，其中发展前景指标跌幅最大。2022年，北京服务贸易占外贸总额比重降低至20.91%，仅与2014年基本持平（见图11）。

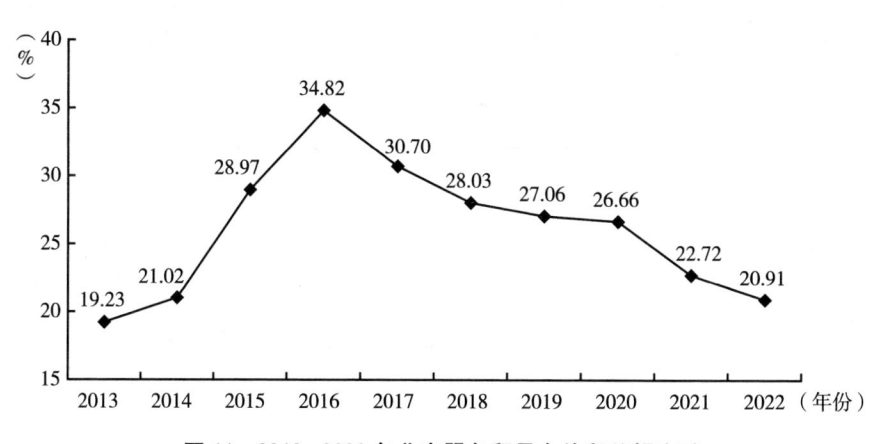

图11 2013~2022年北京服务贸易占外贸总额比重

数据来源：国家统计局网站、Wind数据库。

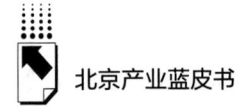

2022年，北京服务业增加值增长率受疫情影响较大，增长率下降至3.4%（见图12）。北京国际服务贸易促进政策数量变化率从2021年的109.24%暴跌至2022年的-44.58%（见图13）。

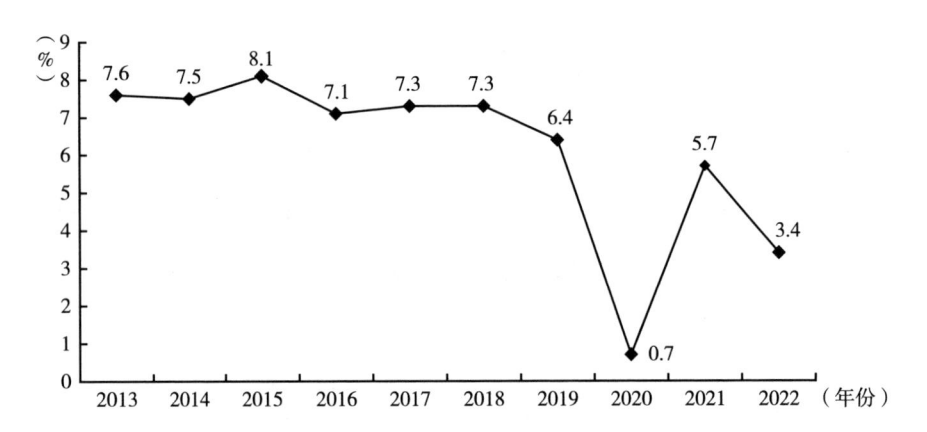

图12　2013~2022年北京服务业增加值增长率

数据来源：国家统计局网站、Wind数据库。

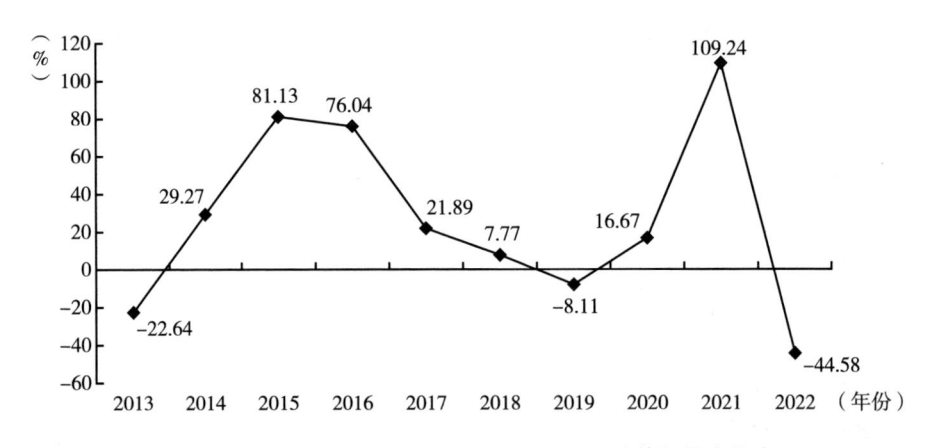

图13　2013~2022年北京国际服务贸易促进政策数量变化率

数据来源：北京市人民政府网站。

四 提升北京国际服务贸易水平的政策建议

（一）优化服务贸易结构，创新服务贸易发展机制

国际竞争力指标在2017年后的持续下跌和发展前景指标在2022年的大幅下跌，导致北京国际服务贸易发展指数增速放缓，原因是服务贸易国际市场占有率、服务贸易RCA指数和服务贸易占外贸总额比重下降。因此，本文提出如下建议。

1. 提升贸易出口综合竞争力，优化进口贸易结构

一是在出口方面，推动传统服务贸易加快转型，打造整体"出海"的中国品牌，通过完善国际海运、铁路运输、空运服务网络增强国际运输服务能力，提高服务贸易效率。二是在进口方面，适时调整完善《鼓励进口服务目录》，扩大研发设计生产性服务进口，推动现代服务业与先进制造业、现代农业深度融合；推动相关生活性服务进口，推进互联网、教育、医疗等领域相关服务对外开放。

2. 发展外贸新业态新模式，培育贸易合作和竞争新优势

积极推动跨境电商、外贸综合服务企业、保税维修及离岸贸易等新业态和新模式的快速发展。同时，建议加快市场采购与外贸综合服务、跨境电商的融合发展，打造一批具有竞争力的内外贸一体化区域品牌。

3. 推动数字技术与贸易融合，提升贸易数字化水平

一是加快贸易全链条数字化赋能，实现生产制造、市场营销、口岸通关、仓储物流、售后服务、金融服务环节数字化。二是加快服务贸易数字化进程。持续优化数字服务贸易的创新发展模式，稳步推进数字技术贸易支持旅游、运输等行业进行数字化改造。三是引导企业加快数字化转型升级，通过各种数字化平台推动企业向研发、设计、品牌等高端价值链要质量、要效益，切实把中间品贸易数字化转型做扎实。

（二）优化服务贸易环境，提高政策普惠性和适用性

从北京国际服务贸易发展指数及各项指标的变化趋势可以看出，北京服务贸易领域在2020年和2022年受疫情影响较大，本文提出如下建议。

1.完善服务贸易数据统计制度

借鉴国际经验，积极探索全口径服务贸易统计方法，加强部门之间的数据交换和信息共享，优化服务贸易统计方法。支持在服务贸易发展良好的省市开展服务贸易统计监测试点，探索完善服务贸易统计监测体系的有效路径。

2.完善制度和政策体系，促进监管体制机制创新

一是提升贸易支持政策的精准性。针对贸易企业在发展中面临的主要难题，以数字技术和各类数字化平台为依托，积极优化政策设计和实施机制，提高各项政策的可获得性和有效性，为广大中小微型贸易企业提供有力支持。二是适度推进对外开放。利用好"两区"建设、国家服务贸易创新发展试点等带来的要素资源汇集优势，推动北京服务贸易不断向高端化发展。以申请加入《数字经济伙伴关系协定》（DEPA）、《全面与进步跨太平洋伙伴关系协定》（CPTPP）为契机，加强服务贸易国际合作，积极对标高标准国际经贸规则，推动部分政策在自贸区、国家服务出口基地等先行先试。

参考文献

高红伟：《中国数字服务贸易的国际竞争力分析》，《统计与决策》2023年第4期。

来有为、陈红娜：《以扩大开放提高我国服务业发展质量和国际竞争力》，《管理世界》2017年第5期。

李为人、刘绍坚：《危机影响下国际服务贸易发展趋势及中国的路径选择》，《国际贸易》2012年第11期。

周彦霞等：《数字服务贸易自由化与数字经济发展：理论与国际经验》，《经济问题探索》2023年第2期。

赵瑾：《跨越式发展：数字时代中国服务贸易发展战略与政策》，《财贸经济》2023年第3期。

李杨、任财君：《跨境服务贸易负面清单国际比较及对中国的启示》，《国际贸易》2023年第1期。

梁瑞、黄玉丽：《国际服务贸易发展趋势与我国战略选择——以北京、上海和广州为例》，《河南社会科学》2010年第6期。

潘菁：《国际服务贸易促进我国经济增长的实证分析及对策研究》，《当代财经》2005年第4期。

夏杰长、肖宇：《构建中国服务贸易持续稳定发展的长效机制》，《社会科学战线》2018年第3期。

热点篇
Industry Reports

B.6
北京人工智能产业发展研究

赵云毅 芮光伟[*]

摘 要： 随着科技的发展，人工智能作为前沿学科的代表，已经成为涉及面最广泛的交叉学科，我国将发展人工智能提升到国家战略层面。北京作为我国首个国家新一代人工智能创新发展试验区，人工智能产业发展速度、规模以及取得的成果均居全国首位，人工智能产业链条已经基本形成，并在促进人工智能创新策源地和人工智能领军城市发展方面形成突出的创新成果和实践经验。依托这些经验，北京正努力构建具有全球影响力的产业生态体系。

关键词： 人工智能 产业发展 产业规模

---

[*] 赵云毅，北京交通大学国家经济安全研究院助理研究员，研究方向为产业经济学；芮光伟，北京交通大学经济与管理学院博士研究生，研究方向为产业安全。

人工智能从诞生起就处于世界尖端技术的地位，是具有前瞻性发展空间的技术，被称为20世纪世界三大尖端技术之一。如今，人工智能已成为交叉学科的前沿科学，所涉及的学科从计算机科学延伸到语言学、心理学、哲学、医学等，几乎涵盖自然科学和社会科学涉及的所有学科。

2017年我国将人工智能产业发展提升到国家战略高度。为促进人工智能产业的发展，国务院、国家发展改革委、工业和信息化部、科学技术部等先后出台相关政策，为人工智能产业的发展提供政策指引和保障。如今，我国人工智能产业在国际上已经拥有一定的话语权，核心产业发展规模达千亿元。北京市是我国首个国家新一代人工智能创新发展试验区，人工智能产业规模、企业数量、人才数量、成果数量均居全国首位，人工智能产业链条已经基本形成，并在促进人工智能创新策源地和人工智能领军城市发展方面形成突出的创新成果和实践经验。依托这些经验，北京正努力构建具有全球影响力的产业生态体系。

一 我国人工智能产业概况

（一）我国人工智能产业相关政策

我国非常重视人工智能的发展和应用，为促进人工智能产业的发展，国务院、国家发展改革委、工业和信息化部、科学技术部都相继出台了相关政策和指导意见，为人工智能的发展提供必要的政策支持。

2015年7月，国务院颁布《关于积极推进"互联网+"行动的指导意见》，旨在以互联网平台为基础，将人工智能引入公共服务，推动人工智能在智能家居、智能终端、民用机器人等领域的发展和应用，促进形成集创新、开放、合作、协同发展于一体的新型产业生态。2016年5月，国家发展改革委、科学技术部、工业和信息化部、中央网信办联合出台《"互联网+"人工智能三年行动实施方案》，明确提出到2018年我国人工智能市场应用规模要达到千亿元级别，我国将持续助力人工智能产业的发展，并加大帮扶力度。2016

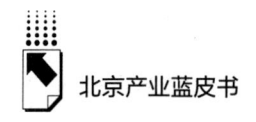

年8月，国务院出台《"十三五"国家科技创新规划》，提出我国要在2030年前筛选一批能够呈现国家战略意图、与信息科技紧密相关的重大科技项目。2016年12月，国务院印发《"十三五"国家战略性新兴产业发展规划》，对2013年提出的七大产业内容进行了补充修订，新增数字创意产业和高技术服务业，将七大产业修订为九大产业，同时将人工智能产业列入新一代信息技术产业。2017年7月，国务院发布《新一代人工智能发展规划》，这是我国首个针对人工智能领域的专项规划，提出我国要在2030年占领全球人工智能领域的制高点，成为世界主要人工智能创新中心。工业和信息化部在2017年12月印发《促进新一代人工智能产业发展三年行动计划（2018—2020年）》，提出我国要在2020年前研发出能够在国际竞争中取得优势的标志性人工智能产品，鼓励人工智能的研发和实体经济进一步深化融合，优化人工智能产业的发展环境。

近年来，国家对人工智能产业的政策支持力度进一步加大。2020年7月，国家发展改革委联合国家标准化管理委员会、中央网信办、科学技术部、工业和信息化部联合印发《国家新一代人工智能标准体系建设指南》，对人工智能领域的基础层面、应用领域和行业标准做了明确划分，旨在为人工智能产品标准的制定提供依据，促进我国人工智能领域的标准化和规范化发展。2020年9月，科学技术部发布《关于印发国家新一代人工智能创新发展试验区建设工作指引（修订版）的通知》，提出到2023年建设20个左右人工智能创新试验区，将人工智能技术应用、政策试验、社会实验融入试验区建设，形成人工智能和社会发展深度融合的典型模式，创造具有引领作用的人工智能产业创新高地。2022年7月，科学技术部联合教育部、工业和信息化部等六部门印发《关于加快场景创新以人工智能高水平应用促进经济高质量发展的指导意见》，促进人工智能技术在制造业、金融业、物流业、农业、商务、家居等重点行业加强创新，促进人工智能向高端化发展。2022年8月，科学技术部发布《关于支持建设新一代人工智能示范应用场景的通知》，计划率先支持10个可以起到示范作用、基础较好、可复制推广的，具有全链条、全过程等特性的人工智能应用场景。

（二）我国人工智能产业的发展情况

近年来，随着国家科技创新实力的增强，我国人工智能产业得到快速发展。2019年，我国人工智能核心产业规模为510亿元，人工智能企业超过2600家。2020年，我国人工智能核心产业规模达到3031亿元，相关企业数量达到1454家，人工智能企业数量仅次于美国，居全球第二位，产业规模增长速度高于世界平均水平。2022年，我国人工智能核心产业规模达到5080亿元。

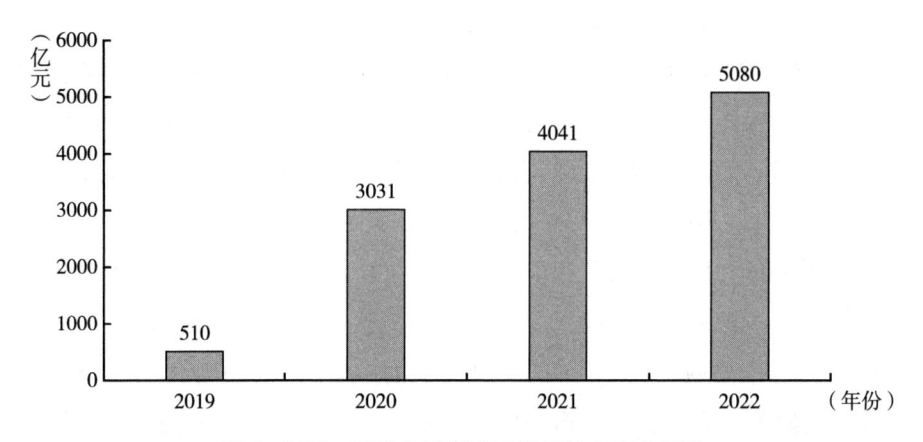

图1 2019~2022年我国人工智能核心产业规模

数据来源：2019~2022年《中国互联网发展报告》；《AI遇上新基建 促人工智能加速落地》，《经济参考报》2020年7月10日。

我国人工智能产业规模之所以高速增长，除政府重视引导，陆续出台相应政策为人工智能产业发展保驾护航，并投入大量资金帮扶人工智能产业相关企业以外，还有一个重要因素是我国发展人工智能拥有独特的优势。

第一，我国人口基数庞大，拥有巨大的手机用户群体，高度普及的移动支付平台和物流平台，为人工智能的发展提供了发展基础和巨大的消费市场。第二，在我国建设现代化城市进程中，各领域对人工智能产品的需求都很大。这就意味着我国人工智能拥有巨大的市场潜力，并且拥有充足的促进人工智能发展的潜在客户需求。第三，我国人工智能产业相关企业数量众

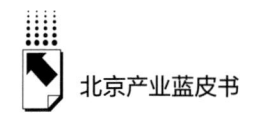

多。在大数据时代下，除不断诞生的大量新兴科技企业外，还有大量传统企业积极向智能化、科技化的方向转型，以达到更高的运营效率。

（三）我国人工智能的应用

目前我国人工智能的应用主要覆盖基础技术、人工智能技术和人工智能应用场景三个层面。

基础技术层面指人工智能产业整体发展所需要的基础技术，主要包括大数据、云计算、高端芯片、关键网络设备、高端服务器等基础软件和硬件。阿里巴巴、百度等IT巨头就属于该类企业。

百度作为较早进军人工智能领域的IT行业巨头，于2014年在美国硅谷建立人工智能研究中心，对预测技术与自动驾驶技术进行深度开发。2016年9月，百度正式开放具有深度学习功能的开源平台PaddlePaddle，成为继Google、Facebook、IBM之后的第四家人工智能技术开源公司。百度还在互联网上开放了人工智能平台，面向社会推出通过人工智能技术来识别物品的"识万物"功能。2022年，随着ChatGPT风靡全球，百度在2023年3月推出中文版ChatGPT，即"文心一言"。2015年8月，阿里巴巴推出国内首个人工智能平台DTPAI，在该平台上仅需简单操作就可以对海量数据进行分析，还可以对用户行为和行业走势进行预测。DTPAI平台还可以集成阿里巴巴核心算法库，做到大规模机器学习、深度学习。2016年3月，阿里巴巴推出阿里人工智能语音技术，可以通过声音识别技术，将语音变成文字，不仅可以识别汉语、英语、西班牙语、日语、韩语、俄语等多种语言，还具有识别方言的能力，比如广东、湖北、湖南、四川等地的方言。在识别语音的同时，还可以充当翻译者，做到不同语种间的翻译。在2016年阿里云年会上，阿里语言产品阿里云"小Ai"成功挑战世界速记大赛亚军得主姜毅，以准确率0.67%的优势获胜。现在不仅是阿里云大数据平台上的语音交互产品，而且手机淘宝、钉钉、支付宝等移动终端也都在使用"小Ai"技术。

人工智能技术层面指带有自主学习功能，且以大数据为基础、结合云计算的人工智能技术，这类人工智能技术属于人工智能产业的核心应用，主要用于图像处理、指纹识别、人脸识别、语音识别、新型人机交互功能等，此类领域的代表企业包括小米、科大讯飞等。

小米在2020年推出了"小爱同学5.0"，是一款从语音助手升级为智能生活助手的AI系统，可以安装在小米的手表、音箱、电视等设备上。适用范围很广，覆盖智能移动、智能家庭、智能办公、儿童娱乐、智慧学习等应用，可以实现全场智能协同、主动式智能对话、定制化情感声音功能、多模式融合交互和智慧学习助手。"小爱同学5.0"和传统移动互联网App的区别在于它可以用自己的方式与用户沟通，可以通过向用户提问并收集问题来了解客户。其主动提问功能就是高级智能的表现，这说明人工智能不仅可与用户进行短暂交流，而且可以像人一样进行思考和计算。腾讯在2015年8月推出的撰稿机器人Dreamwriter是国内首个可以自主撰写新闻稿件的机器人，受到广泛关注。虽然Dreamwriter需要以数据库为基础，通过机器学习才能写出新闻稿，而且需后期审核，但仍是人工智能技术的创新。

人工智能应用场景层面指需要借助人工智能技术来提高自身能力的产业，如医疗、教育、制造业等。人工智能的应用可以使这些传统产业快速提升能力、优化升级。格力、小米等传统制造业企业在引入人工智能技术后，研发和创新能力显著增强，其产品实力也从传统产品向高端"智能"产品转变。

（四）我国人工智能发展面临的问题

当前，我国人工智能产业虽然发展较快，发展空间巨大，但仍然面临一些问题。

1.人工智能产业整体依然处于价值链中低端

我国数量众多的中小型人工智能企业因为资金规模及企业自身能力等限制，相比长远发展来说，产品以追求短期利润为主，缺乏创新性。例如，很多企业看到人工智能领域涉及新型互联网技术、云计算、大数据等热点话题，便将自己的产品向这些领域靠拢，没有根据自身能力确定长久的主营方

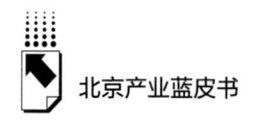

向，再加上自身缺乏研发能力，因此更多的是复制其他企业相似产品，从而导致产品同质化、技术含量较低。

2. 人工智能领域技术和硬件设施存在短板

人工智能技术属于高新技术，研发成本高，国内多数人工智能企业都集中在软件上，硬件研发投入相对较少。我国人工智能产业发展虽然取得一定成果，但总体看技术水平还相对较低，中国自主生产的专利产品占比不高，很多高端技术和硬件设施还需要依靠国外进口。2020年，新冠疫情导致全球性芯片企业减产，芯片价格飞涨，再加上美国对中国芯片制造业领域的技术封锁，影响了我国人工智能产业、智能手机产业和汽车制造业的发展。

3. 人工智能相关人才短缺

人工智能的发展离不开高级科技人才。我国人口数量庞大，人工智能领域的青年人才储备也不少，但高端技术人才与相关专家数量暂无法满足行业发展的需要。而青年人才的培养本身就需要很长的周期，相比欧美发达国家来说，我国人工智能产业起步晚、高端人才少，补齐人才不足的短板需要漫长的周期。

4. 人工智能产业商业模式还不成熟

我国人工智能产业的商业模式还不够成熟。一方面，我国人工智能产业的软硬件、系统、数据、评估等方面的技术研发和实际应用没有统一的标准和规定。另一方面，除一些大型企业外，我国大多数人工智能企业属于中小型初创企业，市场前景不明确，加之企业自身没有能力进行高端研发，而有能力进行人工智能研发的高校和科研单位又不是面向市场的企业主体。因此，人工智能企业和人工智能科研单位间的合作大多是针对某些特定产品而建立的临时性合作关系，没有建立长期紧密的战略合作关系。人工智能的研发没有完全以市场需求为导向进行，产品与市场需求不能紧密契合，因此成熟有效的商业循环模式尚未建立。

5. 政府帮扶不够全面

我国对人工智能的重视程度高，出台了大量相关扶持政策，并投入大量的资金支持，但从整个产业的发展来看，我国人工智能产业大多依赖企业自身的发展。中小型企业尤其是初创的新型人工智能企业能够得到的资金支持相对较少。这些尚在成长中的新型人工智能企业面临的主要问题是缺少资金，再加上规模小、缺乏创新能力、研究方向相对分散，相互间也没有有效联合在一起，没有形成完整的上下游产业链，因此更需要政府的帮扶和引导，尤其是需要政府通过合理的政策和调控手段，针对不同企业在不同的发展阶段实施更有效的差异化帮扶。

二 北京人工智能产业现状

作为我国首个国家新一代人工智能创新发展试验区，北京的人工智能产业发展规模、发展速度均居全国首位，人工智能产业链条已经基本形成，在促进人工智能创新策源地和人工智能领军城市发展方面形成了突出的创新成果和实践经验。依托这些经验，北京正努力构建具有全球影响力的产业生态体系。

（一）北京人工智能产业政策

北京市作为国家新一代人工智能创新发展试验区，结合本地人工智能产业发展情况，出台了更贴合实际发展情况的政策。

2021年8月，北京市人民政府发布《北京市"十四五"时期高精尖产业发展规划》，强调北京要聚焦构建高精尖产业体系，加强产业基础再造，以"北京智造""北京服务"抢占未来发展的新高地。要深入贯彻新发展理念、融入新发展格局，把"五子"联动体现在产业发展上，坚持先进制造业与生产性服务业深度融合、相互促进，助力推动北京"十四五"时期高质量发展。同时，大力调整优化产业结构，将碳中和理念融入发展，推动数字化、智能化、绿色化转型升级；促进制造业企业向智能化产品与服务转型；促进高校、科研单位与企业合作，培养高素质的人工智能产业人才。

2022年11月，北京市第十五届人大常委会第四十五次会议审议通过《北京市数字经济促进条例》。该条例对数字基础设施、数据资源、数字经济产业、智慧城市建设、数字经济安全等方面做出了具体规定，为北京数字

经济的发展立法护航，为人工智能产业的发展提供了法律保障。

2023年5月，在中关村论坛重大科技成果专场发布会上，北京市科委、中关村管委会联合发布《北京市加快建设具有全球影响力的人工智能创新策源地实施方案（2023—2025年）》《北京市促进通用人工智能创新发展的若干措施》。这两项政策为人工智能产业的发展提供政策指导，从行业发展的角度入手，围绕创新发展共性需求，对人工智能产业的发展做出规划，以进一步统筹社会资源，全面推动人工智能自主技术体系建设，助力人工智能产业生态发展。

（二）北京市人工智能产业发展情况

近年来，北京市人工智能产业继续保持快速增长态势，逐渐成为首都新经济增长点。2022年中关村论坛公布的数据显示，2021年北京人工智能产业规模达2070亿元，同比增长11%；2022年北京人工智能相关产业规模预计约为2270亿元，同比增长9.7%。

1. 北京人工智能产业相关企业数量

截至2022年9月底，全国拥有人工智能企业10625家，其中北京就有2940家，超过全国人工智能企业总量的25%，位居全国第一（见表1）。其中，人工智能核心企业数量为1048家，占北京市人工智能企业总量的35.6%，占全国人工智能核心企业总量的29%。北京核心区域产业集聚能力居全国第一，并且已经形成全栈式人工智能产业链。

表1　2022年9月底我国人工智能企业数量

单位：家，%

地区	企业数量	占比
北京市	2940	27.67
广东省	1913	18.00
上海市	1372	12.91
全　国	10625	

数据来源：《2022年北京人工智能产业发展白皮书》；《北京日报》2023年2月14日。

2. 北京人工智能成果数量

北京拥有大量人工智能企业，也聚集了大量核心技术人才。根据《2022年北京人工智能产业发展白皮书》，北京人工智能领域学者数量超4000人，占全国的28%，而且拥有人工智能领域核心技术人才超过4万人，占全国人工智能领域核心技术人才的60%。人工智能领域的产业人才、创业人才数量均居全国首位。人工智能论文发表数和专利申请数均居全国第一。截至2022年第三季度，全国人工智能产业的授权发明专利数为479831件，北京人工智能相关的授权发明专利有97620件，居全国第一。根据北京时间京融智库统计数据，仅2021年10月至2022年9月一年时间内，北京新增授权发明专利数就有17798件，增长速度居全国榜首。

作为人工智能创新策源地的北京，不仅拥有大量企业和技术人才，也凭借适合人工智能发展的环境，吸引了众多国外人工智能领域的相关机构。世界排名前100的人工智能领域专利授权机构中，有30家将总部设在北京。

北京的人工智能优势项目数量也同样领先于其他城市。在工业和信息化部揭榜挂帅优胜项目中，北京共有37个项目、32家单位榜上有名。在全国已经获批建设国家新一代人工智能开放创新平台的24家企业中，有10家将总部设在北京。这更说明北京在全国人工智能创新体系中占有重要地位。

3. 北京人工智能产业的融资数量

在人工智能产业融资方面，北京不论是融资金额还是融资事件数量均居全国首位。2017年至2022年9月，全国人工智能产业融资事件共发生15750起，涉及金额达3.08万亿元。其中北京的融资事件有3585起，占全国总数的22.8%，总金额达到8223.36亿元，占全国总量的26.7%。仅2021年北京就发生融资事件856起，比2020年的496起增加了72.6%。2022年1~9月，北京人工智能产业融资事件有330起，融资金额为1330.55亿元。同时期全国人工智能产业融资事件共1776起，北京占18.58%（见图2、图3）。

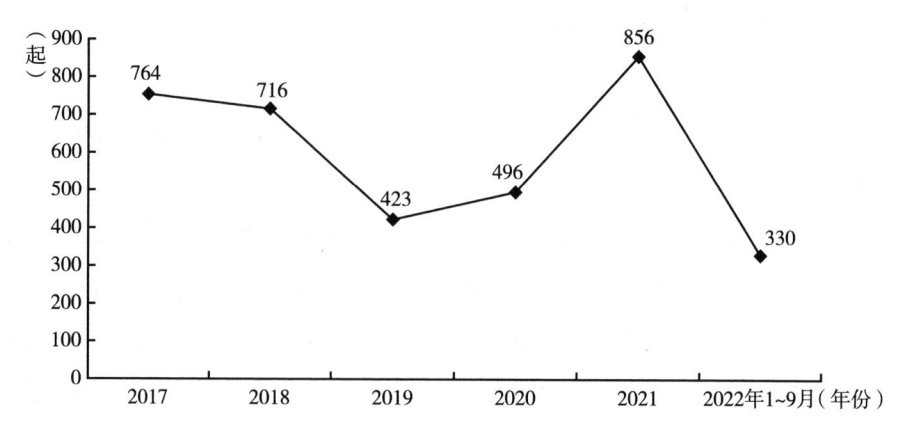

图 2　2017 年至 2022 年 1~9 月北京人工智能产业融资事件数量

数据来源：《北京市产业分析报告人工智能篇》；2017~2022 年《北京人工智能产业发展白皮书》。

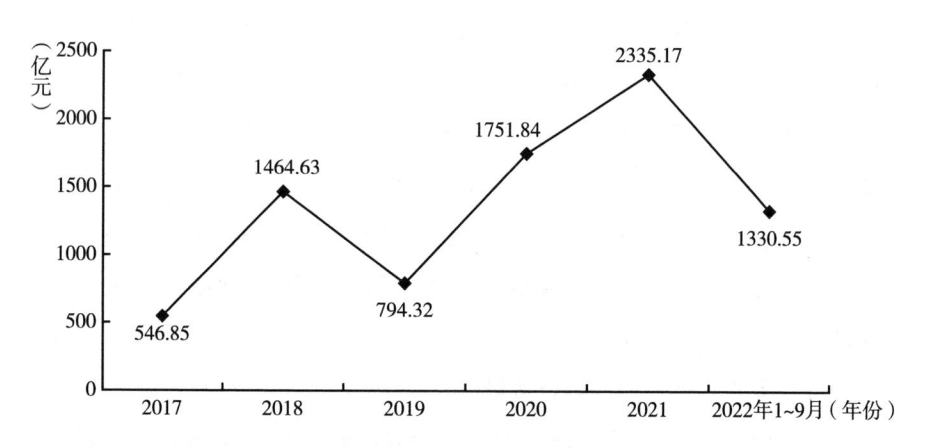

图 3　2017 年至 2022 年 1~9 月北京人工智能产业融资金额

数据来源：《北京市产业分析报告人工智能篇》；2017~2022 年《北京人工智能产业发展白皮书》。

4. 北京人工智能产业相关组织

2017 年 7 月，由北京大学、中关村视听产业技术创新联盟等联合倡议的中国人工智能产业技术创新战略联盟正式在北京成立。联盟发起成员单位有百度、阿里巴巴、腾讯、华为、中兴、联想等 IT 巨头和涉及人工智能的知名企业，为人工智能的发展提供稳固的市场保障，也有北京大学、清华大学、浙江大学、北京航空航天大学等知名院校和中国科学院计算技术研究所等科研机构，为人工智能的创新提供技术支持。该联盟旨在联合各人工智能企业和科研单位，增进合作，努力实现科研与需求统一、生产与市场统一，共同促进新一代人工智能发展，支持人工智能产业技术创新，为人工智能的发展营造健康有序、充满活力的人工智能应用生态。

2021年6月，由百度等36家企业组成北京人工智能产业联盟，有助于提升北京人工智能产业在国内外市场中的竞争力，有助于构建国内外相关企业合作的发展平台，更有效地实现资源共享、优势互补、协同合作，更好地促进我国人工智能产业的发展。

2022年7月，北京人工智能产业大脑的启动，标志着国内首个聚焦人工智能产业创新服务的数字平台的建立，首次形成人工智能产业的全维度数据集，实现了人工智能产业发展的三个突破，即首次对人工智能产业链标准和人工智能企业范围进行定义，开创了以数字治理决策的"数据+算法"驱动的产业新模式，形成北京首个基于"知识引擎"的创业服务新模式。

（三）北京人工智能技术的应用

北京人工智能技术在国家政务服务、"智慧城市大脑"、智能交通领域都有大量的应用，并且取得显著成果。

在国家政务服务领域，从国家推行政务数据公开后，北京的政务数据公开种类和数量就位居全国前列，数据开放领域涉及公共服务事项指南、城市管理、财税金融等方面，共涉及115个市区级单位，包含15880个公共数据集。2022年，仅金融数据专区的调用服务量就高达1800多万次，调用政务数据量超过27亿条。面对如此庞大的数据调用量，人工智能的算力在其中功不可没。其中用到的智源"悟道2.0"系统拥有参数规模达到1.75万亿，为全球最大的智能模型。全球最大的中文单体模型百度"文心"也参与政务数据公开服务，"文心"的参数规模达2600亿。

"智慧城市大脑"是北京市将人工智能产业与智能制造业融合创新的成果，主要以人工智能、大数据、云计算、物联网、区块链为基础，旨在为城

市管理注入新的血液。目前已经有36家智能工厂和47家数字化车间加入"智慧城市大脑"。北京市各区均已经展开部署"智慧城市大脑"工作，有些地区已经率先完成。比如北京市昌平区的回天地区，人力资源综合服务办的智能终端自助办理功能已开始运行，可以提供面向企业的人力资源服务、社保、劳动关系、技能提升补贴等26项业务，为回天地区提供真实的"少跑腿、信息多"的"一站式"服务。这标志着北京已借助人工智能迈向智慧城市的新阶段。

在智能交通领域，我国首个乘用车无人化运营试点于2022年4月8日在北京经济技术开发区开放。当天，北京市经济技术开发区管理委员会、北京市高级自动驾驶示范区工作办公室联合发布《北京市智能网联汽车政策先行区乘用车无人化道路测试与示范应用管理实施细则》及其配套的技术规范文件《北京市智能网联汽车政策先行区智能网联乘用车无人化示范应用测试技术规范》。这次开放的试点运营区域涵盖北京经济技术开发区核心区域的60平方公里。在开放前期，无人化道路测试已经累计超过8万公里，无安全事故，这标志着"主驾无人"的Robotaxi（自动驾驶出租车）已经上路，乘客仅需通过手机App下单叫车，然后刷脸上车，即可到达目的地。便捷的无人驾驶出租车就是人工智能技术的转化。

北京市也将人工智能的创新能力运用在其他领域。例如，在2022年北京冬奥会上，在水下传递奥运火炬的机器人、手语播报新闻的数字人，这些智能机器人的应用使科技冬奥的理念更加突出。我国第一个原创AI虚拟学生——清华大学的"华智冰"配备了"悟道2.0"的智慧大脑，可以写诗作画、作词编曲，还具有交互和推理能力，可以流利地完成各种问答。

三 北京人工智能产业发展前景

（一）北京将从企业和人才方面打造创新驱动的"源头活水"

为打造人工智能创新驱动的"源头活水"，加快建设国家人工智能创新应用先导区，北京在建设具有全球影响力的人工智能创新策源地的行动中，将引导与人工智能产业相关的企业、高校、科研单位、技术研发机构、开源社区等联合在一起，做到"产、学、研"紧密结合，围绕人工智能关键核心技术共同创新、协同攻关，真正起到助力人工智能产业发展的作用。

北京市将继续完善人工智能产业发展的相关基础设施，加快建设人工智能产业示范区，支持人工智能优势企业在智慧城市、智慧制造等领域的创新和实践，鼓励企业和科研单位在人工智能安全、人工智能伦理治理机制等方面开展研究。

北京市将持续进行高水平人才聚集地建设，吸引高端人才，培养新型人才。北京为吸引全球顶尖人才，出台了签证便利化等一系列面向高端国际人才的新政策。

（二）北京为促进人工智能产业发展出台针对性政策

为更好地促进北京人工智能产业的发展，北京市科委联合中关村管委会在2023年出台《北京市加快建设具有全球影响力的人工智能创新策源地实施方案（2023—2025年）》《北京市促进通用人工智能创新发展的若干措施》，将创新发展共性需求作为促进人工智能相关企业和科研机构紧密合作的主导思想，发挥政府协调、引导作用，进一步统筹各方资源，减少不必要的资源浪费，减小政策执行中体制机制等方面的阻力，大力推动人工智能自主技术体系建设及产业生态发展。《北京市加快建设具有全球影响力的人工智能创新策源地实施方案（2023—2025年）》针对北京人工智能发展提出16项任务，涉及人工智能发展的底层基础建设、人工智能核心技术、人工智能产业链、推动人工智能场景建设、构建人工智能创新生态五个方面，明确了北京发展人工智能的具体定位、发展方向、发展目标和发展步骤。《北京市促进通用人工智能创新发展的若干措施》针对与北京人工智能产业发展相关的算力、数据、模型、场景和监管五个方面提出具体措施，促进北京人工智能产业创新，引领产业发展，并且对人工智能产业的理性、健康发展给予政策性保障。单就自动驾驶一项来说，北京将打造区域级的"车路云"一体化的生态系统，

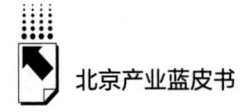

将已经覆盖北京经济技术开发区的 60 平方公里的自动驾驶示范路段扩展到全市 500 平方公里的区域。预计到 2025 年，北京人工智能核心产业规模将达 3000 亿元，辐射人工智能相关产业规模将超过 1 万亿元。

参考文献

曹雅丽：《创新"策源地"建设提速 北京聚力发展人工智能产业》，《中国工业报》2023 年 2 月 17 日。

韩秉志：《北京加快建设人工智能创新策源地》，《经济日报》2023 年 2 月 26 日。

靳川：《北京人工智能产业领跑全国》，《中关村》2021 年第 6 期。

吴珊：《北京市产业分析报告人工智能篇》，北京时间京融智库，2022 年 10 月 28 日。

《2022 年北京人工智能产业发展白皮书》，北京市经济和信息化局网站，2023 年 2 月 14 日，https://jxj.beijing.gov.cn/jxdt/gzdt/202302/t20230214_2916485.html。

《北京市加快建设具有全球影响力的人工智能创新策源地实施方案（2023—2025年）》，北京市人民政府网站，2023 年 5 月 30 日，https://www.beijing.gov.cn/zhengce/zhengcefagui/202305/t20230530_3116889.html。

《北京市促进通用人工智能创新发展的若干措施》，北京市人民政府网站，2023 年 5 月 30 日，https://www.beijing.gov.cn/zhengce/zhengcefagui/202305/t20230530_3116869.html。

B.7
北京市医疗装备产业发展研究

贾晓俊 李楠*

摘　要： 医疗装备是医疗健康事业的重要物质基础，关系人民群众生命安全和身体健康。随着人工智能、大数据等新技术与医疗装备不断融合，全球医疗装备产业出现爆发式增长。党的二十大报告指出，推进制造强国、健康中国建设，深化医药卫生体制改革，促进医保、医疗、医药协同发展和治理。北京市将医疗健康作为支撑北京创新发展的"双发动机"之一，高度重视医疗装备产业发展，其产业规模、产品创新、产业集群发展均位于全国前列。本文建议，下一步北京应充分依托生物医药产业链体系、数字经济优势和交流平台建设，从提升科研创新水平、推动医疗装备产业数字化、加强开放合作等方面推动医疗装备产业高质量发展。

关键词： 医疗装备　医疗器械　产业竞争力

医疗装备是指用于人体诊疗、保健而开发应用的仪器设备、器械、软件和集成系统的总和，主要包括诊断检验装备、治疗装备、医疗辅助设备等。根据《医疗器械监督管理条例》相关规定，国家对医疗器械按照风险程度实行分类管理。第一类指以常规管理可保证其安全、有效的医疗器械，如手术刀、手术剪、手动病床、医用冰袋、降温贴等，其产品和生产活动由所在地设区的市级食品药品监管部门实行备案管理。经营活动则全部放开，既不

---

* 贾晓俊，北京交通大学经济管理学院副教授，研究方向为财政与金融；李楠，北京交通大学经济管理学院硕士研究生，研究方向为国民经济。

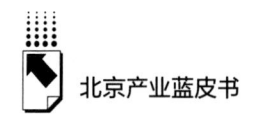

用许可也不用备案，只需取得工商部门核发的营业执照即可。第二类是具有中度风险，需要严格控制管理以保证其安全、有效的医疗器械，如创可贴、体温计、血压计、制氧机、雾化器等，其产品和生产活动由省级食品药品监管部门实行许可管理，分别发给《医疗器械注册证》和《医疗器械生产许可证》。经营活动由设区的市级食品药品监管部门实行备案管理。第三类是具有较高风险，需要采取特别措施严格控制管理以保证其安全、有效的医疗器械，如常见的输液器、注射器、静脉留置针、心脏支架、呼吸机、CT和磁共振设备等，其产品和生产经营活动分别由国家药品监督管理局、省级食品药品监管部门和设区的市级食品药品监管部门实行许可管理，分别发给《医疗器械注册证》《医疗器械生产许可证》《医疗器械经营许可证》。医疗装备行业是一个国家制造业和高科技尖端水平的标志之一，涉及生物、医药、机械、电子、冶金、化工、信息等多个行业，是一个多学科交叉、知识密集、资金密集的高技术产业，其产业链链条长、创新投入大、行业监管严。

当前，我国医疗装备产业发展机遇与挑战并存。一方面，随着全球第四次工业革命拉开序幕，人工智能、大数据等新技术不断推动医疗装备创新升级，医疗装备产业进入爆发式增长期。此外，全球"大卫生""大健康"产业不断发展，"疾病+健康"医学服务模式占据主导地位，医疗装备需求不断扩大。另一方面，医疗装备产业链、供应链区域化态势明显，竞争加剧，高端医疗装备国产替代已成大势所趋，而我国医疗装备产业起步晚，全球占有率较低，产业发展面对的竞争和阻力较大。

党中央、国务院高度重视医疗装备产业发展。2021年12月21日，工业和信息化部等十部门联合印发《"十四五"医疗装备产业发展规划》，这是医疗装备产业领域第一个国家层面的规划，为医疗装备产业发展明确了发展思路与方向。该规划强调更好满足人民日益增长的医疗卫生健康需求，推动医疗装备产业高质量发展，实现产业链安全可控。该规划还提出，到2025年，医疗装备产业基础高级化、产业链现代化水平明显提升，主流医疗装备基本实现有效供给，高端医疗装备产品性能和质量水平明显提升，初步形成对公共卫生和医疗健康需求的全面支撑能力；到2035年，医疗装备的研发、制造、应用提升至世界先进水平，我国进入医疗装备创新型国家行列，为保障人民全方位、全生命周期健康服务提供有力支撑。

一 北京市医疗装备发展现状分析

（一）我国医疗装备产业发展现状

1. 产业规模迅速扩大

工业和信息化部数据显示，2021年我国医疗装备产业规模达1.03万亿元，占全球市场规模的30%，2017~2021年年均增长率超过12%，成为全球重要的医疗装备产业市场。根据医疗器械行业网站 Medical Device + Diagnostic Industry（MD+DI）的统计，2022年有12家中国企业进入全球械企百强榜，其中迈瑞医疗以年收入41.42亿美元居第27位，九安医疗以37.2亿美元居第30位，威高集团以19.73亿美元居第53位，所有上榜中国企业总收入195.22亿美元（见表1）。

表1 2022年全球械企排行榜（部分）

单位：亿美元

全球械企排行榜TOP12			全球械企百强榜中国企业		
排名	企业	收入	排名	企业	收入
1	美敦力	316.86	27	迈瑞医疗	41.42
2	雅培	300.10	30	九安医疗	37.20
3	强生医疗科技	270.60	53	威高集团	19.73
4	西门子医疗	209.50	61	稳健医疗	14.00
5	BD	202.50	62	乐普医疗	13.90
6	GE医疗	177.20	66	新华医疗	12.46
7	史塞克	171.00	68	联影医疗	11.99
8	飞利浦医疗	166.70	70	明德生物	11.87
9	嘉德诺	134.60	81	鱼跃医疗	9.51
10	百特国际	127.80	91	万孚生物	7.88
11	波士顿科学	118.90	97	振德医疗	7.71
12	3M医疗	98.40	98	圣湘生物	7.55

数据来源：MD+DI网站。

国家药品监督管理局数据显示，截至2022年底，我国共有医疗器械生产企业32632家，较2021年增加6062家，增幅为22.82%。从事第二、三类医疗器械经营的企业1209699家，较2021年增加204476家，增幅为20.34%。2022年我国各省份（地区）医疗器械生产企业和经营企业分布情况见表2。

表2 2022年我国医疗器械生产和经营企业分布情况

单位：家

省级行政单位	生产企业	经营企业	省级行政单位	生产企业	经营企业
北京	959	35371	湖南	1085	30098
天津	845	11623	广东	4968	177658
河北	1938	51663	广西	387	43828
山西	342	26502	海南	65	8525
内蒙古	86	22166	重庆	361	21329
辽宁	782	43771	四川	620	79901
吉林	552	28780	贵州	174	26015
黑龙江	381	28275	云南	215	29781
上海	1063	35441	西藏	10	588
江苏	4814	60650	陕西	652	32240
浙江	2364	60719	甘肃	111	13747
安徽	1030	41281	青海	34	2861
福建	577	24506	宁夏	35	9449
江西	1218	38645	新疆	74	17108
山东	4058	110568	新疆生产建设兵团	38	1866
湖北	1401	28804			
河南	1393	65940	总计	32632	1209699

注：港澳台地区数据暂未统计在内。

数据来源：国家药品监督管理局网站。

2. 创新能力明显增强

2014年2月7日，国家食品药品监督管理总局印发《创新医疗器械特别审批程序（试行）》，拉开了中国创新医疗器械蓬勃发展的序幕。图1为2014~2022年已批准上市的创新医疗器械分布情况。总体来看，截至2022

年，国家药品监督管理局共批准189个创新医疗器械，涉及15个省市、2个国家。其中，北京市创新医疗器械获批产品数量最多，共53个，占全部已批准创新医疗器械的28.04%；上海市、广东省、江苏省创新医疗器械获批产品数量分别以33个、32个和25个紧随其后。这四个省（市）创新医疗器械数量合计占全部已批准创新医疗器械的75.66%。除境内创新医疗器械外，还有2个国家的9个进口创新医疗器械获批上市，占全部已批准创新医疗器械的4.76%。从发展趋势来看，随着医疗器械审评审批制度改革向纵深推进，医疗器械行业创新热情持续高涨，从2014年广东省1个创新医疗器械获批上市到2022年10个地区55个创新医疗器械获批上市，创新医疗器械获批量屡破新高，涉及省份不断增加。

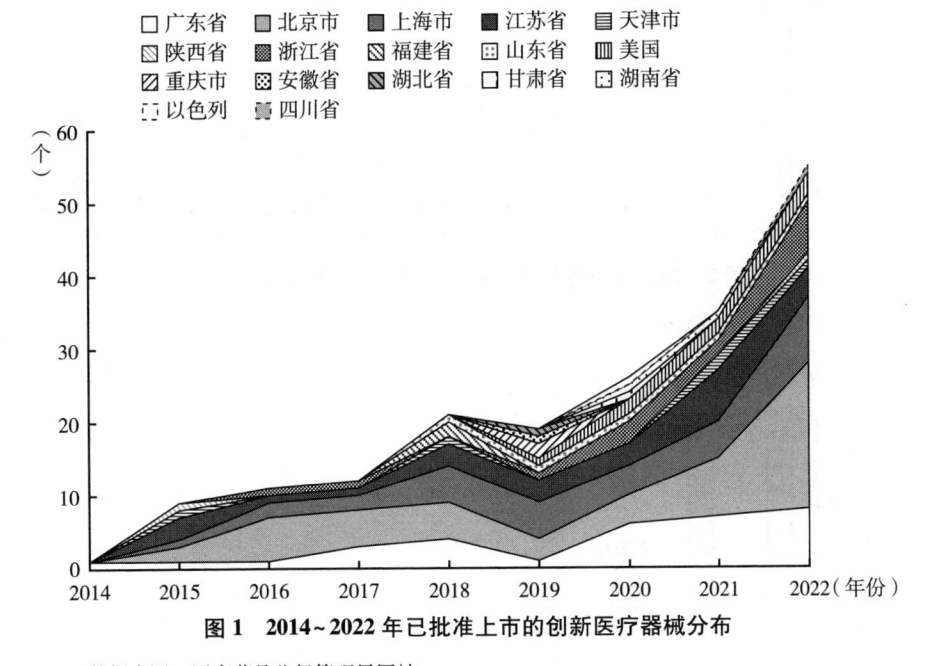

图1 2014~2022年已批准上市的创新医疗器械分布

数据来源：国家药品监督管理局网站。

3.产业集聚效应明显

我国医疗装备产业布局呈现集群式特点，产业布局主要集中在经济发展水平高、科技水平高、人才集聚度高的地区。具体而言，目前我国生物医药产业形成了环渤海、长三角、珠三角、长江经济带中部、川渝等主要集聚区。2022年，全国医疗器械产品首次注册数量前十省份中，广东省2381件，排名第一；湖南省2169件，排名第二；江苏省2160件，排名第三（见图2）。截至2022年，全国医疗器械有效产品数量前十省份中，前三名分别是江苏省38661件、广东省37566件、山东省22800件（见图3）。可以看出，随着生物医药产业空间布局的不断演化，集聚效应不断加强。总体上呈现东部强势，中西部后发追赶、渐趋平衡的区域协同发展态势。

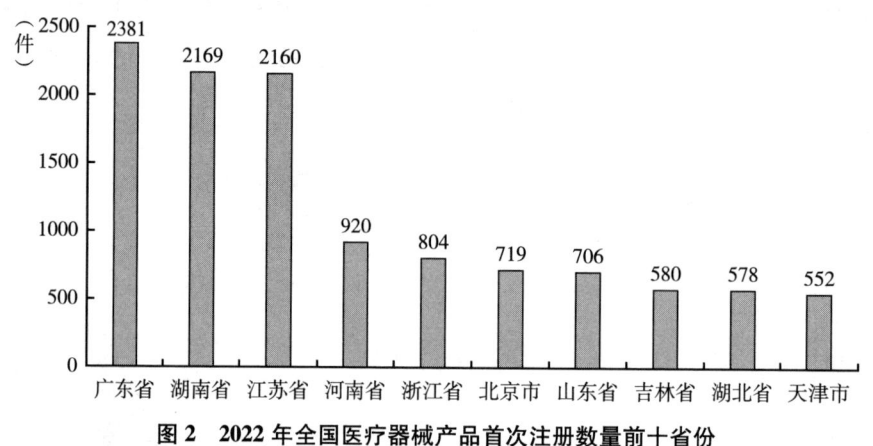

图2 2022年全国医疗器械产品首次注册数量前十省份

数据来源：众成数科。

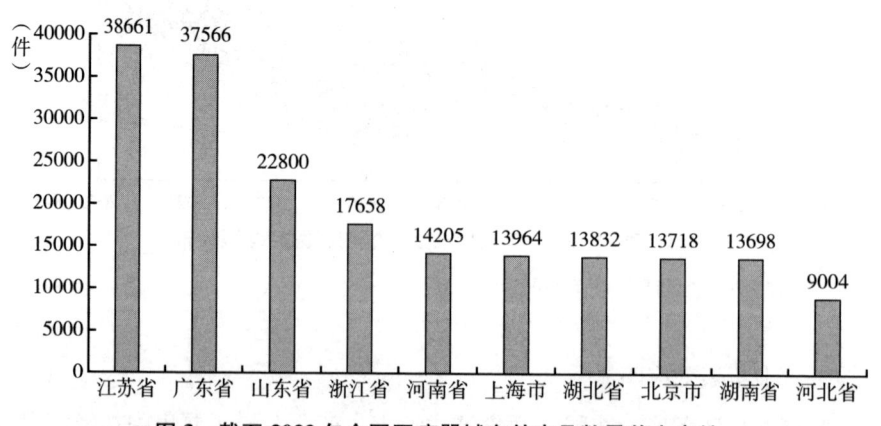

图3 截至2022年全国医疗器械有效产品数量前十省份

数据来源：众成数科。

（二）北京市医疗装备产业发展现状

1. 医疗装备产业规模

据北京市药品监督管理局最新统计数据，截至2022年，全市共有第一类医疗器械备案2317件，第二类医疗器械注册证6366件。共有医疗器械生产企业959家。其中，生产第一类医疗器械产品的企业420家，生产第二类医疗器械产品的企业462家，生产第三类医疗器械产品的生产企业317家。医疗器械经营企业35371家。其中，仅从事第二类医疗器械经营的企业24064家，仅从事第三类医疗器械经营的企业1116家，同时从事第二、三类医疗器械经营的企业10191家，医疗器械批发企业14412家，医疗器械零售企业10960家，仅从事无菌医疗器械经营的企业4366家，仅从事植入性医疗器械经营的企业1773家，同时从事无菌和植入性医疗器械经营的企业3827家，从事体外诊断试剂（IVD）经营的企业3074家，为其他医疗器械生产经营企业提供贮存、配送服务的医疗器械经营企业32家，从事医疗器械网络销售的企业3605家（见图4）。提供医疗器械网络交易服务第三方平台服务的企业57家。

类别	数量（家）
从事医疗器械网络销售的企业	3605
从事体外诊断试剂（IVD）经营的企业	3074
同时从事无菌和植入性医疗器械经营的企业	3827
仅从事植入性医疗器械经营的企业	1773
仅从事无菌医疗器械经营的企业	4366
医疗器械零售企业	10960
医疗器械批发企业	14412
同时从事第二、三类医疗器械经营的企业	10191
仅从事第三类医疗器械经营的企业	1116
仅从事第二类医疗器械经营的企业	24064

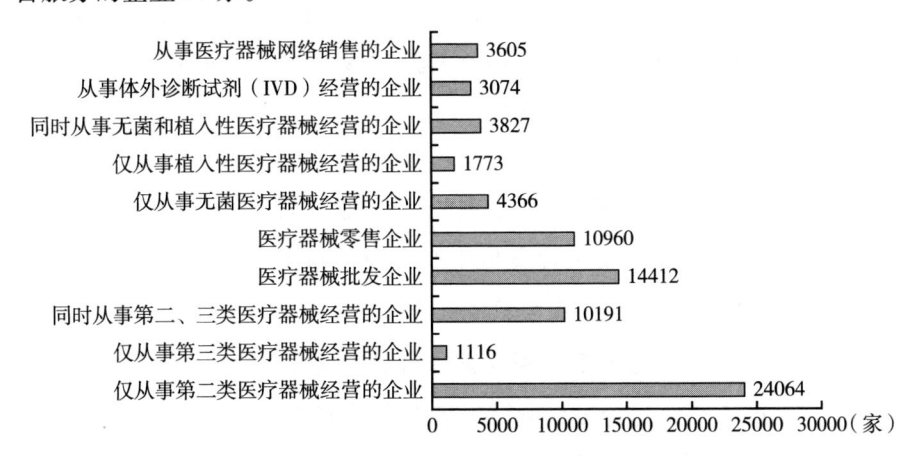

图4 2022年北京市医疗器械经营企业情况

数据来源：北京市药品监督管理局网站。

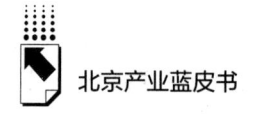

2. 医疗装备产业发展趋势

2018~2022年北京市第一、二类医疗器械备案、注册批准数见图5。第一类医疗器械备案数除2021年断崖式下跌至323件外，均保持较高数量；2020年备案数最高，为648件；2022年备案数638件，同比增长率最高，为97.52%。第二类医疗器械注册呈缓慢增长趋势，2021年注册批准624件，同比增长21.88%。新冠疫情前期，对口罩等第一类医疗器械需求量大幅增加；当第一类医疗器械市场需求接近饱和时，由于新冠疫苗技术攻关，以疫苗为代表的第二类医疗器械需求量开始大幅增加。

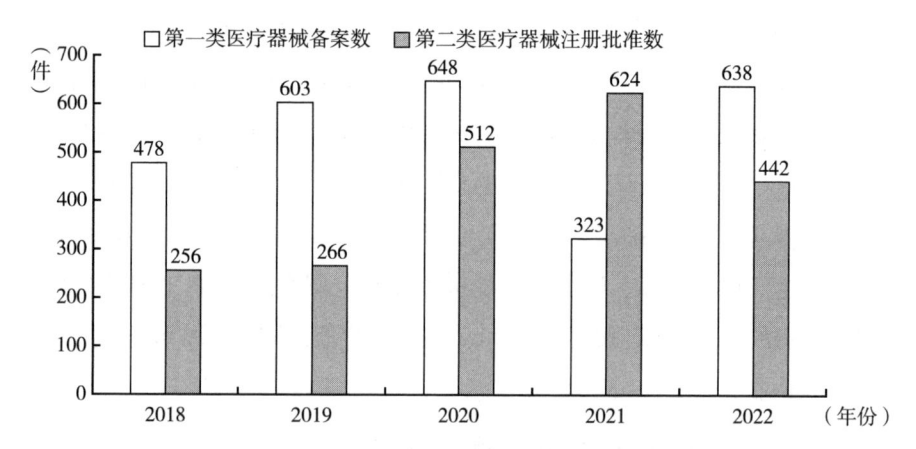

图5 2018~2022年北京市医疗器械备案、注册批准情况

数据来源：北京市药品监督管理局网站。

2018~2022年北京市医疗器械生产企业和经营企业数量见图6。2019年，第一类、第二类医疗器械生产企业数量均有明显提升，分别增长138.69%和25.43%，此后生产企业数量较为稳定；第三类医疗器械生产企业数量始终保持平稳。医疗器械经营企业数量逐年稳步增加，其中，仅从事第二类医疗器械经营的企业数量增速较快，自2019年突破1万家后，2021年突破2万家，2022年增至24064家，2022年增幅为13.54%，超过2018年北京市医疗器械经营企业数量总和。仅从事第三类医疗器械经营的企业数量在2020年大幅减少至1865家，降幅为

57.29%，同年同时从事第二、三类医疗器械经营的企业增加至9612家，增幅为13.16%。可以看出，疫情后留存下来的部分企业开始增加资金和技术投入，实现向第三类医疗器械经营企业转型。此后，仅从事第三类医疗器械经营的企业数量和同时从事第二、三类医疗器械经营的企业数量较为稳定。

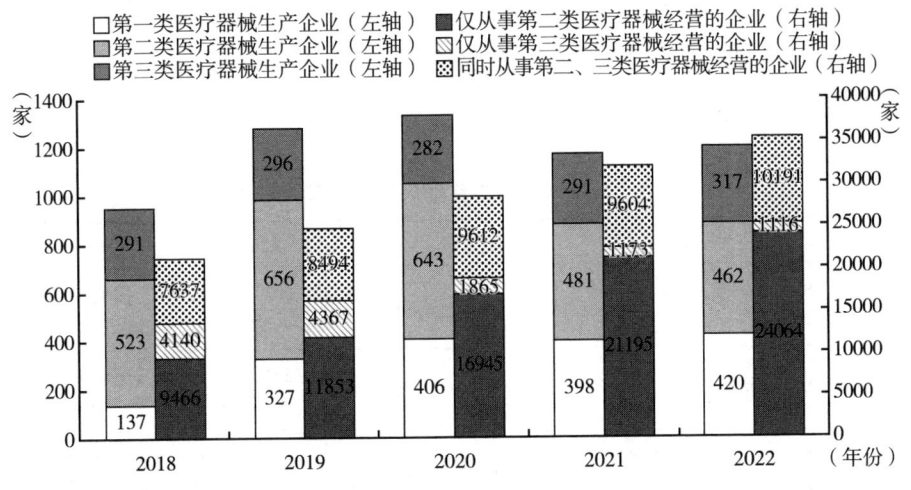

图6　2018~2022年北京市医疗器械生产企业、经营企业数量

数据来源：北京市药品监督管理局网站。

3. 医疗装备产业竞争力

医疗装备企业方面，截至2022年底，北京市有医疗器械产品注册证8572个，占全国总数的8.56%，产品备案证3716个，占全国总数的2.70%；医疗器械生产许可证1038个，占全国总数的5.53%，生产备案证611个，占全国总数的2.79%；医疗器械经营许可证13510个，占全国总数的3.50%，经营备案证40953个，占全国总数的3.64%。

医疗装备产品方面，截至2022年底，北京市有医疗器械有效产品13718件，居全国各省份第8位。其中，第一类医疗器械有效产品数5226件，居全国第10位；第二类医疗器械有效产品数6337件，居全国第5位；第三类医疗器械有效产品数2155件，居全国第2位。2022年北京市第二类

医疗器械产品首次注册数719件,居全国第6位,广东省以注册数2381件位居第一;北京市第三类医疗器械产品首次注册数254件,居全国第三位,江苏省以注册数394件位居第一。

产品创新方面,自2014年创新医疗器械特别审批程序实施以来,北京市获批上市的创新医疗器械数量屡创新高,且始终位居全国各省份前列。其中,2022年北京市获批上市的创新医疗器械共20件,占当年全部获批上市医疗器械产品数量的36.36%,位居全国第一。具体获批的创新医疗器械名录见表3。

表3 2022年北京市获批创新医疗器械名录

序号	产品名称	生产企业	批准日期	注册证号
1	植入式可充电脊髓神经刺激器	北京品驰医疗设备有限公司	2022年1月10日	国械注准20223120019
2	植入式脊髓神经刺激器	北京品驰医疗设备有限公司	2022年1月10日	国械注准20223120020
3	植入式脊髓神经刺激电极	北京品驰医疗设备有限公司	2022年1月10日	国械注准20223120021
4	植入式脊髓神经刺激延伸导线	北京品驰医疗设备有限公司	2022年1月10日	国械注准20223120022
5	植入式脊髓神经刺激电极	北京品驰医疗设备有限公司	2022年1月10日	国械注准20223120023
6	神经外科手术导航定位系统	华科精准(北京)医疗科技有限公司	2022年1月10日	国械注准20223010024
7	植入式脑深部电刺激延伸导线套件	北京品驰医疗设备有限公司	2022年1月20日	国械注准20223120084
8	双通道可充电植入式脑深部电刺激脉冲发生器套件	北京品驰医疗设备有限公司	2022年1月20日	国械注准20223120085
9	植入式脑深部电刺激电极导线套件	北京品驰医疗设备有限公司	2022年1月20日	国械注准20223120086
10	双通道植入式脑深部电刺激脉冲发生器套件	北京品驰医疗设备有限公司	2022年1月20日	国械注准20223120087

续表

序号	产品名称	生产企业	批准日期	注册证号
11	脊髓神经刺激测试电极	北京品驰医疗设备有限公司	2022年4月20日	国械注准20223120511
12	血管内成像设备	全景恒升（北京）科学技术有限公司	2022年5月18日	国械注准20223060642
13	一次性使用血管内成像导管	全景恒升（北京）科学技术有限公司	2022年5月18日	国械注准20223060641
14	患者程控充电器	北京品驰医疗设备有限公司	2022年5月20日	国械注准20223120676
15	消化道内窥镜用超声诊断设备	北京华科创智健康科技股份有限公司	2022年6月2日	国械注准20223060721
16	耳鼻喉双源锥形束计算机体层摄影设备	北京朗视仪器股份有限公司	2022年7月19日	国械注准20223060951
17	吻合口加固修补片	北京博辉瑞进生物科技有限公司	2022年8月3日	国械注准20223130983
18	颅内动脉瘤手术计划软件	强联智创（北京）科技有限公司	2022年10月11日	国械注准20223211346
19	血流导向密网支架	艾柯医疗器械（北京）股份有限公司	2022年10月24日	国械注准20223131392
20	非球面衍射型多焦人工晶状体	爱博诺德（北京）医疗科技股份有限公司	2022年10月28日	国械注准20223161440

数据来源：国家药品监督管理局网站。

4. 医疗装备产业园区建设

目前，北京市以生物医药产业为核心，以中关村生命科学园、大兴生物医药基地、亦庄生物医药产业园为主要承载地，已基本形成北研发、南制造的产业发展格局。北部生物研发创新基地以中关村生命科学园为核心，依托国家级生物研究项目，致力于生命科学与医药高技术产业创新；南部高端制造业基地以北京经济技术开发区和大兴生物医药基地为核心，依托完善的政策服务体系，致力于生物医药创新成果转化落地。截至2022年底，北京市共培育形成中关村生命科学园、大兴生物医药基地、亦庄生物医药产业园、贝伦产业园等10多个生物医药专业园区，拥有各类公共服务平台300多个，

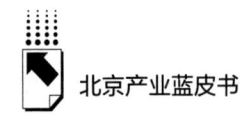

为企业提供孵化转化、研发服务、工程化、中试、生产代工、园区落地等全链条服务，集聚近万家生物医药企业。2021年11月3日，科技部中国生物技术发展中心发布《2022年中国生物医药产业园区发展竞争力评价及分析报告》。报告显示，在2021年中国生物医药产业园区竞争力排名中，中关村国家自主创新示范区综合排名第一（见表4）。

表4 2021年中国生物医药产业园区发展竞争力前10

排名	园区名称	所在省市
1	中关村国家自主创新示范区	北京
2	苏州工业园区	江苏
3	成都高新技术产业开发区	四川
4	武汉东湖新技术开发区	湖北
5	上海张江高新技术产业开发区	上海
6	深圳高新技术产业园区	广东
7	济南高新技术产业开发区	山东
8	石家庄高新技术产业开发区	河北
9	天津滨海高新技术产业开发区	天津
10	厦门生物医药港	福建

数据来源：科技部中国生物技术发展中心。

二 北京市医疗产业发展机遇与挑战

本文基于SWOT分析，从优势、机遇、劣势、挑战四个角度对北京市医疗装备产业发展进行分析。

（一）北京市医疗装备产业发展优势

北京市作为全国生物医药产业集聚区之一，始终高度重视医疗装备产业的发展。医疗装备产业依托教育人才优势，已形成完备的产业链条，高质量发展态势明显，产业规模逐年扩大。

1. 产业链条完备

北京市生物医药产业已基本形成北研发、南制造的"一南一北"产业发展格局，并着力打造"生命谷"、大兴国际机场临空区国际生命健康产业。在基础研究方面，布局一批国家重大科技基础设施，包括北京生命科学研究所、北京脑科学与类脑研究中心等科研机构。在研发中试方面，聚集了乐普医疗等国内外知名创新企业。在生产流通方面，吸引了万泰生物、宝日医等重要医疗器械生产流通企业。在临床应用方面，布局了北京大学国际医院、北京大学第六医院、昌博国际研究型医院、北京霍普甲状腺医院、北京大学康复医院等超过3000张床位的医疗资源，提供了丰富的临床资源。

2. 人才优势突出

北京教育发展水平位居全国前列，是全国人力资源发展水平最高的地区之一。根据北京市教育委员会统计，截至2022年底，北京共有高等教育院校110所，其中普通高等学校92所，科研机构87所；在校生人数1748388人，其中研究生435035人。2022年北京市医学专业毕业生共计10414人，其中硕士毕业生3628人，博士毕业生2371人。[①] 丰富的教育和人力资源推动科研机构与医药人才聚集，为高端医疗装备产业的发展奠定了坚实基础。

中关村生命科学园作为北京医药产业聚集地之一，在这里聚集了多家高水平研发机构，汇聚了大量顶尖科学家和高层次人才。截至2022年底，中关村生命科学园共有院士21人、长江学者4人、国务院政府特殊津贴获得者56人、高端人才300余人；入驻院士工作站7个、博士后科研工作站21个、国家工程研究中心和重点实验室10个、省部级研发中心16个、创新型医药企业600余家。[②] 在基础研究方面，落地北京生命科学研

[①]《2022-2023学年度北京教育事业发展统计概况》，北京市教育委员会网站，2023年3月20日，https://jw.beijing.gov.cn/xxgk/shujufab/tongjigaikuang/202303/t20230317_2938666.html。

[②]《中关村生命科学园：打造首都医药健康产业"核爆点"》，北京市人民政府网站，2023年1月11日，https://www.beijing.gov.cn/ywdt/gzdt/202301/t20230111_2897011.html。

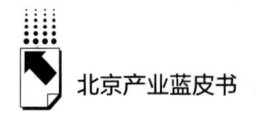

究所、北京脑科学与类脑研究中心、国家蛋白质科学中心、生物芯片北京国家工程中心等一批国际知名的科研机构，为发展壮大医药健康产业提供支撑。

3.政府大力扶持

北京市政府始终高度重视医疗装备产业发展，大力支持医疗器械产品研发技术创新，促进医疗器械产业结构调整和技术创新，不断深化审评审批制度改革，持续推进"放管服"改革，创新监管方式方法，促进产业发展。2022年北京市政府发布的医疗器械相关政策文件见表5。

2016年8月11日，北京市食品药品监督管理局在全国率先发布《北京市医疗器械快速审评审批办法（试行）》，明确对列入国家或北京市重大科技专项、重点研发计划的，具有重大临床应用价值的创新医疗器械，在注册检测、审评审批、注册质量体系核查和生产许可事项办理环节实施专人负责、优先处理，有效缩减医疗器械审评审批时限。如今，第三类创新医疗器械初审最快用时由20个工作日缩短至2个工作日，第二类创新医疗器械从注册受理至批准最快用时由法定工作时限183个工作日缩短至约100个工作日，审评审批效率大幅提高，有效促进了创新成果落地。

表5　2022年北京市政府发布的医疗器械相关政策

发布时间	政策名称	相关内容
2022年1月	北京市医疗保障局关于进一步完善本市新增医疗服务项目价格管理工作的通知（暂行）	属于科技重大专项、重点研发计划及创新医疗器械的产品，医疗机构可不受试行期限制，及时向市医保局提出优先纳入统一定价和医保支付政策评估论证程序的书面申请
2022年1月	北京市营商环境创新试点工作实施方案	对医疗器械批发等行业高频办理的经营许可证，允许企业在设立经营项目相同的分支机构时，做出相应承诺后，可以不再办理相同的行政许可，便利企业扩大经营规模
2022年3月	打造"双枢纽"国际消费桥头堡实施方案（2021—2025年）	鼓励本市企业与全球一流医药运输商合作构建国际医药空运网络，增加本市消费需求大的医疗器械、医用耗材等产品的货运量

续表

发布时间	政策名称	相关内容
2022年6月	北京市医疗器械唯一标识工作质量提升方案	实现医疗器械唯一标识在产品全生命周期各环节快速、准确识别，促进医疗器械注册、生产、经营、使用等各环节的精准化管理，形成从源头注册生产到最终临床使用全链条联动
2022年12月	北京市贯彻落实《计量发展规划（2021—2035年）》的实施方案	加快医疗设备和精密科学仪器测量技术攻关，研究高端医疗影像设备、体外诊断设备、生命科学检测设备、高通量基因测序仪、新型分子诊断仪器、手术机器人、智能可穿戴监测设备等高端医疗器械关键参数的测试技术

数据来源：北京市人民政府网站。

（二）北京市医疗装备产业发展机遇

1. 市场需求潜力大，产业融合加速发展

国际方面，预防、诊断、治疗、康复全流程"大健康"管理逐渐成为医药行业主流，医疗装备需求不断增长，医疗装备产业进入爆发式增长期。新冠疫情使各国普遍认识到完善的卫生体系的重要性，各国开始规划医疗补短板举措，纷纷加大医疗投入。人工智能、大数据等新技术发展迅速，数字技术与医疗服务的深度融合推动医疗器械行业不断升级，产品创新迭代加快，给医疗装备发展带来新的机遇。

国内方面，我国人口老龄化加剧，居民生活水平提高，人均消费水平提升，人民群众健康管理意识日益增强，多层次医疗装备需求升级态势明显，整体渗透率大幅提高，医疗装备需求具有广阔的市场增长空间。国家持续推动分级诊疗，优化医疗资源配置，对医疗器械和大型基础设备的需求大幅增加。医疗覆盖范围扩大，全国公共财政支出中医疗卫生项增速显著提升；医保支付改革提速，DRG、DIP与分级诊疗等政策全面推行，医院依靠附加项目收费的行为受到抑制，降本增效前提下，国产器械的高性价比进一步体现，进口替代呈加速趋势。

2. 产业信息集聚，国际交流合作不断深化

医疗装备行业是一个开放性很强的行业，北京作为全国政治中心、文化

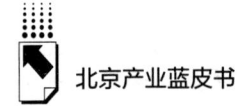

中心、国际交往中心和科技创新中心，已发展成为一个更加开放、现代、国际化的大都市。医疗机构、医疗企业国际交流非常频繁，跨国医疗装备巨头的进驻为在京企业提供交流和学习的机会，有利于广泛开展国际合作，扩大产品出口需求，同时为北京市医疗装备产业开拓国际视野，推动了医疗装备产业的发展和整体水平的提升。此外，信息交流平台的搭建有利于对标国际标准，实现医疗装备生产企业、科研机构、医疗机构深度沟通，强化医工协作，开展高端医疗装备创新研究，为北京市医疗装备产业创新带来新思路、新机遇。

（三）北京市医疗装备产业发展劣势

1. 人力成本偏高

根据北京市人力资源和社会保障局数据，2021年城镇单位就业人员年平均工资为127535元。较高的人力成本降低了医疗装备生产和经营企业的利润，阻碍了医疗装备企业在京落地，无法达到最佳规模效应，影响产业集聚。

2. 高端产品供给不足

医疗装备产品门类繁多，整体可分为低端、中端、高端三大类，其中高端产品因其技术含量高、经济附加值高、竞争壁垒高等优势，市场利润最高，竞争最为激烈，市场集中度极高。根据医疗器械行业网站MD+DI的统计，美敦力、雅培、强生医疗科技、西门子医疗、BD作为排名行业前5的国际巨头，2022年年收入均超过200亿美元，占据了全球近40%的市场份额。由于我国医疗装备产业发展时间较短，关键核心技术、研发创新实力、资本运作能力等方面存在短板，至今没有一家医疗器械企业进入全球20强，CT、超声波仪器、磁共振设备、数字减影血管造影、人工晶体等高端医疗装备产品仍然主要依赖进口，部分产品性能有待提升。

（四）北京市医疗装备产业面临的挑战

1. 国际竞争日趋激烈

受新冠疫情影响，全球医疗装备行业产业链供应链区域化态势明显，行业竞争不断加剧，而我国正处于向产业链中高端迈进的关键时期，受制于发达国家、行业国际巨头的技术垄断，同时，自身面临原材料成本较高等问题，医疗装备产业发展任重而道远。

2.国内新兴竞争者不断涌现

随着我国医疗装备产业的发展，除形成以北京为核心的京津环渤海湾产业集聚区外，还有粤港澳大湾区、长三角地区产业集聚区。其中，粤港澳大湾区着力于综合性高科技医疗器械研发，主要产品涵盖监护、超声诊断、磁共振等医学影像设备，以及伽马刀、X刀等大型立体定向放疗设备、肿瘤热疗设备等。长三角地区着力于高值医用耗材制造，中小企业活跃，产业特色明显，如苏州的眼科设备、无锡的医用超声、宁波的MRI等均成为当地代表产业。此外，河南着力于卫生材料生产、湖北着力于防护用品生产、河北着力于康复辅助器具生产等，医疗装备产业各细分领域都有强大的竞争者，有限的需求被分割，竞争加剧。

三　北京市医疗装备产业发展政策建议

（一）依托完备产业链体系，不断提升科研创新水平

目前北京已形成全国最具竞争力的医药产业园区集群，产业创新力、竞争力、辐射力均居全国前列，高校院所、科研机构等科研资源丰富，但也要认识到北京市人力和土地成本高、生产本地化较难的现状，因此应重点推进高新技术产品创新，增加产品的单位净值。具体而言，应发挥在京高等学校、科研院所等力量，持续推进生物医药新型研发机构建设，引进培育多层次创新人才，推动生物技术创新突破。强化医工协作，通过双向合作、临床验证等方式，不断提升医疗装备性能品质。推进昌平区生命谷国际精准医学产业园建设，促进国际化团队、持有全球专利、预期有重大突破并具有较强国际竞争力的医疗器械企业或项目落地，借助产业集群优势，提升企业智能制造水平。加强高端医疗装备技术攻关、加快智能医疗装备发展，提升创新产品审核效率，加大知识产权保护力度。

（二）发挥北京数字经济优势，推动医疗装备产业数字化

数字经济已成为全球经济增长的新动能，北京已建成国家工业互联网大数据中心、国家顶级节点指挥运营中心，成为国家工业大数据交互的核心枢纽。要积极发挥北京数字经济发展优势，大力推动医药健康产业与人工智能、区块链、大数据、5G等新兴技术领域融合发展，培育新一轮产业增长点；支持生产企业技术创新，推动生产方式精细化、高端化发展，提升医疗装备智能水平；利用大数据技术建立海量医疗数据库，通过数据筛选、分析，提升医疗科研机构产品研发效率，帮助企业确定更有效率的投入产出比；基于区块链可追溯技术，实现医疗装备产品的全流程监管，解决医疗"信息孤岛"，提高医疗服务质量，确保医疗数据的安全共享；推进"5G+医疗健康"新模式发展，推进居家社区、医养康养一体化发展，依托信息技术提升医疗健康服务保障能力，积极应对老龄化等带来的需求暴增的挑战。

（三）立足交流平台建设，加强开放合作

依托中关村生物医药园区、大兴自由贸易试验区高端产业片区、昌平自由贸易试验区科技创新片区等产业园区政策优势，积极引进行业巨头总部入驻北京，通过与研发机构、产业服务平台联动创新，加强国内外企业技术交流，提升国内企业研发水平。引进专业化国际中介服务机构，提供符合国际标准的检测认证服务，有效开展专利申请、注册、法务等相关业务，吸引国际知名科学家、研究机构来京合作。支持具有高增值能力、高成长性的企业实现跨越式发展，加强与跨国公司进行技术授权和产品研发等商业合作，加强国际多中心研发平台建设。

参考文献

关巧贤、王景泰、郑珂：《从产业发展指数看中国医疗器械产业分布格局》，《中国

食品药品监管》2022 年第 5 期。

牛江蓉:《发达国家医疗装备产业集群化发展特点及经验研究》,《中国仪器仪表》2022 年第 11 期。

刘鹏等:《高端医疗装备产业链短板分析与发展对策研究》,《中国仪器仪表》2021 年第 11 期。

单博:《中国医疗装备产业医工交叉人才现状及发展趋势分析》,《中国仪器仪表》2022 年第 3 期。

袁牧、张晓光、杨明:《SWOT 分析在城市战略规划中的应用和创新》,《城市规划》2007 年第 4 期。

B.8 北京软件和信息服务业发展研究

赵月皎 路明*

摘　要： 软件和信息服务业是推动国民经济发展的先导性、战略性产业，是推动产业结构升级的重要力量。本文基于定性与定量相结合的方法，从产业规模竞争力、创新能力、人才资源和环境支撑四个维度，构建北京市软件和信息服务业综合评价指标体系，衡量了北京市软件和信息服务业的发展状况和发展潜力。实证结果显示，近年来北京市软件和信息服务业发展情况整体向好。2020年以来，北京市陆续颁布、推进、落实了一系列政策，形成了较为坚实的先发优势。本文建议，北京应健全创新激励和人才培养机制，加强产学研合作，建立多元化的投融资方案，形成完善的行业法律法规制度和产业政策体系，推动北京市软件和信息服务业发展进入提质增效新阶段。

关键词： 软件和信息服务业　新兴技术　数字化　科技创新

一　软件和信息服务业概况

随着全球经济的快速发展和经济活动范围的迅速扩大，现代信息服务业发展迅速，大力发展软件和信息服务业对于加快建设现代产业体系具有重要意义。当前服务业是经济增长重要推动力，是提高经济收入和促进就业的有

---

* 赵月皎，北京交通大学国家经济安全研究院助理研究员，研究方向为产业经济；路明，北京交通大学经济管理学院硕士研究生，研究方向为产业经济。

效手段。软件和信息服务业的发展对于强化产业创新发展能力、激发数字化发展新需求、促进国家或地区经济的高质量发展具有重要作用。

（一）软件和信息服务业的概念

软件和信息服务业是指利用信息技术服务、通信网络等互联网技术对信息进行生产、处理、收集、加工、存储、运输、检索和提供软件信息服务的业务活动。随着相关配套设施的不断完善，软件和信息服务业实现高速发展，不断涌现新型服务模式和商业模式。软件和信息服务业是经济高质量发展的基础，是建设数字中国、网络强国的关键支撑。学术界尚未准确定义软件和信息服务业的概念及经营范围。《北京市国民经济和社会发展第十四个五年规划和二〇三五年远景目标纲要》和《北京市"十四五"时期高精尖产业发展规划》明确提出软件和信息服务业是我国高精尖产业之一。本文对软件和信息服务业的定义与经营范围分类主要参考中国国际软件和信息服务交易会发布的《中国软件自主创新报告》。按照经营范围分类，软件和信息服务业可分为软件产业和信息服务业两大部分。其中，软件产业的经营范围包括软件服务业和软件产业制造业；信息服务业的经营范围包括软件外包服务、系统集成服务、网络服务、数据处理服务、IT教育与培训服务、计算机硬件与维护服务和IT咨询服务（见表1）。

表1　我国软件和信息服务业产业及经营范围

分类	经营范围
软件产业	软件服务业
	软件产业制造业
信息服务业	软件外包服务
	系统集成服务
	网络服务
	数据处理服务
	IT教育与培训服务
	计算机硬件与维护服务
	IT咨询服务

数据来源：《中国软件自主创新报告》。

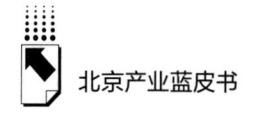

（二）软件和信息服务业的特征

软件和信息服务业以科技创新为促进产业发展的引擎，通过建立和集聚多样化资源，以提供数字化产品来创造价值和提供创新服务。软件和信息服务业具有知识密集、创新驱动、高度竞争和数字化产品特征。

1. 知识密集

相对于传统农业、工业产业，软件和信息服务业所开展的核心业务是软件开发和信息服务，所使用的工具是信息技术、互联网技术等新兴科技。软件和信息服务业的经营范围如软件产业制造业、网络服务、IT教育与培训服务和IT咨询服务等，对行业人员素质有较高要求。因此，软件和信息服务业不仅需要大量的专业知识支撑，而且在提供服务过程中不断产出新的知识。在软件开发中，需要运用编程语言、算法、数据结构、操作系统、数据库等知识，这些都是知识和技术高度密集的领域。同时，软件开发人员还需要掌握不同领域的知识，以便能够为不同行业提供有效的解决方案。在信息服务方面，需要运用信息技术、通信技术、人工智能技术等高科技手段，以及管理学、经济学等专业知识，提供高效和有用的服务。

2. 创新驱动

进入信息经济时代，随着高新技术的不断涌现，高速传输、云计算等互联网技术日趋成熟，海量信息通过互联网迅速传播，信息的有效传播不仅增强了企业活力，也带动了更多新技术的落地和新管理方式的广泛应用。软件和信息服务业对技术创新具有高度依赖性。行业的创新效应提高了产品的生产效率和服务质量，技术的进步大大降低了产品的生产成本，提高了产品的技术集成度，缩短了产品生命周期。软件和信息服务业的创新效应对传统产业进行了改造和升级，为软件和信息服务业注入了新的活力。

3. 高度竞争

软件和信息服务业是高度竞争型产业，这是由其业务性质和涉及的技术领域所决定的。软件和信息服务业的核心业务是软件开发和信息服务，这两种业务都涉及大量的技术和专利支撑，需要不断引进新技术和新知识，不断推出新的服务种类，以满足市场对产品和服务的广泛需求。同时，由于高科技产业的发展速度非常快，软件和信息服务业也需要不断加快技术进步和产品更新换代的速度。这些因素导致了软件和信息服务业处于高度竞争状态。

4. 数字化产品

软件和信息服务业通过提供数字化产品来创造价值，所以该产业具有信息产品市场的特征。数字化产品具有高度的可复制性和共享性。数字化产品以数字形式存储，因此可以在不受时间和空间限制的情况下进行复制和传输。信息产品在完成产品设计、开发和测试后，能够在维持低成本的基础上进行大量复制，从而产生规模效应。这种特性使数字化产品可以实现快速推广和应用，也为软件和信息服务业的发展提供了广阔的市场空间。同时，数字化产品具有高度的渗透性。数字化产品不仅可以为客户提供有效的解决方案和服务，还可以渗透其他产业和领域，推动软件和信息服务业与传统产业融合，为促进经济转型发展提供新动力。

二 北京软件和信息服务业发展现状

（一）北京软件和信息服务业发展总体态势

1. 软件和信息服务业发展规模

近年来，随着北京经济整体朝高质量发展方向转变，软件和信息服务业作为"高精尖"产业，逐渐成为促进北京市经济发展的重要动力。近年来，顶层设计的不断落地和相关基础设施的不断完善为北京市软件和信息服务业的高速发展奠定了基础，产业发展环境不断优化，有力地推动了北京市软件和信息服务业向更高水平、更高层次迈进，行业发展进入提质增效新阶段。

北京市软件和信息服务业规模一直位居全国前列。2021年,北京市规模以上软件和信息服务业企业实现营业收入2.20万亿元,同比增长24.29%(见图1),规模居全国首位;实现增加值4300亿元,同比增长2.38%,占全市GDP比重为16.2%,占第三产业GDP比重为19.9%。

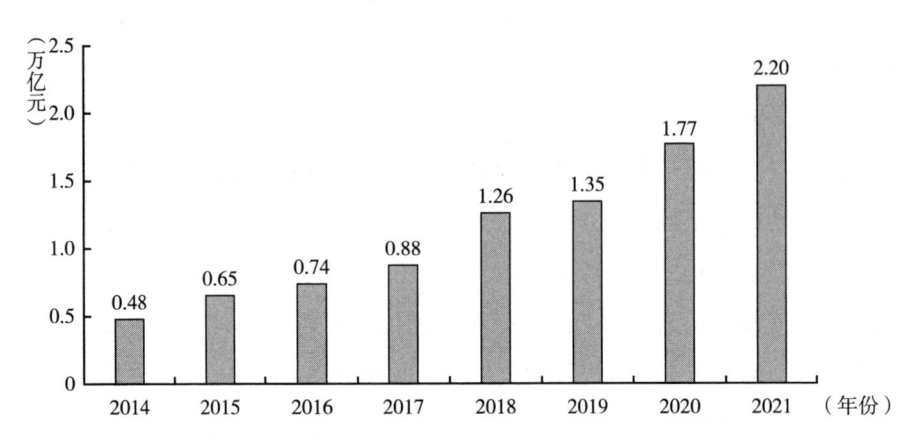

图1 2014~2021年北京市规模以上软件和信息服务业企业营业收入

数据来源:相关年份《北京统计年鉴》。

北京软件和信息服务业产值呈稳定增长态势。2021年北京软件和信息服务业产值达到6535.3亿元,同比增长16.67%(见图2)。软件和信息服务业作为北京市战略性支柱产业的地位不断提高,对北京市经济高质量发展的贡献度日益提升。当前,北京市正着力打造具有国际竞争优势的软件和信息服务业生态体系,产业集聚效应领先全国。北京市规模以上软件和信息服务业企业营业收入持续保持两位数增长,行业发展质量与产业经营效益不断提升。2021年9月,北京市经济和信息化局提出,"十四五"时期,北京将做优做强区块链与先进计算、"高精尖"科技服务业、智慧城市、信息内容消费四大"北京服务"产业。北京市人民政府在2021年8月印发的《北京市"十四五"时期高精尖产业发展规划》中提到,预计到2025年北京市软件和信息服务业营业收入规模将突破3万亿元大关。

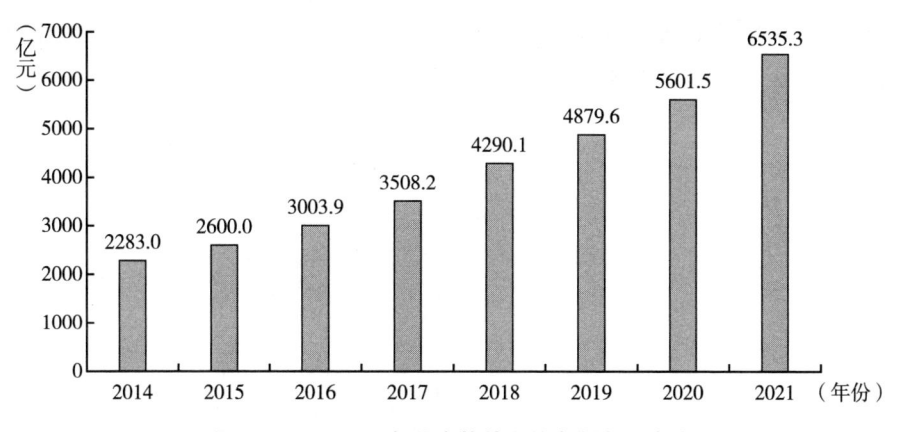

图 2　2014~2021 年北京软件和信息服务业产值

数据来源：相关年份《北京统计年鉴》。

2. 软件与信息服务产业结构

北京软件和信息服务业各细分领域发展迅速。根据工业和信息化部对北京市软件和信息服务业的指标统计，北京市软件和信息服务业主要业务包括软件产品、信息技术服务、信息安全和嵌入式系统软件四大类。2021年以后，行业内各细分领域均取得较快发展，逐渐形成一条完整的产业链，培育出一批新型业态和拥有较强市场竞争力的企业，成为引领北京市软件和信息服务业快速发展的主要动力。

分领域来看，2021年北京市软件产品实现收入5226.43亿元，较2020年的4379.67亿元增长19.33%，保持稳健的发展趋势，占全行业收入的比重为25.64%。软件产品是北京市的软件和信息服务业的重要组成部分，整体规模在全国处于领先地位。2021年，北京市信息技术服务收入达14522.23亿元，较2020年增加3677.54亿元，同比增长33.91%。信息技术服务收入占软件和信息服务业总收入的71.25%，较2020年的68.91%增加2.34个百分点。在诸多高新技术企业的带动下，北京网络信息产业迅速发展，信息安全行业实现了较快的发展。2021年，北京市信息安全实现收入550.30亿元，较2020年的451.31亿元增长21.93%，占全行业收入的比重为2.70%。2021年，北京市嵌入式系统软件业务收入为83.13亿元，较

2020年的61.61亿元增加21.52亿元，较上年同期增长34.93%，占全行业收入比重为0.41%（见图3）。

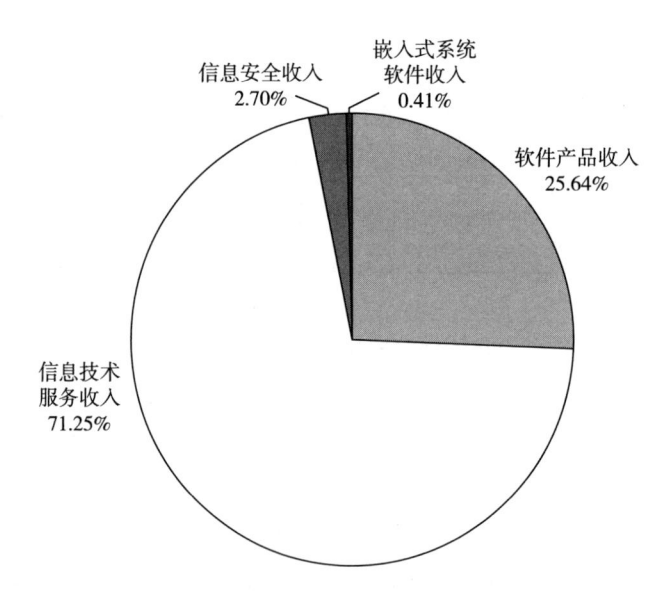

图3 2021年北京市软件和信息服务业主要收入构成

数据来源：工业和信息化部网站。

3. 软件与信息服务产业创新情况

在创新体系制度建设方面，北京市政府对创新成果保护工作高度重视。为充分激发创新活力，推动北京市经济高质量发展，2022年7月1日《北京市知识产权保护条例》正式实施，出台成立知识产权保护工作组、设立知识产权服务中心和畅通服务沟通渠道等一系列支持创新、保护知识产权的有力举措。在北京市政府和社会各界的共同努力下，创新制度体系不断发展完善，北京市知识产权保护成效卓著，充分发挥了技术创新的带动作用和产学研的合作功能，有利于扩大协同效应、促进科技创新，吸引周边科创主体。近年来北京企业的专利和软件产品注册数量明显增加。在数量上，北京市软件和信息服务业专利授权量自2019年后增幅明显。2021年北京市软件和信息服务业专利授权量达19.88万件，较2020年增长22.11%（见图4）。2021年8月，北京市人民政府印发《北京市"十四五"时期高精尖产业发展规划》,预计到2025年,北京市软件和信息服务业每万人有效发明专利拥有量将由2020年的858件提高到1300件,增长率为51.52%。

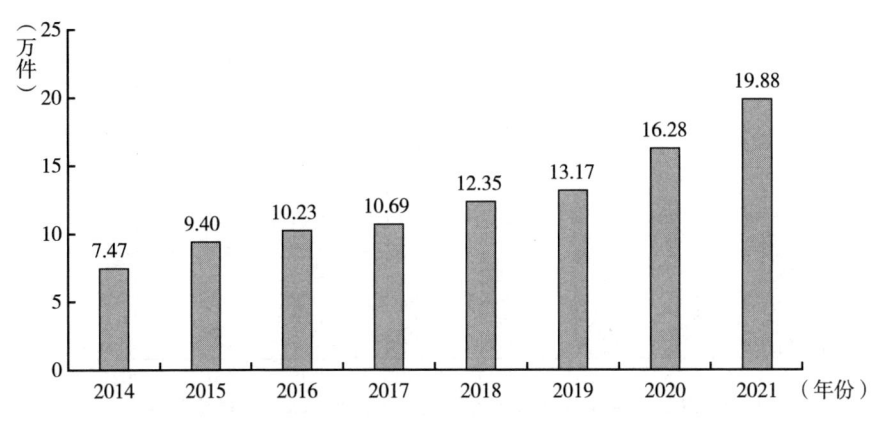

图4 2014~2021年北京软件和信息服务业专利授权量

数据来源:相关年份《北京统计年鉴》。

科研机构和高端人才资源集聚是北京市的主要特征。一方面,北京市作为全国的政治中心、文化中心、国际交往中心和科技创新中心,吸引了大量国内外软件和信息服务业企业和人才在此落户;另一方面,北京市的科研机构和大学能够与本地的创新发展形成联动,为培养软件和信息服务业人才奠定了基础。进入新发展阶段,随着北京市软件和信息服务业的迅猛发展,行业人才队伍不断发展壮大。与2020年的98万人相比,2021年北京软件和信息技术服务业平均用工人数达111万人,同比增长13.27%。从人才学历构成来看,获得大学本科及大专学历的从业人数为85万人,占比76.58%;硕士及以上学历的从业人员为20.1万人,占比18.11%。2014~2021年,北京市软件和信息服务业R&D人员全时当量整体呈稳步增长态势。2021年,北京市软件和信息服务业R&D人员全时当量为67417人年,较2014年的25264人年增长166.85%(见图5)。2014~2021年,北京软件和信息服务业R&D经费内部支出逐年递增。2021年,北京市软件和信息服务业R&D经费内部支出为611.59亿元,较2014年的112.11亿元增长445.53%（见图6）。北京市的定位从全国科技创新中心转变为国际科技创新中心，在实现这个目标的过程中，北京市的突出优势体现在"高精尖"创新人才多、技术研发与创新能力强。

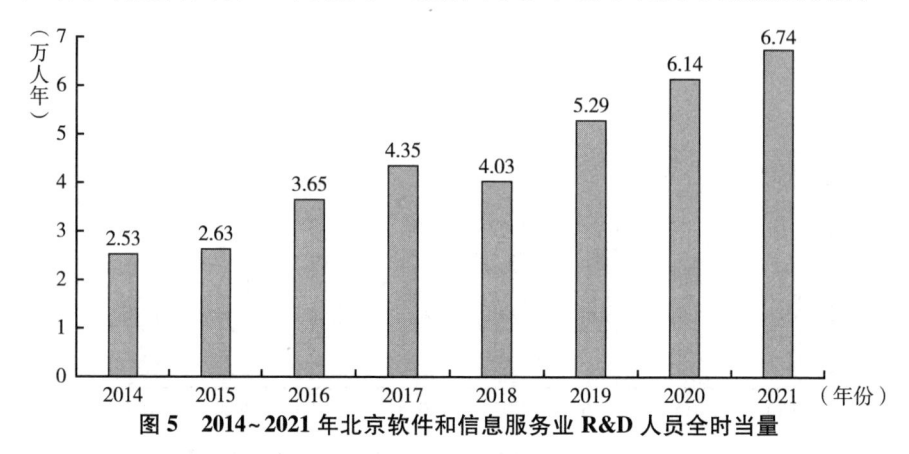

图5　2014~2021年北京软件和信息服务业R&D人员全时当量

数据来源：相关年份《北京统计年鉴》。

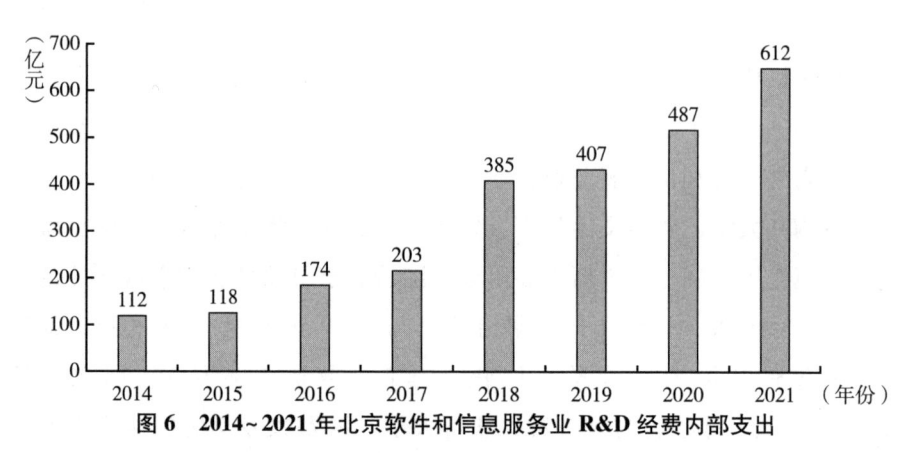

图6　2014~2021年北京软件和信息服务业R&D经费内部支出

数据来源：相关年份《北京统计年鉴》。

4. 软件和信息服务业政策环境

随着各项政策的出台与落实，北京市软件和信息服务业进入提质增效新阶段。2021年以来，北京市相继出台一系列顶层设计助力软件和信息服务业发展，继续鼓励攻关行业内关键核心技术难题，相关产业配套政策密集落地,有效地刺激了相关产业的创新发展,并且形成了较为坚实的先发优势。2021年,北京市出台《北京市"十四五"信息通信行业发展规划》和《北京市"十四五"时期高精尖产业发展规划》等;2022年,北京市出台《北京市推动软件和信息服务业高质量发展的若干政策措施》等相关激励政策,涵盖了行业规范、基础设施建设、产业园区规划等方面(见表2)。这些政策的出台有助于推动北京市软件和信息服务业等细分领域的底层创新,助力产业提质升级。

表2 2021~2022年北京市软件和信息服务业相关产业政策

发布时间	文件名称	发布单位
2021年	《北京市"十四五"信息通信行业发展规划》	北京市通信管理局
2021年	《北京市国民经济和社会发展第十四个五年规划和二〇三五年远景目标纲要》	中共北京市委
2021年	《北京市"十四五"时期高精尖产业发展规划》	北京市政府
2021年	《北京市人工智能算力布局方案》	北京市经济和信息化局
2021年	《北京培育建设国际消费中心城市数字消费创新引领专项方案》	北京市经济和信息化局
2022年	《北京市推动软件和信息服务业高质量发展的若干政策措施》	北京市经济和信息化局

数据来源:北京市人民政府网站、北京市经济和信息化局网站、北京市通信管理局网站。

从图7可以看出,北京市软件和信息服务业固定资产投资增速和通信网络基础设施投资增速走势大体相同。北京市已在智慧城市、数据中心、工业互联网、算力布局等领域研究制定一系列促发展政策,推动软件和信息服务业提质升级。在企业帮扶方面,北京市推出"服务包"制度,充分考虑不同企业的特点,有针对性地提供综合"服务包"措施,积极帮助企业解决发展难题。

在人才创新激励方面,北京市政府通过出台和完善相关法律法规、提供资金、税收激励来加强知识产权保护和信用体系建设,率先布局一批开源创新平台,为研发人员提供智源数据服务平台和开源社区开放服务。发布智源联合实验室计划，培养软件和信息服务业高端核心人才。保护创新成果的知识产权，以提升创新投入回报率，增强人才创新的积极性。申请和保护知识产权、创新流程等，需要有大量中介服务机构，例如律师事务所、知识产权申请机构、技术转移实验室等。这些服务机构成为促进北京市软件和信息服务业发展的重要保障。

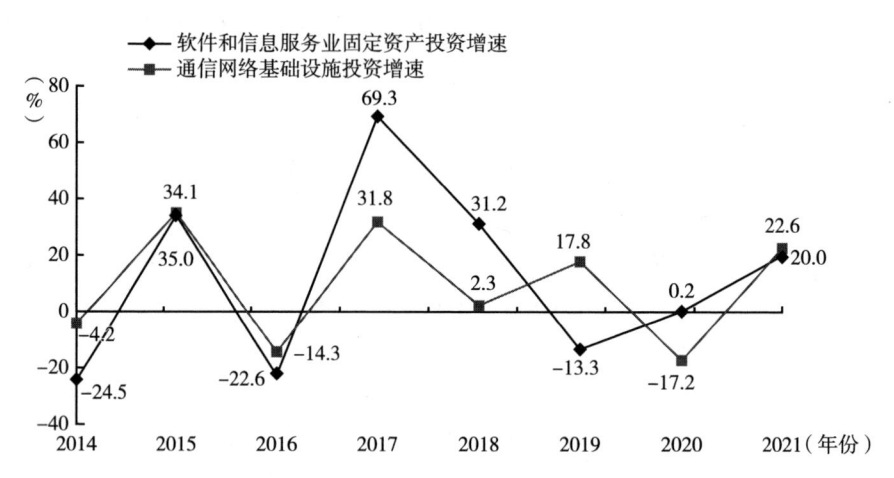

图7 2014~2021年北京软件和信息服务业固定资产投资与通信网络基础设施投资增速

数据来源：相关年份《北京统计年鉴》。

（二）北京软件和信息服务业优势分析

1. 经济区位优势

北京市是我国首都，位于华北平原北部，属于环渤海经济圈，具有发展经济的先天区位优势。北京市战略定位为首都"四个中心"核心功能，分别为政治中心、文化中心、国际交往中心、科技创新中心。其中，科技创新中心为"'三城一区'+回天地区+两大高教园"。同时，北京市具有突出的交通优势，作为全国陆上交通总枢纽，交通便利，经济往来方便，方便企业之间开展跨省域的交流沟通、战略合作等经济活动。这些优势为北京市发展软件和信息服务业奠定了良好的基础。

2. 产业集聚优势

北京市作为国际科技创新中心，其最大优势就是有一大批创新型企业在此集聚。同时，作为中国信息基础设施发展的新高地，北京具有完备的数字基础设施和丰富的发展资源，吸引和培养了一批软件和信息服务业标杆企业，为打造软件和信息服务业发展标杆城市夯实了基础。宏观环境的支持、中观产业的集聚、中介与金融机构的保障成为北京市发展软件和信息服务业的优势。北京市共有36家本地企业入选"2021年度软件和信息技术服务企业竞争力前百家企业"，58家本地企业入选"国家鼓励的重点软件企业"，北京本地企业在这两项重要排名中数量均居全国首位。CB Insights独角兽榜单中，北京市有60家企业入选。北京市软件和信息服务业增加值占北京市GDP比重从2017年的11.3%上升至2021年的16.2%，软件和信息服务业的发展对北京市经济发展贡献度日益提升，战略性支柱产业地位也进一步凸显。这些企业形成了知识与科技高地，将国内技术研发与国外技术转移相结合，不断激发北京市的创新活力。

3. 政策支持优势

政府的重视与大力支持为北京市软件和信息服务业的发展提供了坚实保障。近年来，北京市为促进软件和信息服务业高质量发展出台了众多规划与激励政策，相关配套政策密集落地。从产业顶层设计、企业扶持到人才创新激励，北京市不仅为创新活动提供了智力输出保障，也为创新人才提供了培养平台，为创业孵化提供了契机。

4. 人才资源优势

丰富的人才资源和科研机构集聚为北京市发展全国领先的软件和信息服务业奠定了基础。人才是技术创新的主力军，是科技创新的根本要素。具体来看，软件和信息服务业所需的主要资源为高素质人才，北京市是我国软件和信息服务业从业人员数量最多的省份。此外，高校和科研院所资源也是北京市软件和信息服务业发展的重要优势。2021年，北京市普通高等学校共92所，其中本科院校67所，专科院校25所。北京聚集了包括北京大学、清华大学、北京理工大学等在内的众多实力雄厚的"双一流"高校,为北京市提供了大量优秀的行业专业人才。

三 北京软件和信息服务业发展水平测算

(一)软件和信息服务业发展指数体系构建

1.指数体系构建的目的与原则

目前,北京市软件和信息服务业立足于"两区"建设,无论是行业规模还是核心竞争力都迈入新发展阶段。同时借助数字经济发展契机,北京市软件和信息服务业已取得诸多成就,正经历着快速发展壮大的过程,向着成为世界先进软件与服务城市行列迈进。但是北京市软件和信息服务业仍存在一些痛点问题,如投资成本较高、行业整体附加值不高、缺乏创新能力和重大技术突破等,这对北京市软件和信息服务业未来发展和产业转型升级提出了更高要求。因而迫切需要构建能够全面反映北京软件和信息技术服务业发展水平的指标体系,跟踪行业发展情况,了解现有发展模式,认识行业发展规律,及时发现产业发展过程中的短板问题,为未来产业高质量发展提供理论依据。

北京软件和信息服务业发展指数体系结合北京市软件和信息服务业的特点和发展特征进行设计,权重的分配通过熵值法来确定,指标选取遵循以下三个原则。

(1)科学性与可操作性相结合原则

北京市软件和信息服务业指标的选取首先建立在科学性的基础上。在保证指标数据可获得的基础上,能够准确反映影响产业发展的因素,满足不同时期进行对比的需要,同时又能全面反映北京市软件和信息服务业的发展特征。

(2)系统性与层次性相结合的原则

本文兼顾产业发展的差异性和经济发展的系统性,通过运用层次分析法将北京市软件和信息服务业评价指标体系分解为多个层次,设立多层指标,以便较为清晰地反映影响产业发展的因素。

(3) 定量分析与定性分析相结合原则

本文以定量分析为主、定性分析为辅,查找相关统计数据并利用定量分析方法,直观有效地反映产业发展情况,对于难以量化的因素辅以定性分析,做到全面、客观地衡量北京软件和信息技术服务业的发展水平。

2. 评价指标的选取

本文结合产业发展的内外部因素,从多个角度综合考虑,最终建立包含4个一级指标和16个二级指标的北京市软件和信息服务业发展指数体系。4个一级指标分别是产业规模竞争力、创新能力、人才资源和环境支撑。产业规模竞争力包含企业、从业人员和行业生产规模信息,可以全面衡量产业的成长速度和行业竞争力。创新能力包含科研人员、科研经费支出和专利技术等方面的信息,能够较为全面地衡量产业研发投入规模、研发强度和技术市场等情况。人才资源包含科研院所和高素质人才等方面信息,能够衡量北京市软件和信息服务业发展的人才储备和创新支持情况。环境支撑主要包含地区经济发展水平、政府支持力度和基础设施建设水平等,能够衡量软件和信息服务业发展所需要的外部环境支持情况。

表3 北京市软件和信息服务业发展指数体系

一级指标	二级指标
产业规模竞争力	企业数量(家)
	营业收入(亿元)
	软件和信息服务业生产总值(亿元)
	从业人员平均人数(人)
创新能力	软件和信息服务业R&D人员全时当量(人年)
	软件和信息服务业R&D经费内部支出(亿元)
	专利授权量(件)
	技术市场交易额(亿元)

续表

一级指标	二级指标
人才资源	高等教育在校生数量(人)
	科研院所及培训机构数量(家)
	科技开放与人才交流情况(人次)
	人才科技服务情况(篇)
环境支撑	地区生产总值(亿元)
	政府支持投入力度(亿元)
	软件和信息服务业固定资产投资增速(%)
	通信网络基础设施投资增速(%)

数据来源：各项指标原始数据来源于相关年份《北京统计年鉴》《北京软件和信息服务业发展报告》和 Wind 数据库等。

（二）评价方法

熵值法是一种科学的客观指标赋权方法，根据体系内部各层指标值的变异程度来确定权重，能够避免主观因素造成的偏差，减少量纲不同等因素的影响，使评价结果更具客观合理性。本文采用熵值法对体系内的指标赋权。为体现北京市软件和信息服务业发展指数的时间变化趋势，公式将加入时间变量。

（三）数据处理与指标赋权

为保证最终测算结果的科学性和严谨性，本文对数据进行无量纲化处理。首先设有 a 个年份、m 个城市、n 个指标，则 $x_{\tau ij}$ 指第 τ 年 i 城市的第 j 个指标值。对 $x_{\tau ij}$ 进行标准化处理，如式（1）和式（2）所示：

$$x_{\tau ij}^{*} = \frac{(x_{\tau ij} - x_{\min})}{(x_{\max} - x_{\min})} \tag{1}$$

$$x_{\tau ij}^{*} = \frac{(x_{\max} - x_{\tau ij})}{(x_{\max} - x_{\min})} \tag{2}$$

利用熵值法对各指标赋权。首先计算 i 地区第 j 项指标的贡献度，再计

算该项指标的熵值,最后求出第 j 项指标信息效用值和权重,计算过程如式(3)~(6)所示:

$$p_{\tau ij} = \frac{x^*_{\tau ij}}{\sum_\tau \sum_i x^*_{\tau ij}} \tag{3}$$

$$E_j = -k \sum_\tau \sum_i p_{\tau ij} \ln p_{\tau ij}, k = \frac{1}{\ln am} \tag{4}$$

$$e_j = 1 - E_j \tag{5}$$

$$w_j = \frac{e_j}{\sum_j^n e_j} \tag{6}$$

根据式(7),计算得出北京市软件和信息服务业发展指数。

$$Z_{\tau i} = \sum_{j=1}^n w_j \times x^*_{\tau ij} \tag{7}$$

四 北京软件和信息服务业发展指数分析

北京软件和信息服务业发展指数体系能够反映产业发展水平和发展潜力。本文首先将所有数据进行无量纲化处理,并利用熵值法对各指标赋权,各指标权重如表4所示,最后得出2014~2021年北京市软件和信息服务业发展指数。

表4 指标权重计算结果

指标	信息熵值	信息效用值	权重(%)
企业数量	0.850	0.150	6.175
营业收入	0.829	0.171	7.017
软件和信息服务业生产总值	0.837	0.163	6.715
从业人员平均人数	0.864	0.136	5.584
软件和信息服务业 R&D 人员全时当量	0.827	0.173	7.105

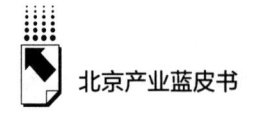

续表

指标	信息熵值	信息效用值	权重(%)
软件和信息服务业R&D经费内部支出	0.782	0.218	8.950
专利授权量	0.852	0.148	6.107
技术市场交易额	0.841	0.159	6.534
高等教育在校生数量	0.871	0.129	5.320
科研院所及培训机构数量	0.936	0.064	2.641
科技开发与人才交流情况	0.771	0.229	9.419
人才科技服务情况	0.887	0.113	4.663
地区生产总值	0.864	0.136	5.600
政府支持投入力度	0.920	0.080	3.293
软件和信息服务业固定资产投资增速	0.798	0.202	8.297
通信网络基础设施投资增速	0.840	0.160	6.579

结合北京创新驱动发展战略、首都核心功能、国际科技创新中心战略等，秉承创新、协同、绿色、开发和共享的新发展理念，北京市重点夯实创新基础、把握创新需求、强化战略科技力量，提升软件和信息服务业整体水平。

2014~2021年，北京软件和信息服务业发展指数整体提升，这充分说明了北京在2014年之后颁布、落实的一系列利好政策，有效推动了该产业的发展。2016年该指数出现小幅回调，2017年由0.25提高至0.46，提高幅度较大，说明产业发展情况持续向好。2017~2020年，北京软件和信息服务业稳中有升。2020年之后，北京市出台《北京市"十四五"信息通信行业发展规划》《北京市"十四五"时期高精尖产业发展规划》《北京市国民经济和社会发展第十四个五年规划和二〇三五年远景目标纲要》等一系列促进软件和信息服务业发展的顶层规划，有效提升了大数据、工业互联网、算力布局等核心领域创新水平和核心竞争力，北京市软件和信息服务业发展指数大幅提升，由2020年的0.59提升至2021年的0.84（见图8）。

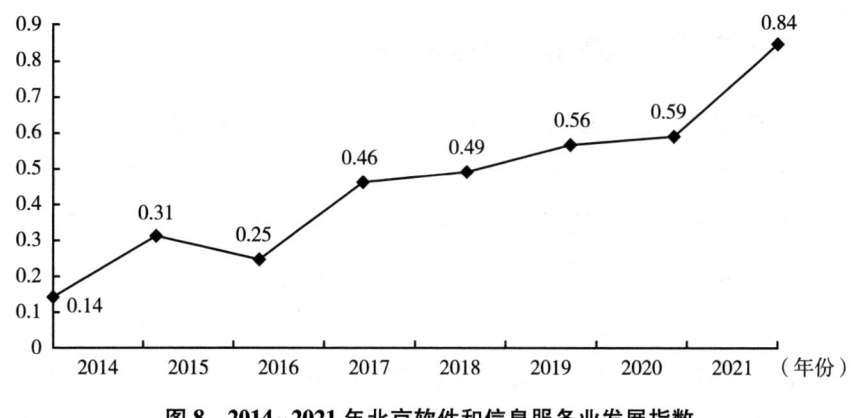

图8 2014~2021年北京软件和信息服务业发展指数

在促进北京软件和信息服务业高质量发展方面，北京市经济和信息化局于2022年8月出台了《北京市推动软件和信息服务业高质量发展的若干政策措施》，提出重点鼓励行业关键领域创新和研发产品应用，打造一批网络安全、虚拟现实技术和人工智能特色园区。将重点围绕工业互联网和基础软件等新技术新产品的研发开展技术攻关，尤其是为国内国际首创的软件产品首次试用提供早期应用场景和试用环境，进一步提高新技术产品的适配性能和产业化水平。通过开放式的创新形式，以公开募集、需求导向创新和结果导向评审的"科技悬赏制"对高新技术产品进行支持，加速成果转化与项目落地，促进北京软件和信息服务业转型升级，实现高质量发展。

五 政策建议

当前北京市软件和信息服务业发展迈入新发展阶段，取得了令人瞩目的成就，行业水平持续提高，但当前行业内仍存在一些短期制约因素和长期结构性问题，亟待引起重视。提升北京市软件和信息服务业发展水平，不仅要充分发挥技术创新的引领作用，也要加强产业发展环境建设，以信息化为抓手，不断开拓市场，促进行业新增长点的形成和发展。

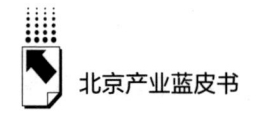

（一）健全创新激励和人才培养机制

北京市软件和信息服务业发展指数位于全国前列，高素质人才优势显著，但是产业链供应链核心环节"卡脖子"现状仍未改变。北京市应继续加快自主创新体系建设，坚持创新型发展模式，不断提高行业创新水平，向产业链高端发展。高素质人才是影响北京市软件和信息服务业发展的重要因素，应完善人才培养机制，畅通人才引进渠道，提高人才"留京率"。利用好北京市教育资源优势，改变传统单纯学术型人才培养模式，立足行业发展实际，以满足产业未来发展需求为导向。优化人才供给结构，培育更多高端实用性人才，最终形成人才培养、引进、创新体系。同时要完善创新激励机制，通过设立行业技术创新专项基金等方式，对领域内做出重大创新贡献的主体给予表彰和资金激励，体现鼓励创新原则。

（二）加强产学研合作

目前，北京市软件和信息服务业产学研体系建设支撑不足，尖端科技从实验室研发到实际落地难度较大，行业科技创新闭环仍未形成。应注重产学研合作，创新产学研合作机制，畅通高校实验室创新研发到产品面向市场落地渠道。不仅要利用好北京市科研院所密集的优势，也要建立与全国范围内其他高校和科研院所的长期合作机制。支持企业主动与高校和科研院所合作，鼓励在校师生主动到产业园区开展交流工作，推动实验室科研成果转化，打造产学研创新驱动型的产业新模式。

（三）建立多元化的投融资方案

融资难是阻碍北京市软件和信息服务业发展的主要因素之一。在满足企业资金需求方面，应建立多元化的投融资方案。充裕的资金是推动企业加大创新投入的保证，政府应通过多种方式引导企业加大创新投入，进行有针对性、有计划的招商引资，提高资金使用效率。强化资金支撑作用，拓宽投融资渠道，扩大优质金融信贷供给。加大普惠性产业资金扶持力度，有效发挥各类产业基金的引导作用。鼓励银行等金融机构在风险允许的情况下，优先向北京市软件和信息服务业提供低利率贷款。

（四）完善行业法律法规制度

近年来，北京市软件和信息服务业核心专利数量较少，申请的专利多为商业用途，并且"专利蟑螂"等现象不同程度存在，干扰正常创新发展环境，产权纠纷严重。应完善行业法律法规制度，严厉打击违法违规行为。建立公平透明的行业环境和规范的市场秩序，特别是重视知识产权和技术成果保护，为北京市软件和信息服务业发展营造良好的创新环境。

（五）构建完善的产业政策体系

政府在完善产业政策和公共服务体系中扮演重要角色。在基础设施建设方面，政府每年可给予软件和信息服务业一定的财政支持。在产业环境方面，积极搭建软件和信息服务业培育孵化平台，帮助有潜力的高技术企业发展壮大，为符合条件的重点产业项目和园区提供更好的基建服务和公共平台服务。建立综合评价机制和重大项目落地统筹协调机制，鼓励各区积极主动引入和扶持拥有新技术的企业，主动承担招商引资任务和项目谋划工作，推进创新政策落地。出台与北京市软件和信息服务业发展相适应的土地支持政策，发挥软件和信息服务业带动就业、促进产业结构升级和推动实现北京经济高质量发展的作用。

参考文献

冯梅、王成静：《我国各地区软件与信息技术服务业绩效评价研究》，《经济问题》2015年第8期。

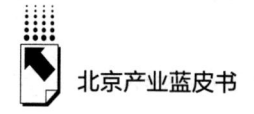

赵弘、汪江龙：《比较视角下的北京信息服务业竞争力分析》，《中国科技论坛》2009年第7期。

姚伟等：《现代信息服务业的创新模式研究》，《图书情报工作》2015年第17期。

王红霞：《北京软件和信息服务业国际竞争力影响因素分析》，《商业经济研究》2016年第6期。

专题篇
Special Reports

B.9 北京现代流通体系发展研究

宋光 李楠[*]

摘 要: 本文从商贸零售业和商贸物流业两个方面对北京市现代流通体系发展进行研究,分析了商贸零售业和商贸物流业的发展现状,认为北京现代流通体系发展存在国际流通体系市场规模有较大提升空间、物流基础设施水平相对不足、技术水平仍需进步和城乡流通体系发展差异较大的问题。最后,本文从提升流通市场国际化水平、强化流通体系基础设施建设、以数字化驱动流通产业转型升级以及突破城乡商贸流通一体化瓶颈等方面提出推动北京市现代流通体系发展的建议。

关键词: 商贸零售 商贸物流 市场规模 基础设施 数字化

---

[*] 宋光,北京交通大学国家经济安全研究院助理研究员,研究方向为产业链供应链安全;李楠,北京交通大学经济管理学院硕士研究生,研究方向为国民经济。

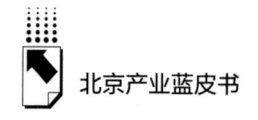

《中华人民共和国国民经济和社会发展第十四个五年规划和2035年远景目标纲要》提出"强化流通体系支撑作用"。习近平总书记强调，流通体系在国民经济中发挥着基础性作用，构建新发展格局，必须把建设现代流通体系作为一项重要战略任务来抓。[①] 国家发展改革委于2022年1月印发《"十四五"现代流通体系建设规划》，旨在统筹推进现代流通体系硬件和软件建设，培育壮大现代流通企业。通过不断提升现代流通治理水平、提高流通效率、降低流通成本，全面形成现代流通发展新优势，为构建以国内大循环为主体、国内国际双循环相互促进的新发展格局提供有力支撑。

北京市培育建设国际消费中心城市以及推进"两区"建设，需要现代流通体系赋能。习近平总书记在2020年中国国际服务贸易交易会全球服务贸易峰会上提出，支持北京市打造国家服务业扩大开放综合示范区和中国（北京）自由贸易试验区（简称"两区"）。随后发布的《北京培育建设国际消费中心城市实施方案（2021—2025年）》提出将北京率先建成具有全球影响力、竞争力和美誉度的国际消费中心城市。北京市现代流通体系的优化升级，能够推动跨境电商、国际会展、商品零售等服务贸易业态快速健康发展，提高人们的生活便利程度，对于高标准推进"两区"建设、助力北京培育国际消费中心城市发挥重要作用。

北京市建设现代流通体系，是顺应北京市发展定位的重要选择，也是响应国家《"十四五"现代流通体系建设规划》号召的重要任务。规划中确立了"一市场、两体系、三支撑"的现代流通体系建设架构。其中，"两体系"是现代流通体系的核心组成部分，分别是数字化、智慧化、开放型的现代商贸流通体系和经济高效、绿色智能、安全稳定的现代物流体系。推动北京市商贸零售业和商贸物流业转型升级，是北京市建设现代流通体系的重要落脚点。因此，本文从北京市商贸零售业和商贸物流业发展着手，分析发展现状，发现北京市建设现代流通体系存在的问题，并提出有针对性的建议。

---

① 《习近平：统筹推进现代流通体系建设》，"人民网"百家号，2020年9月10日，https://baijiahao.baidu.com/s?id=1677397714168414753&wfr=spider&for=pc。

一 北京市现代流通体系发展现状

（一）北京市商贸零售业发展现状

1. 北京市商贸零售规模

（1）北京市零售业市场现状

受新冠疫情影响，2020年北京市社会消费品零售总额下降8.9%。随着疫情的好转，2021年社会消费品零售总额上涨8.4%，基本回到疫情前的水平。2022年疫情多点散发使北京市消费复苏放缓，增幅由正转负（见图1）。可见疫情影响使北京市社会消费品零售总额波动较大。2022年，北京市城镇社会消费品零售总额超过1.3万亿元，农村社会消费品零售总额为631.4亿元，城乡商贸流通差距较大。同时，相较上一年，两者均出现了较大幅度下滑（见图2）。

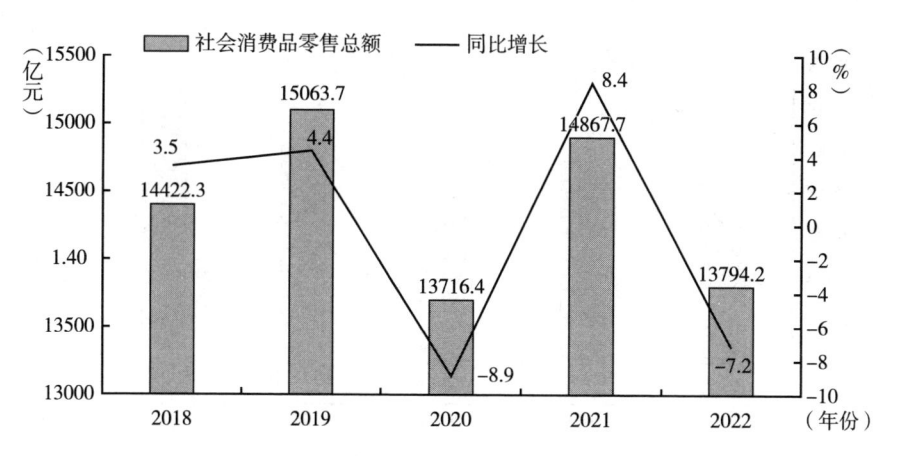

图1 2018~2022年北京市社会消费品零售总额及增速

数据来源：北京市统计局网站。

从进出口规模来看，北京市进出口规模再创历史新高，长期保持贸易逆差。2022年北京市进出口总值36445.5亿元，比上年增长19.7%，占全国进出口总值的8.7%，较2021年提升0.9个百分点，外贸增长贡献率达到

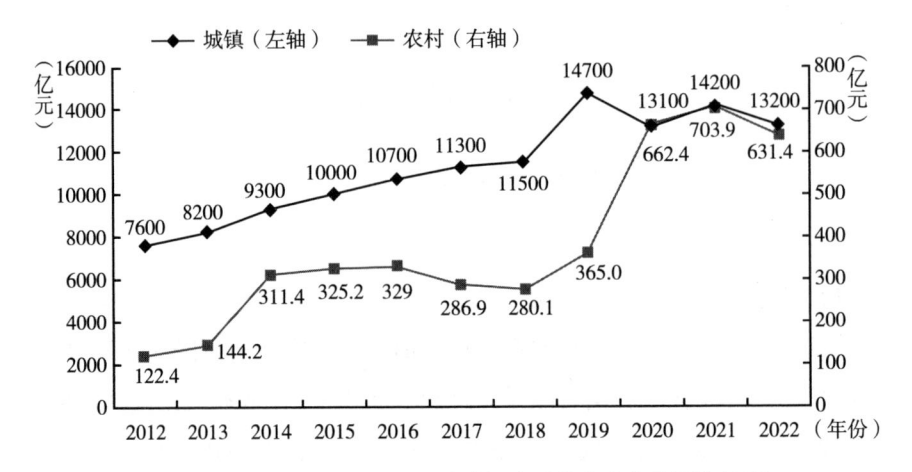

图 2　2012~2022 年北京市城镇与农村社会消费品零售总额

数据来源：北京市统计局网站。

19.9%，居全国首位。其中，进口 30555.5 亿元，增长 25.7%；出口 5890.0 亿元，下降 3.8%（见图 3）。

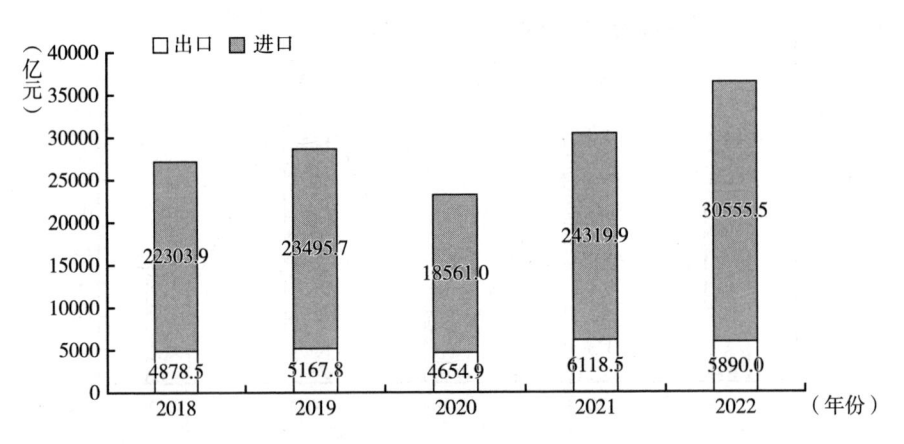

图 3　2018~2022 年北京市进出口总值

数据来源：北京市统计局网站。

从连锁零售规模来看，北京市连锁零售企业多项指标稳步提高，表明其正在迅速崛起，发展势头正盛。这些企业的总店、门店、从业人员、营业面积、销售额和商品购进总额都有显著提高，表现突出（见表1）。

表1 2011~2022年北京市连锁零售企业情况

年份	总店数（个）	门店总数（个）	年末从业人员数（万人）	年末零售营业面积（万平方米）	商品销售额（亿元）	商品购进总额（亿元）
2011	147	6950	14.99	637.17	2352.2	2068.7
2012	134	6810	14.97	668.05	2421.0	2074.9
2013	147	7388	15.82	715.01	2515.8	2143.8
2014	151	7433	16.01	736.82	2544.3	2126.6
2015	152	7577	15.66	748.17	2733.3	2306.9
2016	156	7732	17.35	953.38	2896.5	2412.2
2017	162	8176	16.87	907.08	3165.8	2667.0
2018	180	9862	16.74	922.25	3356.3	2944.3
2019	189	9898	15.98	877.09	3330.5	2932.3
2020	193	10307	13.28	873.93	3323.1	2873.1
2021	181	11092	12.11	767.38	3600.0	3110.4
2022	175	10298	10.50	757.30	3489.7	3011.8

数据来源：国家统计局网站。

（2）北京市商贸零售业转型发展现状

北京市网络零售业在经济增长中扮演重要角色，2022年北京市限额以上批发零售业和住宿餐饮业网上零售额达5485.6亿元，占社会消费品零售总额的近四成（见图4）。截至2022年，北京市网上零售额占全国的11.91%，排全国第三位。

2. 北京市商贸零售体系

《北京市商业消费空间布局专项规划（2022—2035年）》提出，北京构建"四级两类多维"的商业消费空间体系，打造"4+9+84+N"总体空间布局，包括4片国际消费体验区、29个城市消费中心、84个地区活力消费圈、若干个社区便民生活圈。

4片国际消费体验区。分别是王府井×西单×前门、CBD×三里屯、环球影城×大运河、丽泽×首都商务新区，旨在适应不同顾客的需要、拓宽城市眼界，打造一个具有国际影响力的综合型城市，形成推动城市商贸零售体系可持续发展的重要引擎。

北京产业蓝皮书

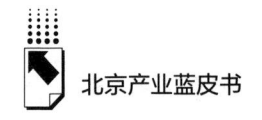

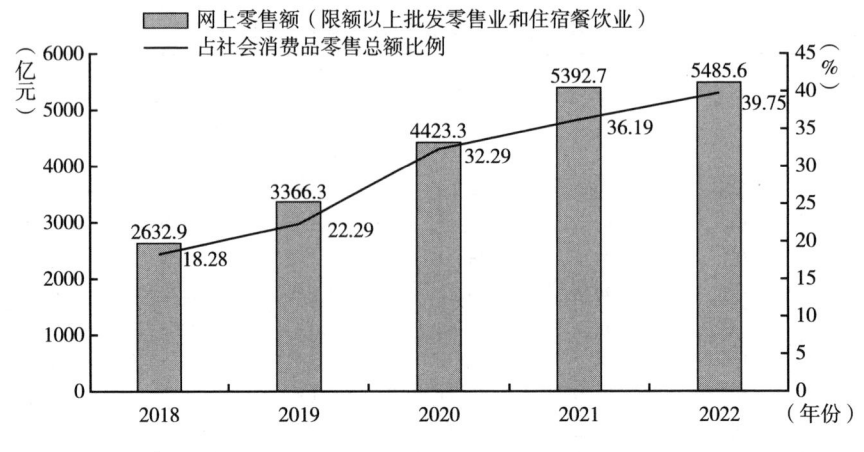

图4 2018~2022年北京市网上零售额及占比

数据来源：国家统计局网站。

29个城市消费中心。着眼于建设多元复合的公共活力中心，并利用当地文化体育和生态景观资源，形成具有强大商业实力、持续消费活力和广泛影响力的国际消费新地标。

84个地区活力消费圈。通过构建具有多种功能、能够满足不同市民需要的城市活动中心，引领商业消费集聚区特色发展。

N个社区便民生活圈。致力于构建全新、可持续、可拓宽的服务流通体系，让社区居民享受到更优质的商业服务，全面提升基层商业的品质与便利性，完善基层消费空间网络。

（二）北京市商贸物流业发展

1. 北京市商贸物流规模

（1）北京市商贸物流总体规模

根据全国社会物流总额按一定比例折算，2017~2021年北京市社会物流总额总体呈增长趋势，2021年北京市社会物流总额为92278.0亿元（见图5）。

根据全国社会物流业务收入按一定比例折算，2017~2021年，北京市社

图 5　2017~2021 年北京市社会物流总额

数据来源：北京市统计局。

会物流业务收入总体呈增长趋势，2021 年北京市社会物流业务收入为 3695.4 亿元（见图 6）。

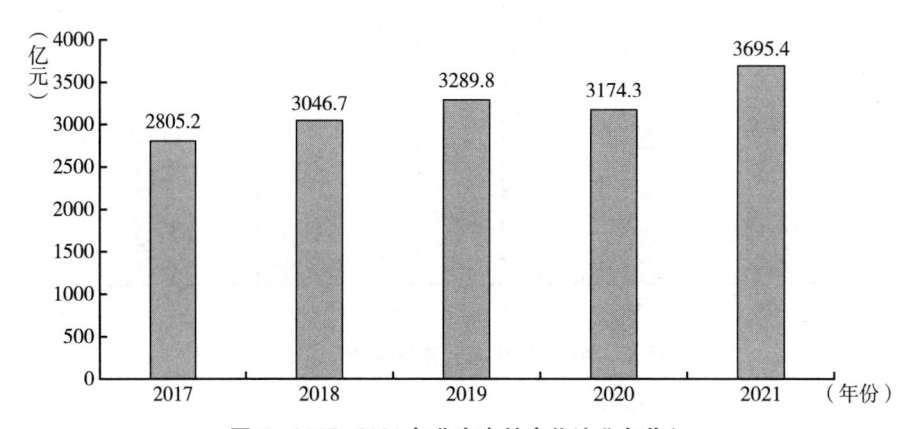

图 6　2017~2021 年北京市社会物流业务收入

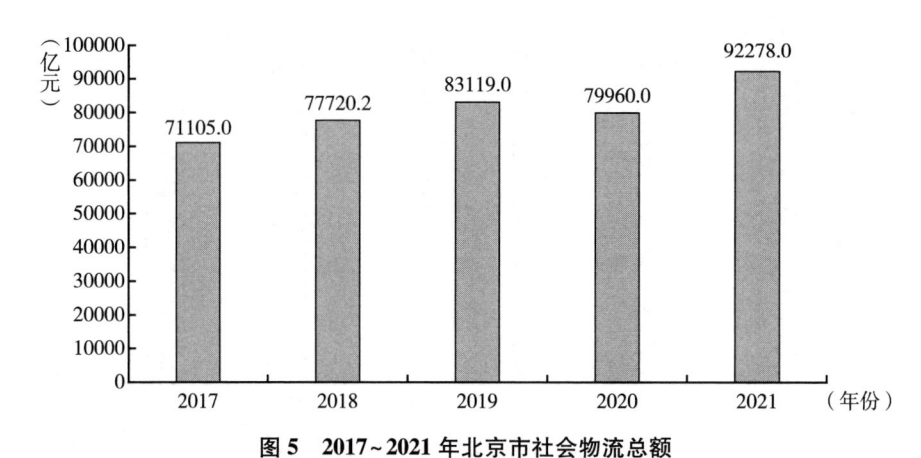

数据来源：北京市统计局。

(2) 北京市快递业务规模

2017~2022 年北京市快递业务量和快递业务收入出现波动。2022 年北京市快递业务量为 19.56 亿件，快递业务收入为 191.01 亿元，受疫情影响，2021 年和 2022 年快递业务量和业务收入出现下滑（见图 7 和图 8）。

169

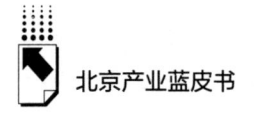

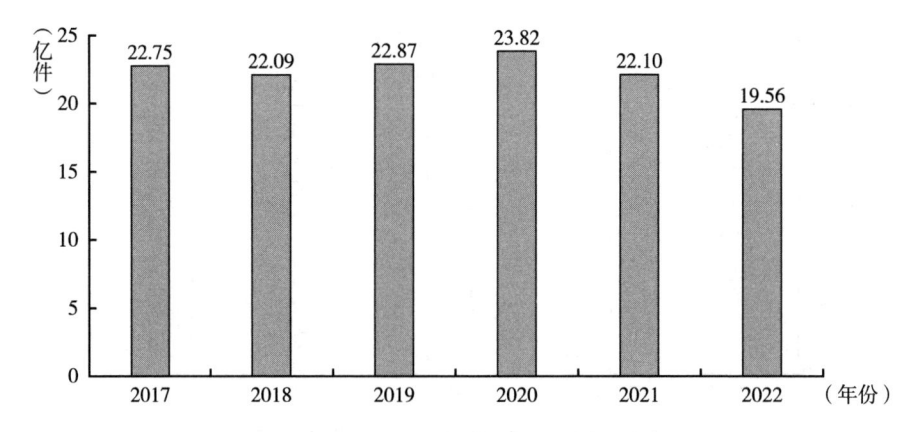

图 7 2017~2022年北京市快递业务量

数据来源：国家统计局网站。

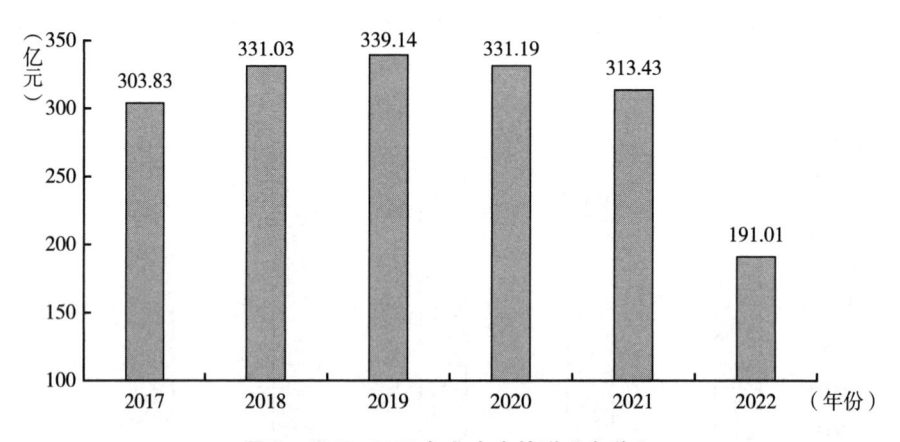

图 8 2017~2022年北京市快递业务收入

数据来源：国家统计局网站。

(3) 北京市国际物流规模

邮政部门统计的北京市国际快递业务量，以及航空局、商务局统计的北京市国际航空货邮吞吐量能够反映北京市国际物流规模情况。

据《邮政行业发展统计公报》，2017~2021年，北京市国际及港澳台快递业务出口量整体呈下降趋势。2022年，由于京东航空正式投入运营，北京市国际及港澳台快递业务出口量出现较大增长，业务量提高至2301.46万件，较2021年增长100.55%，但较2017年下降12.08%；业务出口量占全国比重为1.14%，较2017年下滑1.99个百分点（见图9）；业务出口收入24.01亿元，较2017年下降20.23%；业务出口收入占全国比重为2.07%，较2017年下滑3.63个百分点（见图10）。另外，与上海、广州、深圳等其他一线城市相比，北京市国际及港澳台快递业务出口量和出口收入均有较大差距。

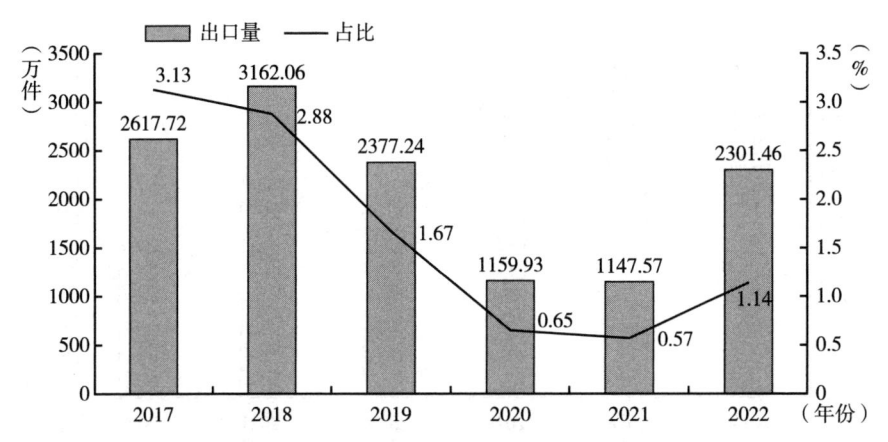

图9 2017~2022年北京市国际及港澳台快递业务出口量及全国占比

数据来源：相关年份《北京市邮政行业发展统计公报》。

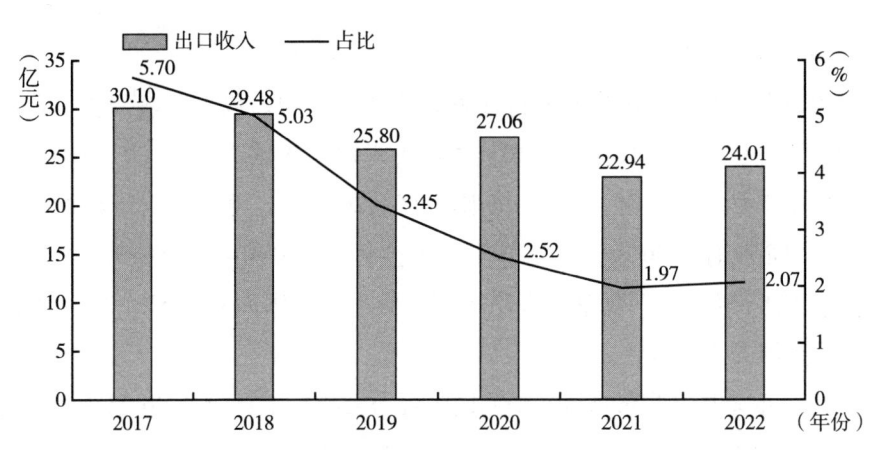

图10 2017~2022年北京市国际及港澳台快递业务出口收入及全国占比

数据来源：相关年份《北京市邮政行业发展统计公报》。

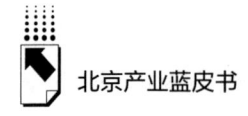

据口岸统计数据，2017年以来，北京市国际货邮吞吐量占全国比重逐年下降，国际货邮吞吐量整体呈下降趋势，2021年吞吐量较2020年有所回升，但远未达到高峰时的规模。中国民用航空局和北京市商务局发布的统计数据显示，2022年，北京口岸国际货邮吞吐量为47.8万吨，较2017年下降53.68%；国际货邮吞吐量占全国比重为6.71%，比2017年下滑了10个百分点（见图11）。

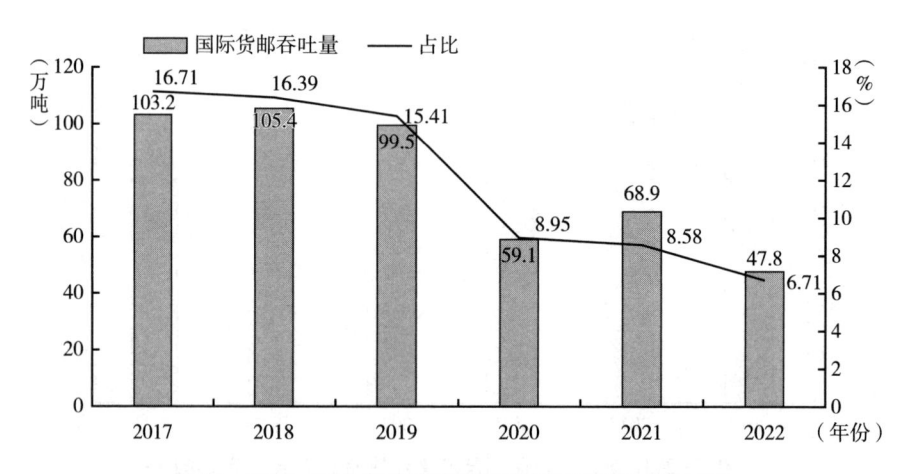

图11　2017~2022年北京市国际货邮吞吐量及全国占比

数据来源：中国民用航空局网站、北京市商务局网站。

（4）北京市冷链物流规模

2020年北京市生鲜产品冷链流通率为40%，规模以上冷链物流企业有73家。[①] 北京市冷库库容从2010年的70万吨增长到2020年的170万吨，主要分布在大兴、通州、顺义、朝阳等区。2020年，全市经营冷藏保鲜专用运输的企业有1966家，冷藏车有7000余辆，多采用4.2米和7.6米冷藏厢式货车。[②] 经调查，北京市人均冷藏车数量为美国的45.63%，人均冷库库容为美国的34.8%。

2021年2月，北京物流与供应链管理协会在线上调研了40家冷链物流

---

① 数据来源：全国城市农贸中心联合会，2021。
② 数据来源：北京物流与供应链管理协会，2021。

企业，统计这些企业拥有冷库和冷藏车的情况。40家企业在京冷库数量合计93个，拥有冷库库容829014吨。其中，21家企业的冷库承担中转配送功能，占比52.5%；14家企业的冷库只承担存储功能，占比35.0%。此外，以北京为核心基地的京东物流，其冷库集存储、转运、配送于一体。40家企业中，有35家企业冷库位于五环外，占比87.5%。40家物流企业合计拥有冷藏车8262辆，其中34家企业使用外包车辆，外包车合计5406辆，占冷藏车总数的65%，外包比例处于高位。

2. 北京市商贸物流体系

根据《北京物流专项规划》，北京市的目标是打造"大型综合物流园区（物流基地）+物流中心+配送中心+末端网点"的"3+1"城市物流节点网络体系，并将北京市划分为核心区、中心城区、副中心和其他区域，在各区域分别布局物流体系。

（1）大型综合物流园区（物流基地）

大型综合物流园区（物流基地）是最高层级的城市物流基础设施网络节点，能够连接城市间的干线运输（包括航空、铁路、高速公路等）以及城市内的支线运输物流。

北京市现在有4个物流基地，其规划物流仓储用地面积见表2，总面积约8.3平方公里，此外《北京物流专项规划》中提到要新增西北方向的昌平南口物流基地和西南方向的房山窦店物流基地，每个物流基地的用地面积控制在100~150公顷，最终全市6个大型物流基地总用地面积控制在12平方公里以内。

表2 北京市现有四大物流基地规划用地面积

物流基地	已规划物流仓储用地面积（公顷）
顺义空港物流基地+天竺综合保税区	300
通州马驹桥物流基地	240
大兴京南物流基地	230
平谷马坊物流基地	61

(2) 物流中心

物流中心是物流基础设施网络的二级节点，涵盖快递一级分拨中心、大型冷库、专业服务类物流集散中心等，为所在区域的商贸流通业、部分制造业及一些专业物流（如快递冷链、电商等）提供配套物流服务。

北京市现全市规划布局28个物流中心，根据实际需要，预计建设12个专业型物流中心，为一些商贸企业提供专业的物流配套；16个日常综合服务型物流中心，为居民提供良好的生活保障。结合北京市不同区域的实际情况和需求，以及借鉴国内外先进物流中心的实际使用经验，计划每个物流中心的用地面积控制在10~30公顷，总用地规模控制在9平方公里以内。

(3) 配送中心

配送中心是三级物流配送系统的枢纽，其能够满足大型零售企业的运营需要，还能够支撑消费者的购买需求。完备的配送中心体系可以实现对各个区域的有效覆盖及有序管理，从而能够促进商贸流通的高效运行、提升消费者的购买体验。

北京市规划布局46个城市配送中心，其中包括12个快递二级分拨中心、17个商业零售配送中心和17个生鲜冷链配送中心。《北京物流专项规划》提出46个配送中心的总用地规模要控制在1.7平方公里以内，其中每个商业零售配送中心和生鲜冷链配送中心的用地面积控制在2~3公顷，每个快递二级分拨中心的用地面积控制在3~5公顷。

(4) 末端网点

作为物流基础设施网络的重要组成部分，末端网点不仅可以满足消费者的日常生活用品需求，还可以提供配送服务，利用完整物流网络为消费者提供更加便捷的服务。

根据《北京城市总体规划（2016—2035年）》，2035年，北京城镇和农村土地总面积将达2760平方公里，大约每3平方公里就需要建设一个终端配送站，全市要建设末端网点约2000个，并且将对人流量较大的区域（如社区、高校和写字楼等）进行更多的网点规划，以提供更优质的末端服务。

二 北京市现代流通体系存在的问题

(一)国际流通体系市场规模有较大提升空间

第一,北京市国际流通出口量较小。2018~2022年,北京市商贸零售业始终存在贸易逆差,其中,2022年进口总值30555.5亿元,增长25.7%,出口总值5890.0亿元,下降3.8%,贸易逆差还在增大。与上海、广州、深圳等其他一线城市相比,北京市国际及港澳台快递业务出口量和出口收入存在较大差距。从数据来看,2022年北京市国际及港澳台快递业务出口量占全国比重仅为1.14%,而上海、广州、深圳国际及港澳台快递业务出口量占全国比重分别为8.42%、4.85%、41.58%,北京市出口收入占全国比重为2.07%,而其他三个城市占全国比重分别为11.6%、12.99%、21.66%。

第二,北京市国际寄递业务出现向外地转移迹象。根据调查,以收发货人所在地为划分依据,2021年北京市货物进出口总额为4710.24亿美元,而北京市口岸统计的货物进出口总额为1134.49亿美元,说明有76%的货物未从北京海关进出口。[1] 这表明北京市有较大的国际物流需求量,而现有的运力资源无法满足。

(二)物流基础设施相对不足

第一,北京市物流仓储空间不足、成本偏高。自2015年起,北京市不断疏解非首都功能,物流功能被不断疏散出去,北京市物流仓储空间出现不足,机场周围更是因为仓储资源不足而成本较高。与国内其他机场相比,北京首都国际机场的进出港货物处理、保管、报关服务等费用较高。例如,国内出港普通货物仓库使用费,北京首都国际机场为0.6元/公斤,而上海浦

---

[1]《中华人民共和国海关总署主要统计数据》,中华人民共和国海关总署,www.customs. gov.cn/customs/302249/302274/302277/302276/2851437/index.html。

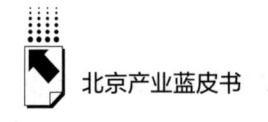

东国际机场为0.25元/公斤。

第二，北京市冷链物流设施设备不足。北京市冷藏车数量和冷库库容均难以满足需求。首先，北京市人均冷藏车数量为美国的45.63%，冷藏车占全部货车的比例仅为2.45%。此外，全市营运性企业户均冷链车辆2.44辆，规模以上（10辆车以上）户数占比只有4.7%。第二，人均冷库库容为美国的34.8%。现存冷库有一大部分库体结构不合理，库内设备自动化水平低。同时，在北京"新总规"和"疏整促"背景下，北京市仓储设施资源紧缺，尤其是具备相关手续资质的仓储设施更是难以获取。这造成了北京市冷库供给短缺以及价格快速上涨。

第三，"最后一公里"网点设施覆盖率不足。北京目前的社区商业网络面积占社区建筑总面积的比例不到10%，而在发达国家，该比例已超过15%。此外，许多商业网点由于租金上涨无法维持生计而停业或被迫转向其他用途，导致社区商业网点供应不足。现有网点陈旧、质量不高，难以为居民提供高效便捷的商业服务。另外，商业流通基础设施尚不完善，分销网络布局尚不健全。

（三）流通体系技术水平仍需进步

随着数字经济的蓬勃发展，商贸流通业传统粗放式扩张的弊端逐步显现，切实提高流通效率和竞争力成为当前商贸流通业亟待解决的重要问题。目前北京市信息化程度已经相当高，但信息化长期积累下的数据尚未能反哺优化业务，主要表现为以下三个方面。

第一，数字化技术及业务尚不成熟，架构建设有待提升。大部分商贸零售企业数据和技术与业务的融合不够充分，对客户数据的分析和应用不够深入，无法识别或无法准确地分析客户需求，线上线下没有做到无缝衔接，尚未为客户打造无缝体验。

第二，物流企业信息流动需要转型升级。物流企业数字化转型过程中存在很多数据化问题，如数据录入困难，企业交叉印证数据复杂，由于信息系统语言等壁垒，向国外推广和发展加盟商存在困难等，不利于国际物流业务的开展。

第三，公共物流信息共享程度有待提升。由于邮政包裹的初检和机场安检标准不同、信息不共享，货物可能被退回，影响货运时效性。近五年，中国邮政北京分公司国际寄递平均退件率为30%，2021年平均退件率达48%。同时，物流综合信息共享平台建设略显滞后，北京市缺乏可以实时公布货机时刻表、进出口商品信息及地面服务中心仓储容量等数据的综合信息共享平台，造成物流企业数据获取受限，制约了企业开拓市场。

（四）城乡区域流通体系发展差异较大

农村距离市中心较远、交通基础设施较差、配送时效长和费用高等因素影响了城乡流通渠道的衔接，导致目前城乡之间流通体系发展不均衡。

第一，农村现代流通方式滞后。在城镇，连锁店铺、物流配送和电子商务发展迅速，尽管农村获得了一定扶持，但由于收入水平、传统消费理念的限制，这些行业的扩张并未取得预期的成果：连锁经营尚未形成规模效应；配送体系覆盖面还不够大，利润空间较小，流通程度不足；电子商务缺少针对商贸流通的信息服务。

第二，城市和农村间商品流通成本较高。近年来，农村基础设施和交通运输持续发展使城乡之间的商业活动得以顺利进行。然而，由于缺乏充分的信息化支持和科学的物流管理，农村商贸流通仍存在高成本和低效率的现象。同时，农村商品市场相对分散、层级不一，管理也不够规范，受区域、产量及流通环节限制，物流成本只增不减。

三 北京市现代流通体系发展建议

（一）提升流通市场国际化水平

将北京市商贸零售业和商贸物流业紧密结合，发挥北京国际大都市的优势，坚持京津冀地区联动，扩大国际物流货运规模。

第一，在商品需求方面，发掘京津冀地区商贸零售出口货源，将出口业务转移到北京，带动北京市进出口货物量增长，提高配套物流设施服务水平。

第二，在物流供给方面，提升北京市国际物流运输运力。充分利用客机腹舱运力资源，鼓励发展全货机运输，同时满足一些货物（如冷链货物）对专业化航空运输条件的需求。优化空港口岸通关及冷链物流等配套服务，提升国际生鲜产品北方消费集散功能。

第三，在政策方面，借鉴郑州、武汉、成都等城市的成功经验，结合北京市国际物流的实际情况和发展路径，研究出台支持企业开展国际物流业务的相关政策，从而吸引航空企业、物流企业将货运集散点转移到北京，扩大北京商贸物流规模。

（二）加强流通体系基础设施建设

第一，优化北京仓储设施布局。一方面，基于北京市土地资源状况和土地资源规划方案，根据物流设施公益性、公共性、经营性的不同，采取划拨、出让、租赁等方式差异化供地。如对于首都国际机场周边仓储用地，联合顺义临空经济区、天竺综合保税区、首都机场集团等单位，以提高进出口服务能力为目标，给予土地批示；对于保障功能强的冷链企业，参照高精尖产业的土地政策，给予弹性供给；支持企业利用条件较好的厂房及常温库房，改造成冷库，在手续上给予便利。另一方面，促进京津冀协同发展，京津冀三省市发挥区域优势，共享要素资源红利，发挥河北土地资源优势，布局物流仓储基地，不断提高铁路、公路、水运、航空运输系统的融合衔接便利程度，有序带动周边区域商贸物流产业的发展。

第二，加强北京冷链设施建设。加快《北京物流专项规划》落地，建设一批冷链物流配送中心及适应互联网发展需要的末端冷链设施（前置仓）。在冷链设施建设过程中，提高土地的集约化水平，适当提高容积率，更好地建设立体化、自动化冷库。加大对机场内外冷库建设投资支持力度，合理布局高标准冷库。

第三，推进基层网点建设。加快推进《北京物流专项规划》和《北京城市总体规划（2016—2035年）》，在北京市布局末端配送场站和末端营业网点，提高北京居民生活便利度。另外要重点在社区、高校、写字楼等人流集中区域布局智能快件箱等末端配送设施，提供高效有序的配套服务。

（三）以数字化驱动流通产业转型升级

北京市流通产业正面临数字化应用的挑战和机遇。传统流通企业必须进行改造，投入更多的数据和技术来促进转型升级。消费领域的提质扩容需要不断创新来应对消费分化的挑战。数字流通已经成为新型消费、新零售和新电商的重要组成部分，也催生了新产业和新业态。为推动流通体系的创新，北京市需要积极引导企业加大对数字化应用的投入，推动传统流通企业向新型消费、新零售和新电商转型，加速培育新产业和新业态，实现流通产业的转型升级。

第一，通过横向聚集、纵向贯通和融合发展，提高商贸数字化程度。例如eBay、淘宝、京东、美团等平台吸引大量中小商贸零售企业入驻，通过改变企业的组织形态提高经济效益。建立现代供应链，从一般供应链到数字供应链再到智能供应链，进入供应链的中小商贸企业可在链主的带动下进行数字化转型升级。贯通程度越高，流通时间越短，流通成本越低，流通效率越高，线上线下需加快融合发展。商流方面，电子商务可以大量聚集用户，减少中间环节，降低店面成本；信息流方面，电子商务的销售信息可以反映用户特征和消费趋势；资金流方面，移动支付的便利、快捷优势更加明显。而线下店网点分布均匀，可以进一步发展"线上订、线下取"等形式，解决"最后一公里"配送难题，中小商贸企业可在一定程度上实现数字化转型。

第二，多渠道促进物流信息共享。大力推动数字服务领域资质互认，助力企业与企业、企业与相关部门之间的有效对接。搭建统一、公开的货运信息实时查询平台，为北京市流通体系数字化转型提供必要的数据支持，解决包括但不限于数据录入困难、企业交叉印证数据复杂、推广困难等问题。搭建可以实时公布货机时刻表、进出口商品信息及地面服务中心仓储容量等数

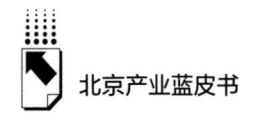

据的综合信息共享平台，促进相关企业开拓市场规模。

第三，支持冷链物流数字化智能化研发应用。支持使用信息化、自动化、智能化等设备，如分拣线、自动打包、堆码垛、穿梭车、AGV等，实现库内"无人化"作业；支持基于生鲜农产品全供应链的可追溯技术与设备应用，如应用区块链、物联网、大数据等技术实现全程追溯，降低断链率，提高终端可视化消费体验。

（四）突破城乡商贸流通一体化瓶颈

近年来，随着城乡商贸流通一体化发展的推进，北京市城乡间商品流通体系不断完善，有效调动了市场主体参与积极性，进一步提高了社会生产力，也给城乡经济发展带来了新的挑战。北京市可主要从以下四个方面突破城乡商贸流通一体化瓶颈。

第一，促进现代流通方式发展。科学选择超市、专卖店、购物中心等多种零售业态来适应当地的消费环境；积极推广连锁经营，提高市场占有率，加快城乡商贸流通业现代化发展进程；加快发展电子商务，打造完善的商贸物流网络，提高消费便捷性和商品流通效率。

第二，完善城乡商贸流通业供应链。建立完善的城乡商贸流通一体化商品供应链，将农产品加工企业与城市商贸流通组织、批发商与零售组织以及农户与零售组织进行有机结合，提升流通效率。

第三，加快农产品供需信息平台建设。科学规划农业生产区域，严格统计农作物的种植和养殖数据，及时发布农产品供需信息，建立农产品产量预测机制，以确保信息的可靠性和准确性。

第四，探索建立城乡商贸流通直销体系。借助信息技术，从信息平台获取商品需求信息，采取直销手段实施点对点供销，降低营销成本。同时，加强销售区域的商贸流通建设，更好地满足城镇和农村的多样化商贸流通需求。

参考文献

郝玉柱:《双循环新发展格局下统筹推进现代流通体系建设观点综述》,《中国流通经济》2020年第11期。

张恒硕、李绍萍:《数字基础设施与能源产业高级化:效应与机制》,《产业经济研究》2022年第5期。

汪鸣、贺兴东、刘伟:《高质量推进现代流通体系建设 服务构建新发展格局》,《中国经贸导刊》2022年第5期。

王超亚:《双循环新发展格局下的现代流通体系建设》,《中共山西省委党校学报》2022年第5期。

林水:《治理限高乱象不应"一刀切"》,《中国公路》2021年第2期。

陈晓琴:《外商直接投资对商贸流通业发展质量的影响——基于细分行业的比较》,《商业时代》2021年第22期。

汪旭晖、赵博:《新发展格局下流通业促进形成强大国内市场的内在机制与政策思路》,《经济学家》2021年第10期。

祝合良:《如何统筹推进现代流通体系建设》,《中国经济评论》2020年第6期。

B.10
北京"专精特新"企业融资服务发展研究

陈昊洁 王猛猛 张欣月*

摘　要： 工业和信息化部在《优质中小企业梯度培育管理暂行办法》中要求不断孵化创新型中小企业，加大省级专精特新中小企业培育力度，并促进其向专精特新"小巨人"企业发展。北京市高质量发展专精特新企业，出台了多个细分领域的支持政策和财税金融鼓励政策。研究发现，北京市专精特新"小巨人"企业占国家级专精特新"小巨人"企业的比重逐渐增加，融资活力超过全国平均水平。针对北京市国家级专精特新"小巨人"企业的发展和融资特点，本文从完善核心产业的配套体系、搭建多渠道政企融资平台和加强智能化数据分析三个方面提出建议。

关键词： 专精特新 "小巨人"企业 中小企业 融资平台

习近平总书记在致2022年全国专精特新中小企业发展大会的贺信中强调，要"为中小企业发展营造良好环境，加大对中小企业支持力度，坚定企业发展信心，着力在推动企业创新上下功夫，加强产权保护，激发涌现更

---

* 陈昊洁，北京融信数联科技有限公司高级经济师，研究方向为数字经济与中国经济数字化转型；王猛猛，北京金堤科技有限公司智库研究员，研究方向为时间序列、数据治理；张欣月，北京交通大学金融硕士，研究方向为公司金融。

多专精特新中小企业"。[①]

2021年1月，《关于支持"专精特新"中小企业高质量发展的通知》指出，财政部、工业和信息化部通过中央财政资金进一步支持中小企业"专精特新"发展，带动1万家左右中小企业成长为国家级专精特新"小巨人"企业。2021年7月，发展"专精特新"中小企业首次出现在中共中央政治局文件中，发展"专精特新"中小企业正式升级为国家级创新驱动发展战略的组成部分。同月，工业和信息化部发布《提升中小企业竞争力若干措施》，要求加强优质企业梯度培育，健全由创新型中小企业、专精特新中小企业、专精特新"小巨人"企业、制造业单项冠军企业构成的优质企业梯度培育体系。

2022年10月，党的二十大报告强调"支持专精特新企业发展"。2022年国务院《政府工作报告》提出："着力培育'专精特新'企业，在资金、人才、孵化平台搭建等方面给予大力支持。"

《优质中小企业梯度培育管理暂行办法》要求，不断孵化创新型中小企业，加大省级专精特新中小企业培育力度，并促进其向专精特新"小巨人"企业发展，明确"专精特新'小巨人'企业认定需同时满足专、精、特、新、链、品六个方面指标"。

北京市为推动专精特新企业高质量发展，出台了多个细分领域的支持政策和财税金融鼓励政策，包括《关于推进北京市中小企业"专精特新"发展的指导意见》《北京市优质中小企业梯度管理实施细则》《关于继续加大中小微企业帮扶力度加快困难企业恢复发展的若干措施》《关于实施十大强企行动激发专精特新企业活力的若干措施》等。截至2022年，工业和信息化部先后公布了四批专精特新"小巨人"企业名单，其中，北京市已累计培育认定6323家专精特新企业，国家级专精特新"小巨人"企业达590家，数量均居全国前列。

[①]《习近平致信祝贺2022全国专精特新中小企业发展大会召开》，中国政府网，2022年9月8日，https://www.gov.cn/xinwen/2022-09/08/content_5708949.htm。

一 国家级专精特新"小巨人"概况

（一）培育强度增大，区域和行业集中度增强

工业和信息化部分别于 2019 年 5 月、2020 年 11 月、2021 年 7 月、2022 年 8 月公布了四批次国家级专精特新"小巨人"企业名单，2019 年公布的第一批专精特新"小巨人"企业共 248 家（2022 年 8 月通过复核的企业共 155 家）；2020 年公布的第二批专精特新"小巨人"企业共 1584 家；2021 年的公布第三批专精特新"小巨人"企业共 2930 家；2022 年公布的第四批专精特新"小巨人"企业共 4357 家。截至 2022 年 10 月，全国共有专精特新"小巨人"企业 9119 家[①]。随着对专精特新"小巨人"企业培育力度的不断加大，第四批国家级专精特新"小巨人"数量是第一批数量的近 18 倍（见表 1）。

表 1 第一批至第四批国家级专精特新"小巨人"企业数量

单位：家

批次	国家级专精特新"小巨人"企业数量	第一批次与各批次的数量对比
第一批	248	1∶1
第二批	1584	1∶6
第三批	2930	1∶12
第四批	4357	1∶18

数据来源：工业和信息化部网站、天眼查。

从全国分布情况来看，国家级专精特新"小巨人"企业逐渐覆盖我国 31 个省（区、市）[②]，从第一批的 27 个增加至 31 个（见表 2）。

[①] 本文对于国家级专精特新"小巨人"企业的分析均以第一批至第四批的企业总数为准。
[②] 本文对于国家级专精特新"小巨人"企业省份分析均为 31 个省（区、市），不含港澳台地区。

表2 第一批至第四批国家级专精特新"小巨人"企业分布情况

单位：家

批次	分布省份	第一批次与各批次的数量对比
第一批	27	1∶1
第二批	30	1∶1.11
第三批	31	1∶1.15
第四批	31	1∶1.15

数据来源：工业和信息化部网站。

从各省份国家级专精特新"小巨人"企业分布数量来看，排名前6的浙江、广东、山东、江苏、北京和上海国家级专精特新"小巨人"企业占比合计近50%。其中，北京市第一批至第四批国家级专精特新"小巨人"企业累计590家，排名全国第五，占全国比重为6.47%（见表3和图1）。

表3 国家级专精特新"小巨人"企业分布情况

单位：家，%

省（区、市）	前三批	第四批	累计数量	累计数量占全国比重
浙 江	470	603	1073	11.77
广 东	429	448	877	9.62
山 东	362	402	764	8.38
江 苏	285	425	710	7.79
北 京	256	334	590	6.47
上 海	257	245	502	5.50
安 徽	229	259	488	5.35
湖 北	172	306	478	5.24
湖 南	232	174	406	4.45
河 南	207	167	374	4.10
福 建	221	133	354	3.88
四 川	207	138	345	3.78
河 北	207	137	344	3.77
辽 宁	211	76	287	3.15
重 庆	118	139	257	2.82
江 西	144	73	217	2.38
天 津	130	64	194	2.13
陕 西	112	52	164	1.80

续表

省(区、市)	前三批	第四批	累计数量	累计数量占全国比重
山西	100	40	140	1.54
广西	81	22	103	1.13
云南	50	20	70	0.77
贵州	52	17	69	0.76
吉林	35	25	60	0.66
新疆	45	14	59	0.65
黑龙江	35	19	54	0.59
甘肃	41	7	48	0.53
宁夏	31	3	34	0.37
内蒙古	23	5	28	0.31
青海	8	4	12	0.13
海南	10	4	14	0.15
西藏	2	2	4	0.04

数据来源：工业和信息化部网站。

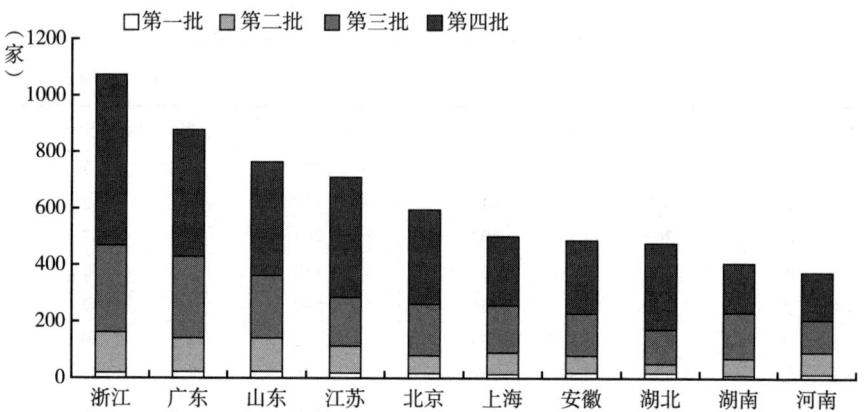

图1　第一批至第四批国家级专精特新"小巨人"企业数量全国排名前10的省份

数据来源：工业和信息化部网站。

从行业分布来看，国家级专精特新"小巨人"企业主要集中在高技术服务业、装备制造业等战略性新兴产业。其中，科技推广和应用服务业，通用设备制造业，研究和试验发展，批发业，电气机械和器材制造业，专用设备制造业，化学原料和化学制品制造业，计算机、通信和其他电子设备制造业，汽车制造业以及软件和信息技术服务业占比位列前十，累计占比超过75%（见表4）。

表4 国家级专精特新"小巨人"企业所属行业排名前十分布情况

单位：家，%

省份	前三批	第四批	累计数量	累计数量占全国比重(%)
科技推广和应用服务业	520	612	1132	12.55
通用设备制造业	489	400	889	9.85
研究和试验发展	412	409	821	9.10
批发业	452	350	802	8.89
电气机械和器材制造业	392	324	716	7.94
专用设备制造业	359	263	622	6.90
化学原料和化学制品制造业	284	316	600	6.65
计算机、通信和其他电子设备制造业	251	254	505	5.60
汽车制造业	225	155	380	4.21
软件和信息技术服务业	168	181	349	3.87

数据来源：工业和信息化部网站、天眼查。

（二）企业注册资本高，融资活跃度强

从注册资本看，国家级专精特新"小巨人"企业平均注册资本为7183万元，近40%的国家级专精特新"小巨人"企业注册资本超过平均值。超过94%的国家级专精特新"小巨人"企业注册资本在1000万元以上。其中，注册资本为1000万~5000万元的企业占比为33.38%、5000万~1亿元的企业占比为30.49%，注册资本超过1亿元的企业占比为30.54%（见图2），超过70家企业的注册资本超过10亿元。

从上市情况分布来看，截至2022年末，近700家国家级专精特新"小巨人"企业在A股上市。其中，创业板上市占36.47%，科创板上市占33.00%，主板上市占22.43%，北交所上市占8.10%（见图3）。

从股权融资情况来看，截至2022年末，国家级专精特新"小巨人"企业中共有3878家（占比42.53%）企业合计发生11433起融资事件。主要融资事件包括天使/种子轮融资648起、A轮融资2235起、B轮融资1099起、C轮融资474起、D轮融资186起、E轮及以后融资53起、Pre-IPO融资41起、IPO融资690起、战略融资985起，融资活跃度较高。

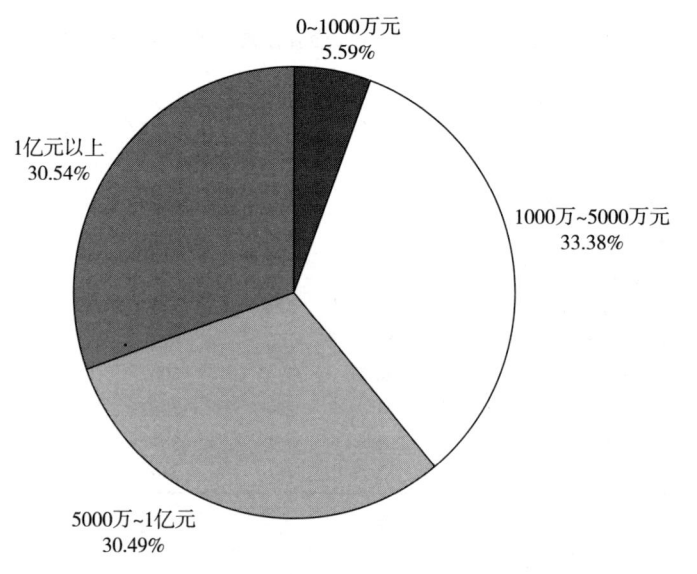

图 2　国家级专精特新"小巨人"企业注册资本结构

数据来源：国家企业信用信息公示系统、天眼查。

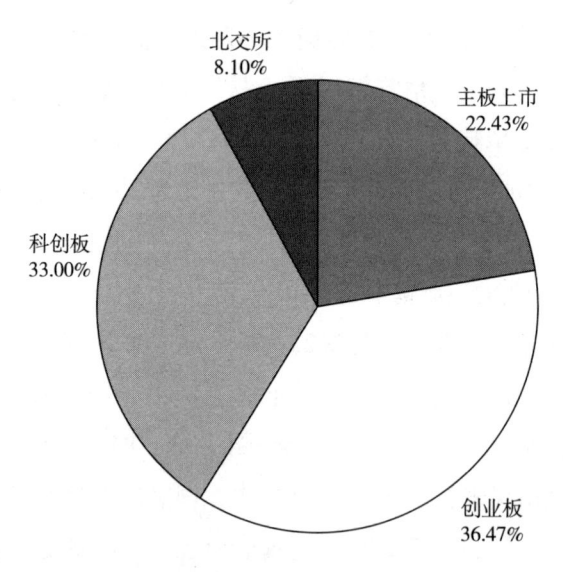

图 3　截至 2022 年国家级专精特新"小巨人"企业上市情况

数据来源：各证券交易所网站。

据不完全统计，国家级专精特新"小巨人"企业融资次数为 12 次及以上的企业有 15 家（见表 5）。

表 5　国家级专精特新"小巨人"企业融资次数为 12 次及以上的企业

单位：次

企业名称	获得融资次数
北京天智航医疗科技股份有限公司	17
北京亿华通科技股份有限公司	16
北京佰才邦技术股份有限公司	15
江苏北人智能制造科技股份有限公司	15
湖北万润新能源科技股份有限公司	13
深之蓝海洋科技股份有限公司	13
新乡天力锂能股份有限公司	13
长扬科技（北京）股份有限公司	13
翱捷科技股份有限公司	12
北京忆恒创源科技股份有限公司	12
观典防务技术股份有限公司	12
杭州华澜微电子股份有限公司	12
科大国盾量子技术股份有限公司	12
上海智臻智能网络科技股份有限公司	12
深圳飞骧科技股份有限公司	12

数据来源：各企业网站、天眼查。

二　北京市国家级专精特新"小巨人"企业融资活跃度较高

（一）呈现规模增长、分布广泛、行业集中的特点

北京市国家级专精特新"小巨人"企业整体表现出"小市值、高估值、

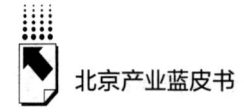

高成长、高盈利"特点。截至 2022 年 10 月，北京市国家级专精特新"小巨人"企业认定四批，复核一批，共 590 家①。北京市专精特新"小巨人"企业数量占全国专精特新"小巨人"企业数量的比重逐渐增加，第四批国家级专精特新"小巨人"企业数量占全国的 7.67%，是第一批国家级专精特新"小巨人"占比的近 5 倍（见图 4）。

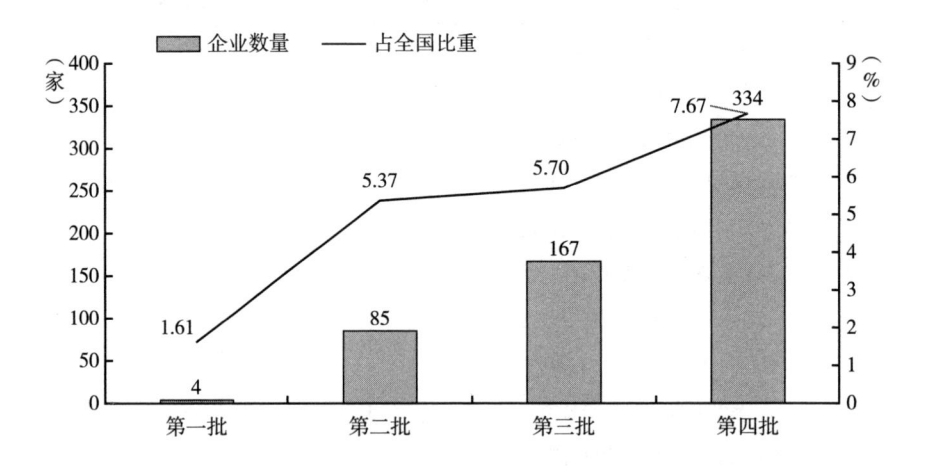

图 4　北京市第一批至第四批国家级专精特新"小巨人"企业数量及其占全国比重

数据来源：北京市经济和信息化局网站。

从区域分布看，海淀区、北京经济技术开发区、朝阳区呈现三足鼎立趋势，存量和新增数均位居前列。海淀区国家级专精特新"小巨人"以 266 家高居榜首，占全市的 45.08%；北京经济技术开发区 80 家，位居第二，占全市的 13.56%；朝阳区 44 家，位居第三，占全市的 7.46%；第四、第五和第六分别是昌平区 38 家、丰台区 35 家、顺义区 26 家。其中，第四批海淀区新增 149 家，北京经济技术开发区新增 43 家，朝阳区新增 30 家，分别占全市新增的 44.61%、12.87%、8.98%（见表 6）。

---

① 本文对于北京市国家级专精特新"小巨人"企业的分析均以第一批至第四批的企业总数为准。

表6 北京市第一批至第四批国家级专精特新"小巨人"企业分布情况

单位：家，%

区域	前三批	第四批	累计数量	累计数量占北京比重(%)
海淀区	117	149	266	45.08
北京经济技术开发区	37	43	80	13.56
朝阳区	14	30	44	7.46
昌平区	14	24	38	6.44
丰台区	9	26	35	5.93
顺义区	15	11	26	4.41
大兴区	10	11	21	3.56
房山区	11	7	18	3.05
通州区	4	14	18	3.05
石景山区	5	3	8	1.36
怀柔区	4	4	8	1.36
东城区	3	4	7	1.19
密云区	4	2	6	1.02
西城区	3	2	5	0.85
平谷区	3	2	5	0.85
门头沟区	3	1	4	0.68
延庆区	0	1	1	0.17

数据来源：工业和信息化部网站。

从行业分布来看，北京市专精特新"小巨人"企业分布最多的领域是数字经济领域（196家），第二是新一代信息技术领域（85家），第三是碳达峰碳中和技术领域（76家），第四是生物医药及高性能医疗器械领域（62家），第五是航空航天装备领域（39家），第六是高档数控机床和机器人领域（38家）。其中，第四批新增数字经济领域115家，新一代信息技术领域50家，碳达峰碳中和技术领域45家，生物医药及高性能医疗器械领域32家，航空航天装备领域27家，高档数控机床和机器人领域18家。航空航天装备领域有奋起直追趋势（见图5和表7）。

从北京市四批次专精特新"小巨人"企业认定情况来看，由最初的覆盖部分产业领域，逐渐实现覆盖绝大部分产业领域，在数字经济产业领域的企业保持领先的同时，航空航天装备、高档数控机床和机器人等工业领域企业也逐渐显露头角。

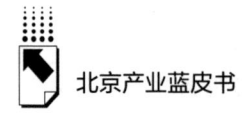

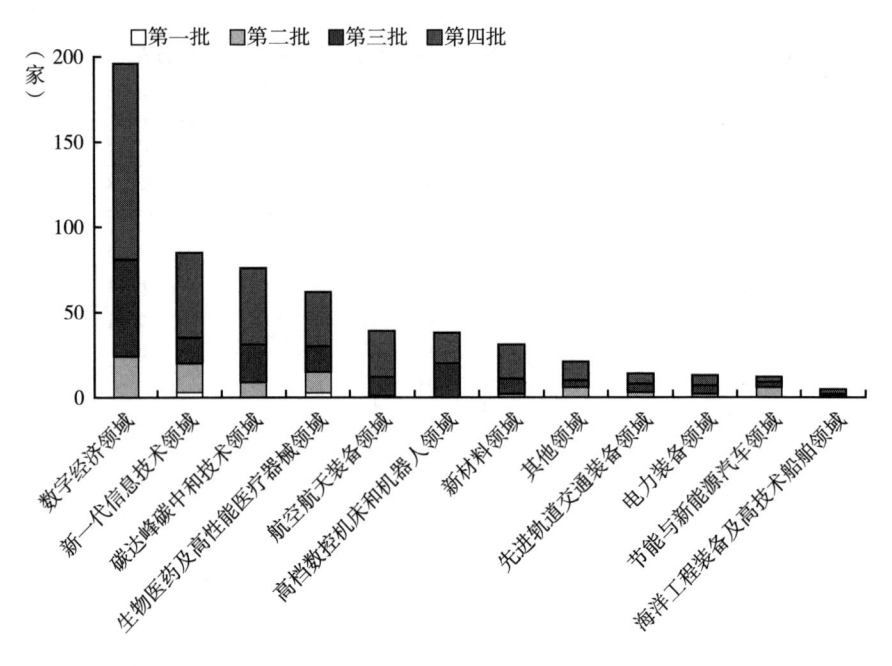

图5　北京市第一批至第四批国家级专精特新"小巨人"企业行业分布

数据来源：北京市经济和信息化局网站。

表7　第一批至第四批国家级专精特新"小巨人"企业行业分布

单位：家

行业	第一批	第二批	第三批	第四批
数字经济领域	—	24	57	115
新一代信息技术领域	3	17	15	50
碳达峰碳中和技术领域	—	9	22	45
生物医药及高性能医疗器械领域	1	14	15	32
航空航天装备领域	—	1	11	27
高档数控机床和机器人领域	—	—	20	18
新材料领域	—	2	9	20
其他领域	—	6	4	11
先进轨道交通装备领域	—	3	5	6
电力装备领域	—	2	5	6
节能与新能源汽车领域	—	6	3	3
海洋工程装备及高技术船舶领域	—	1	1	1

数据来源：北京市经济和信息化局网站、天眼查。

（二）企业注册资本和融资活跃度均超过全国平均水平

从注册资本看，北京市国家级专精特新"小巨人"企业的平均注册资本为1.09亿元，是全国平均水平（7183万元）的1.5倍。超过94%的企业的注册资本在1000万元以上，其中，注册资本为1000万~5000万元的企业占比为35.93%、5000万~1亿元的企业占比为30.17%，注册资本超过1亿元的企业占比为28.31%（见图6）。

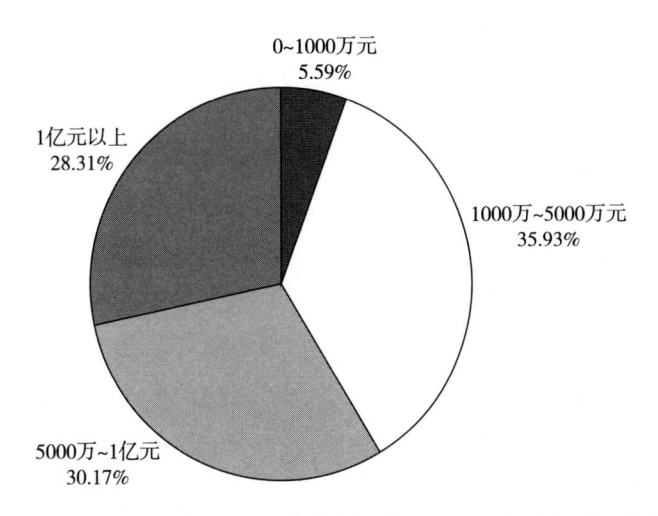

图6 北京市第一批至第四批国家级专精特新"小巨人"企业注册资本结构

数据来源：国家企业信用信息公示系统、天眼查。

截至2022年，北京市第一批至第四批国家级专精特新"小巨人"企业共有424家（占比71.86%）获得融资，发生融资事件1672起。从融资类型看，A轮359起，次数最多，其次是定向增发297起，B轮237起，战略融资153起，天使轮124起，C轮118起，D轮27起，IPO上市50起。

从融资产业领域看，数字经济领域有167家专精特新"小巨人"企业获得融资，发生融资事件709起；新一代信息技术领域有67家专精特新"小巨人"企业获得融资，发生融资事件247起；生物医药及高性能医疗器械领域有 42 家专精特新"小巨人"企业获取融资,发生融资事件 183 起。

截至 2022 年,北京市融资次数为 10 次及以上的企业有 20 家(见表 8)。

表 8　北京市国家级专精特新"小巨人"企业融资次数为 10 次及以上的企业

单位:次

企业名称	获得融资次数
北京天智航医疗科技股份有限公司	17
北京亿华通科技股份有限公司	16
北京佰才邦技术股份有限公司	15
长扬科技(北京)股份有限公司	13
北京忆恒创源科技股份有限公司	12
观典防务技术股份有限公司	12
北京安博通科技股份有限公司	11
北京昂瑞微电子技术股份有限公司	11
北京奥特美克科技股份有限公司	11
北京华卓精科科技股份有限公司	11
北京天科合达半导体股份有限公司	11
北京云迹科技股份有限公司	11
北京智行者科技股份有限公司	11
鹿客科技(北京)股份有限公司	11
北京汇通天下物联科技有限公司	10
北京捷通华声科技股份有限公司	10
北京明朝万达科技股份有限公司	10
北京首都在线科技股份有限公司	10
合肥有感科技有限责任公司	10
中际联合(北京)科技股份有限公司	10

数据来源:各企业网站、天眼查。

三　政策建议

一是不断完善核心产业配套体系。充分发挥北京市产业基础优势,继续增强在数字经济、新一代信息技术领域的产业实力,同时,提升碳达峰碳中和、航空航天装备等新兴领域的产业实力，加强园区载体和公共技术平台建设支撑，进一步加大风险资本和产业资本支持力度，全方位推动专精特新"小巨人"企业发展。

二是搭建多渠道政企融资平台，引导多层级金融机构投资。通过搭建多渠道政企融资平台，引导国资或混合所有制的投资机构靠前投资，在专精特新"小巨人"企业投资成功经验的基础上，优先扶持成长性较好的中小企业，建立梯度融资模式，拓宽中小企业融资渠道。

三是构建智能化数据分析模型，打造大中小企业融通发展生态。运用大数据分析方法科学分析龙头企业、"小巨人"企业融资模式，强化专项产业政策对龙头企业的引导作用，制定推动大中小企业融通发展的政策措施，引导更多大企业对专精特新企业开放市场，发挥大中小企业融通创新、融资带动作用。

参考文献

陈文晖、王婧倩：《中小企业创新发展的金融政策及长期制度选择》，《宏观经济管理》2022年第8期。

李金华：《我国"小巨人"企业发展的境况与出路》，《改革》2021年第10期。

张璠、王竹泉、于小悦：《政府扶持与民营中小企业"专精特新"转型——来自省级政策文本量化的经验证据》，《财经科学》2022年第1期。

丁建军等：《国家级专精特新"小巨人"企业空间分布及其影响因素》，《经济地理》2022年第10期。

谢菁、关伟：《北京市"专精特新"企业支持政策现状、问题及建议》，《北京社会科学》2023年第4期。

林江：《培育和扶持更多专精特新"小巨人"企业》，《人民论坛》2021年11月。

毛军权、敦帅：《"专精特新"中小企业高质量发展的驱动路径——基于TOE框架的定性比较分析》，《复旦学报》（社会科学版）2023年第1期。

B.11
北京先进制造业与现代服务业融合发展研究

赵月皎 李竞成[*]

摘　要： 随着我国工业化和信息化融合的深入，先进制造业与现代服务业深度融合是产业转型升级的方向。北京市发布系列规划、制定多项政策推动先进制造业与现代服务业融合发展。本文分析北京市先进制造业与现代服务业融合现状和存在的问题、融合动力机制，基于先进制造业的不同融合模式及演化，提出推动两业融合发展的政策建议，以期为北京市产业深度发展、完善产业生态、推动产业高端化提供参考和借鉴。

关键词： 先进制造业　现代服务业　产业融合　北京市

北京市先进制造业与现代服务业融合（以下简称"两业融合"）是指在市场开放、技术驱动的环境中，通过产业联动、链条延伸、技术牵引等途径，推动产业交叉渗透、链条整合，形成新业态和新模式。其目的在于形成一批创新活跃、质量卓越、带动效应突出的企业、平台和示范区，提高企业的生产性服务职能，完善产业生态，培育产业体系，推动制造业高端化和服务化，促进经济发展。对北京而言，两业融合以科技创新为基础，在提升制造业创新能力的同时，培育了一批模式创新的

---

[*] 赵月皎，北京交通大学国家经济安全研究院助理研究员，研究方向为产业经济；李竞成，北京交通大学经济管理学院博士研究生，研究方向为产业安全。

制造服务业龙头企业。这不仅能加快产业链创新链融合、促进北京数字化转型、强化公共服务科技生态，而且能为北京打造具有国际竞争力的科技创新城市、服务型城市提供支撑。当前，第一批试点企业在政策支持下获得了成功，但是两业融合在融合技术、融合资金和区域协同等方面还有较大提升空间。

一 北京市两业融合的发展现状与问题

（一）北京市两业融合发展现状

1. 两业融合"政策工具箱"发挥作用，生产性服务业综合实力增强

2019年11月，国家发展改革委等发布《关于推动先进制造业与现代服务业深度融合发展的实施意见》，提出了10个新业态和10个新路径。2021年11月，北京市发展改革委印发《北京市"十四五"时期现代服务业发展规划》，明确"十四五"时期北京市将认定100家市级"两业融合"试点企业和20家试点园区，推动先进制造业与现代服务业深度融合。2023年2月，北京市发展改革委等11部门发布《关于北京市推动先进制造业和现代服务业深度融合发展的实施意见》，指出北京将锚定8个重点领域、推进20项主要举措，到2025年实现"十园百企"的试点标杆目标。在系列政策的指引下，2023年北京市接连召开三场两业融合企业家交流会，助力两业融合发展。同时，北京在财政政策、税费支持、引导基金、用工用地、规划协调等方面精准发力，构建了相应的"政策工具箱"。

在政策的指引下，北京市生产性服务业综合实力不断增强。2018~2022年北京市服务业增加值占GDP比重均达到八成以上（见图1），两业融合举措极大促进了服务业的增长。2022年全市服务业实现增加值3.5万亿元，按不变价格计算较2021年增长3.4%，其中信息传输、软件和信息技术服务业，金融业，科学研究和技术服务业占服务业比重近55%，均实现了连续增长。与现代服务业综合实力相比，北京市制造业呈波动式增长。2019

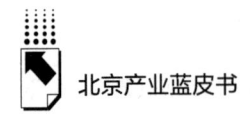

年和2022年制造业增加值出现下滑。2022年，北京市制造业增加值为5036亿元，较上年下降了11.5%；2023年1~2月，北京市工业增加值剔除新冠疫苗生产影响，较上年下降1.6%，其中汽车制造业下降2.0%，通用设备和信息软件业下降15.3%，医药制造业下降45%。整体来看，2022年北京市第二产业与第三产业之比为15.9∶83.8。这表明相较于制造业，北京市服务业占比较高，综合实力不断增强，质量效益稳步提升，两业融合极大地促进了服务业的高效发展。

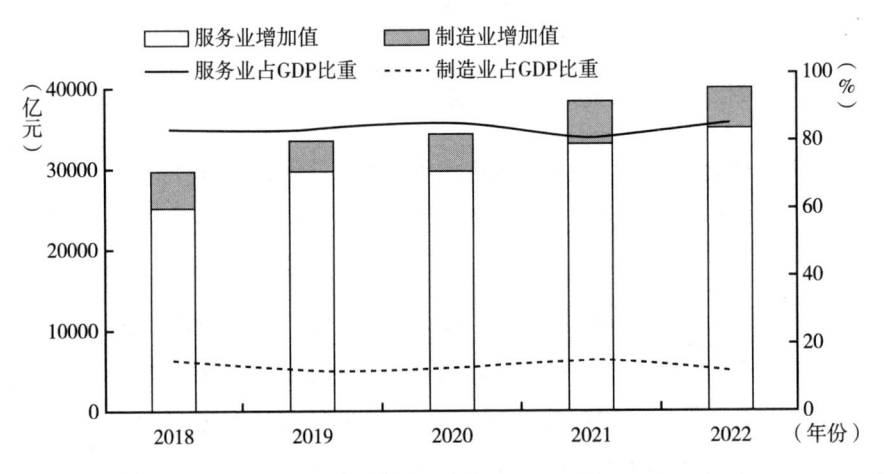

图1 2018~2022年北京市服务业和制造业增加值及占比

2.两业融合方向逐步拓展、多形态融合路径初步显现

北京市两业融合涉及医药制造、汽车制造、集成电路制造、高端装备制造、健康服务、信息服务、研发服务和物流服务等，覆盖产业广泛，融合方向多元，不同产业之间的融合路径多样化，激发了产业发展的内生动力。当前，北京市试点企业的融合方向包括：以物联网生态为核心的信息技术服务业、金融服务业与制造业融合，以产业链一体化为方向的汽车生产与新零售、新售后服务融合，以产品全生命周期管理为闭环的研发服务、产品设计服务与制造业融合，以提供全面解决方案为目标的数字化工厂与生产集成融合，以服务创新生态为系统的产学研融合等，着力促进产业向高端化、智能化、服务化和绿色化演进（见图2）。

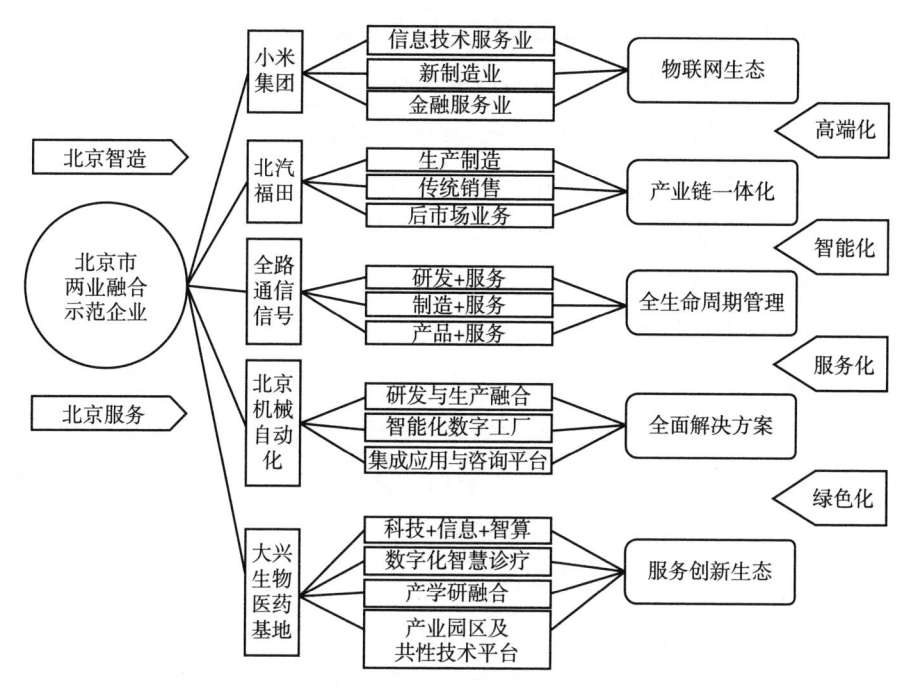

图 2　北京市两业融合示范企业培育示意

北京市两业融合发展实践主要呈现三种融合路径。第一种为信息技术赋能促进制造业向服务业延伸。信息技术加速了制造业向销售、售后服务等延伸，发展了产品全生命周期管理的业态。例如，以北京机械工业自动化研究所有限公司、北京全路通信信号研究设计院等为代表的将制造业向全价值链服务管理升级的平台。第二种为服务平台搭建促进制造业向服务业渗透。服务平台搭建促进两业融合，通过互联网等技术搭建多种孵化平台、信息交流平台、交易平台等。例如，快修服务业务平台、互联网医院、细胞基金平台、医疗器械样机平台、硬件协同开发平台等，通过平台连接资本、技术、信息、人力等资源，为孵化新业态提供了资金池和人力池，促进了两业融合。第三种为生态模式成长促进服务业向制造业转化。该路径以客户为出发点，引导和创造客户需求，进而实现个性化、产业化发展。例如，北京市文旅服务行业在推出旅游服务的同时，积极捕捉游客需求，生产文娱产品、文

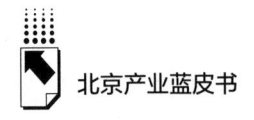

化附加品并提供景点游览、文娱产品选购和直接邮寄回家等服务,将旅游、购物、文化和产品生产融合,促进服务业向制造业延伸的价值创造。

3. 六大重点领域融合突出,新业态新模式探索发展

北京市第十三次党代会做出"促进先进制造业和现代服务业融合发展"工作部署,制造业与服务业表现为六大重点领域的融合,形成一批具有北京特色的新业态和新模式。

第一,实现了制造业服务业与新一代信息技术的融合。主要体现在面向重点行业孵化工业互联网平台,依托长安链底层平台、契合区块链的底层技术,提供适配多种场景的统一解决方案,推动应用集成和软件集成,促进人工智能、工业互联网、5G技术、大数据、物联网、云计算和元宇宙在服务业和制造业中的运用。例如,北京机械工业自动化研究所有限公司,为加快工业互联网的应用,持续推进智能工厂、产业化基地和平台建设,是自动化领域开发、设计、制造、安装和服务的全面解决方案提供商。该公司还实现了生产过程智能化与生产设备物物连接、智能管控,全面启用企业信息化系统、车间信息化系统、物流系统等,逐渐实现智能制造全产业链的业务组合,推动两业深度融合。

第二,推动了医药制造业与健康服务的融合。健康服务开拓了互联网医疗与医工交叉融合,以智能模式拓展远程医疗、远程门诊、智能复诊、移动医疗、健康管理、运动向导等服务业态,加速了智能设备在急救诊断、辅助诊断、重大疾病和智能可穿戴中的应用。例如,北京大学人民医院、北京儿童医院、北京中医医院、北京协和医院等167家医院均开通线上诊疗,覆盖了初诊咨询、复诊诊疗、续方开药等功能。此外,医药产业方面,大兴生物医药基地是第一批试点企业,在制造业领域向高端医疗设备自产化和智能化布局,增加检测检验机构和实验室,搭建了细胞基金平台、医疗器械样机平台、第三方概念验证平台等,打造对药物技术攻关的全产业链;在服务业领域,依托清华人工智能产业研究院为医院和科研机构等提供样本存储、专用算力、数据库等服务,为制药企业提供大量数据和筛选服务,形成了从药品开发到销售的全产业链。

第三,开发了智能网联汽车制造和服务全链条体系。汽车制造业为实现智能联网,不断研发突破关键技术,提升汽车核心零部件规模化生产的能力。先进传感器、芯片、自动驾驶车控和车载操作系统、汽车开发工具等,均已应用到汽车行业。例如,在北京经济技术开发区,小马智行获批北京市自动驾驶示范区无人驾驶出行服务,区域内乘客通过手机App就可以呼叫到自动驾驶"出租车"。试点企业福田汽车不仅构建了资源链接平台,还在平台上融合了销售与后市场业务,逐渐从销售环节延伸至服务环节,形成一体化、全站式生产销售,从制造型企业向服务制造型企业转型。福田汽车还推出了福田e家App、快修服务业务平台、第二品牌配件业务平台、二手车业务平台、智能车联业务平台,帮助车企、客户、售后服务整合统一,提升了客户购买、使用和服务的体验感。

第四,助力集成电路制造与研发设计服务一体化发展。针对我国集成电路产业关键核心技术"卡脖子"问题,北京市围绕"集成电路试验线+生产线"工程,推动构建产学研一体的融合发展模式,提供集成电路从设计、制造、封测到产品组装上线等全生命周期的服务,实现了技术领先的设计企业与产业链下游生产制造企业联合开发产业创新中心。

第五,深化高端装备制造业与服务业融合。在高端装备领域,全面提升装备的数字化程度、提升企业智能制造和服务能力,建设智能生产线、智能工厂、透明工厂等,以装备的数智化、高端化带动制造业整体转型升级。此举在智能机器人、智能专用设备、智能终端、智能轨道交通等领域取得突出成果。例如,在通信信号领域,北京全路通信信号研究设计院在已有的研发和装备制造业务基础上,按照"制造+服务""产品+服务"思路,打造了轨道交通自主化列控系统装备的自动化生产制造及测试平台,从产品产业化设计、工艺提升、自动检验、物料供应链管控研发入手,上线了制造执行系统、企业资源管理软件、硬件协同开发平台和产品全生命周期管理软件,开发了研发试制和批量代工服务,向工业软件和测试服务业的产业链延伸,同时将新科技融入装备并提供管理服务,实现了制造业的高端化和体系化。

第六,支持现代物流业与制造业的融合。北京市引导大型流通企业向供

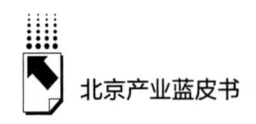

应链集成服务商转型,支持物流企业与制造业、服务业企业协同共建供应链,提高物流运力和物流信息平台整合能力,推广物流机器人、智能仓储、自动分拣等新型物流技术装备的应用。例如,中国中车打造了智能轨道交通全产业链服务平台,通过数据分析、边缘计算、图像识别、轨道交通智能驾驶等,优化服务结构,增加轨道交通产品和服务附加值。

(二)北京市两业融合现存问题

北京市两业融合过程中存在的问题包括双向拉动不足、高端技术掣肘,融合资金短缺、资源整合较弱,融合进程缓慢、区域协同较少等。

第一,双向拉动不足、高端技术掣肘。北京市服务业种类较多,范围较广,但比较散乱,填补新的制造业"空白"能力不足,对制造业的"托举"范围有限;生产性服务业"保双链"的作用有限,高端化和专业化发展水平较低,无法释放引擎作用;制造业两极分化,对数字化的引入和价值链服务的延伸进度不一,规模以上工业互联网和平台较少,大多数企业处于产业链中低端。两业双向拉动动力不足,导致两业融合只覆盖少部分龙头企业,未能向量大面广的中小企业和民营企业拓展。

此外,制造业向现代服务业延伸拓展,需要以互联网、大数据、区块链等技术为依托,然而这些核心技术、算法、软件、工业设计、底层系统、网络标准制定等的关键环节仍然依赖进口,应用软件和平台也受到掣肘,导致制造业与服务业融合的速度缓慢。

第二,融合资金短缺、资源整合较弱。制造业向销售及售后服务延伸,需要引进信息技术、数字资源等构建网络、平台和应用,企业需要单独设计、运行、维护这些应用程序、平台和数据等,然而大多数制造业企业的信息技术中心无法独立研发该类软件或长期维护运行。软件开发前期需要大量资金,用于购买数据中台、软件代码、流程设计等,因而两业融合前期资金缺口较大。

北京拥有地缘优势,具有资源的虹吸效应,能够带动周边资源向北京流动,但在资源整合能力、资源使用效率方面依然存在提升空间。例如,当制造企业数字化系统研发内置成本高于外包时,难以找到契合的知识型服务企业,服务型企业资源没有匹配给有需要的制造业企业,导致两业融合过程成本较高、开发过程摩擦较多。又如,现阶段两业融合制造业向下游的服务化拓展较多,能够获得多种平台的支持,但向上游的服务化拓展较少,主要聚焦供应商管理系统,对上游的资本获取、技术指导、合作方式、人力资源匹配等相关服务较少。因此,加强资源的整合和利用,会进一步提升两业融合效率。

第三,融合进程缓慢、区域协同较少。在企业的价值链重构上,两业融合倡导制造业服务化、服务业制造化,但多数企业仍然以生产为主要价值创造环节,服务环节开发能力不足,与服务企业配合较弱,生态系统集成和利用有待加强。例如,多数企业主要集中于自身数字化、智能化转型系统开发和应用;对单个职能部门或者生产部门的数字化关注较多,对面向客户和供应商的整体解决方案服务较少;对低端采购、销售、售后服务的系统融合较多,对高端研发、投资和战略的高智能服务融合较少。此外,在高端价值链范围内的融合较少。

北京市第一批"一园五企"试点已初现成效,涉猎了医药、汽车、通信、能源、交通与互联网等领域,在创新孵化基地、服务平台建设、物联网链接、智能生态服务等领域都取得进展。然而,不同制造业之间业务关联较弱,企业之间的联动和交流较少,技术复制、转移、借鉴不多,耦合共生模式未能在多领域扩展。此外,园区之间、园区内与非园区企业之间的合作也有限,北京与天津、河北的联动融合不足,这降低了区域融合发展效率。

二 北京市先进制造业与现代服务业融合动力机制

基于系统动力学理论,先进制造业与现代服务业融合是一个系统工程。融合过程中,既有外生动力迫使或促进企业向两业融合方向转型,又有内生动力驱动或助力企业内部变革。基于两业融合的理论与实践,北京市两业融合动力机制示意见图3。

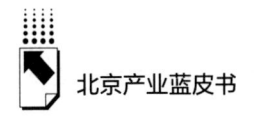

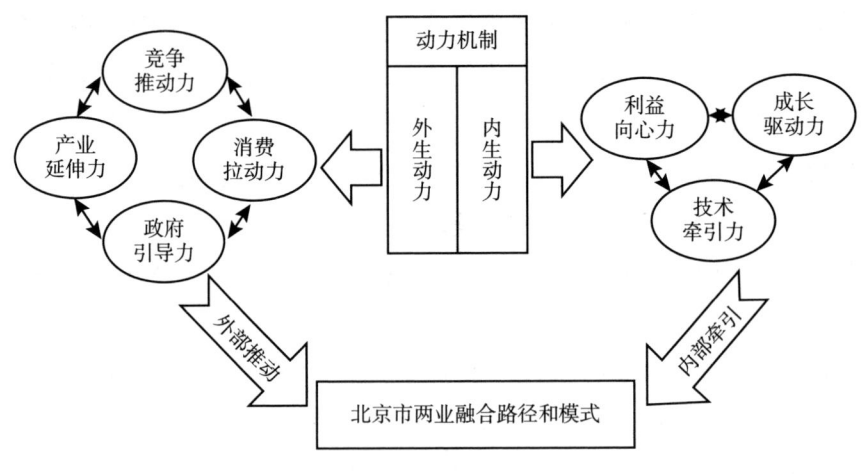

图3 北京市两业融合动力机制

（一）北京市两业融合外生动力

北京市两业融合外生动力包括消费拉动力、竞争推动力、产业延伸力、政府引导力。这四种外生动力中，消费拉动力、竞争推动力和产业延伸力是诱导因素，政府引导力是保障因素。

消费拉动力是指社会消费需求发生变化之后，企业跟随消费需求的变化而调整产品、创新产品，表现为消费拉动产业变革的能力。随着数字化和智能化渗透消费者生活的方方面面，消费者的需求也在不断升级，升级或变化的消费需求会拉动生产制造企业向需求方向变革，进而促进制造业服务化。例如，消费者购买汽车，希望能从App端口一站式感受售后服务，包括车辆保养、维修。北汽福田在这方面向两业融合转型，搭建了平台可以监测所有已售车辆的状况，同时融合了快修服务、配件业务服务、金融服务、二手车平台、智能车联等，满足消费者需求，实现制造—销售—后市场业务融合。由此可见，消费拉动是促使企业主动发展两业融合的有效外力。

竞争推动力是指同一行业企业之间的相互竞争、比较、变革、成长，有助于企业提升盈利能力。竞争是市场的本质，竞争机制促使企业放弃一成不变，帮助企业不断比较、思考、革新，进而实现成长。在两业融合的过程中，制造业企业为了建立竞争优势，更全面地满足客户需求，会将服务与制造进一步结合，争相打造数字化平台、建立相应生态等，促进两业耦合发展。在国际市场中，许多发达国家大型企业实施两业融合并打造数据资产，如西门子、通用电气等。我国家用电器企业美的、格力等，在全球竞争的压力下，也不断寻求产品服务化和产品全生命周期管理，推动两业融合。

产业延伸力是指企业向所处的产业链上游或下游延伸的意愿和能力。制造业与服务业的结合点在于同一产业前向或后向延伸，故产业可延伸的程度即两业融合的程度。例如，药品生产企业向产业链前端扩展了样本存储服务、建立专病数据库，后端提供了药物靶点筛选、药效检测、药品上市服务等；网络游戏产业除了开发已有的游戏程序和软件外，还向产业链前端延伸，孵化生产制造适合游戏的硬件装备、显示屏、电脑等产品。这些都是产业延伸力驱动下的两业融合。

政府引导力是指政府在两业融合过程中发挥的作用。政府是弥补市场竞争机制之外的"看得见的手"。宏观政策、法规、引导对产业发展作用重大。2019年国家发展改革委提出先进制造业与现代服务业融合以来，不仅在政策上明确十大领域和十大路径，更从资金支持政策、人才引进政策、技术鼓励政策等多角度协同公布"政策工具箱"，同时积极引导企业定时定点举办经验交流会、树立典型标杆企业，帮助后发企业明确发展方向、提供发展支持。政府引导力极大地促进了两业融合。

（二）北京市两业融合内生动力

北京市两业融合内生动力为利益向心力、技术牵引力、成长驱动力。企业是以营利为目的的组织，利益是其不断革新、进步的原动力，利益向心力驱使企业熟悉市场、了解技术、不断成长。企业内部对利益的渴望、技术的成熟和对美好愿景的实现，敦促企业向两业融合方向发展，形成新的模式和利润增长点。

技术牵引力是指从企业内部来看，技术更新迭代到新的水平，催生了新的商业模式、数字平台、生产模式等，促进制造业向服务业发展、

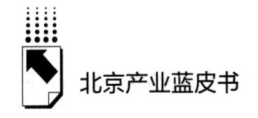

服务业向制造业回溯等耦合生态。因为企业内部技术供给，制造企业的效率获得极大提升。例如，机械化、智能化研发系统和生产系统的引入，可以让生产车间的运输工作、配比工作、生产工作更简洁高效。北汽福田正式结合了数字信息系统与芯片追踪系统，做到实时监控车辆状况，覆盖车辆整个生命周期。数字化技术促使企业将生产制造与服务耦合，形成新的商业模式或业态，促进两业融合发展。

成长驱动力是指企业在经营过程中实现自我成长和可持续发展，同时履行社会责任，满足相关利益者需求。依据企业行为理论，当企业营业收入高于预期收入时，企业管理者会有足够的时间和精力来思考企业成长方向的问题。企业不断实现每个小的目标，最后实现飞跃，是成长驱动力的结果。同理，在两业融合的过程中，企业内部有发展的需求、有基业长青的美好愿景，这些驱动力促使企业及管理者不断探寻企业的发展方向。例如，伊利已经是乳制品行业的龙头企业，但其成长驱动力仍然促使伊利不断将制造业、服务业与数字技术结合，打造了全球智能制造产业园，全产业链环节实现智慧化管理，消费者可以轻松获得产品各环节信息，追溯奶源、了解产品。

三 基于先进制造业的两业融合模式及演化

目前，北京市第二批"十园百企"两业融合试点工作加快推进，为增强制造业核心竞争力、培育现代化产业体系、实现高质量发展提供北京方案。本文依据已有成功企业的经验，总结出四种融合模式。

（一）装备制造业云服务平台融合模式

制造业服务化是指制造业企业为提升竞争优势、拓宽产业范围、提高服务效率等将价值链向后进行拓展，从以生产制造为主转变为制造与服务并重。装备制造业云服务平台融合模式通过云服务平台，借鉴互联网技术、人工智能、大数据、物联网、建模和模糊神经元等技术对装备制造业企业的全流程进行管理，涉及用户使用习惯数据采集、装备改进、装备原材料采集、装备生产、装备运输、在线智能检测、远程升级、装备使用状态评价、工业大数据挖掘等功能。装备制造业云服务平台融合模式演化过程见图4。

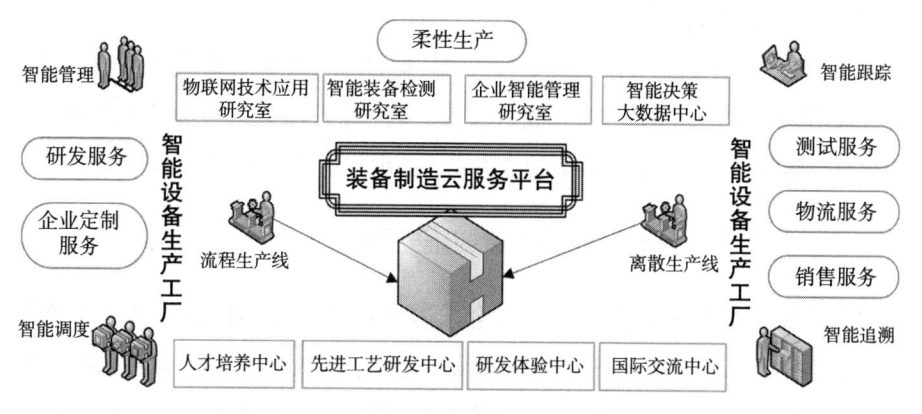

图4 装备制造业云服务平台融合模式演化过程

装备制造业云服务平台融合模式的代表为北京机械工业自动化研究所。该所以装备制造业带动服务业发展，通过云服务平台实现了制造和服务的耦合，提升互联网和信息化在各生产环节的应用。该所的定位是制造业企业智能制造系统及解决方案提供商。近期，该所以产业化基地和平台建设为主要抓手，实施了生产与研发一体化、单元产品与成套装备一体化。在云服务平台上融入了MES系统和WMS系统，兼具智能设备、智能生产线和数字化车间。

具体来看，装备制造业云服务平台融合模式，以平台为核心，制造端融合流程生产线和离散生产线，丰富了生产安排的多种形式。该融合模式辅以多个研究室，如物联网技术应用研究室、智能装备检测研究室、企业智能管理研究室、智能决策大数据中心，将生产前端的研发、设计、管理等服务性工作系统化。生产后端的可靠性实验检验服务工作也被纳入该模式，形成了数字化、网络化、智能化的集成服务体系。

装备制造业云服务平台融合模式还帮助企业发展了以服务为中心的制造模块，推进智能工厂建设。北京机械工业自动化研究所充分发挥其研发基地和集聚效应，依托自动化国家工程研究中心，在全国多处建成智能设备生产

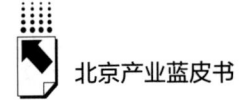

车间，进行关键设备的实验制造和生产，对智能设备匹配的系统进行调试。同时，该所以高端非织造布自动化生产线为依托，生产了新型产品，充分发挥了生产线的柔性能力。

该模式通过平台聚集制造业多方资源，瞄准该行业融合的关键点和关键环节，推动研发服务、测试服务、物流服务、柔性生产融合，实现了业务链条向制造环节延伸，提升了高端装备的总集成、总承包水平，推动了两业融合。

（二）电子信息制造业系统集成服务融合模式

电子信息制造业是生产加工与电子信息技术相关的设备生产、系统集成、硬件制造和软件开发等业态的集合。电子信息制造业与信息技术服务业共同构成电子信息产业，两者在价值链上密切相关，有许多可以融合的环节。电子信息制造业系统集成服务将软件与硬件结合起来，解决用户相关的信息问题，以发挥整体效益。

系统集成包括设备和应用系统的集成，其本质在于设计最优化的统筹。设备集成商包括智能建筑系统集成商、计算机网络系统集成商以及安防系统集成商，重点在于通过全产业链设计，完成对客户要求的产品的一系列集成。应用系统集成商则是信息化解决方案提供商。例如，计算机网络系统系统集成包括操作系统、软件、数据库技术以及网络通信技术。应用系统集成商需要在不同的供应商之间进行选型、搭配、集成，以优化性能，提供最便捷、适宜的服务。

企业将信息集成系统分为五个子系统，包括数据共享、功能集成、网络集成、软件对接、反馈与改进。此外，还包括具体解决各类硬件设备之间接口、协议的办法，链接系统平台与应用软件的办法，链接系统与各类使用场景如建筑环境、生产制造、组织管理、人员配备等一系列集成问题。通过数据收集客户需求，为客户提供咨询和规划，设计IT系统架构，进而确定硬件选型与集成，在此基础上，链接网络工程服务、数据存储服务与信息安全服务等，一站式完成客户采购、运用及售后。电子信息制造业系统集成服务融合模式见图5。

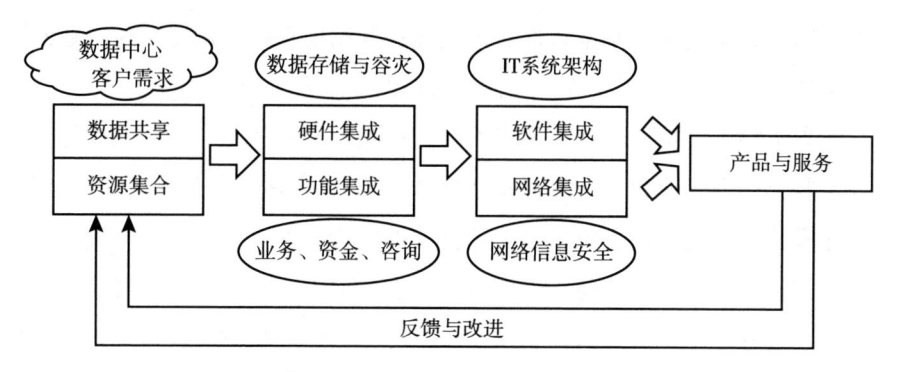

图 5　电子信息制造业系统集成服务融合模式

（三）医药产业整体解决方案融合模式

医药产业是与居民息息相关的产业。医药产业在两业融合过程中形成了整体解决方案的融合模式，在满足用户需求的过程中，提供一站式整体服务，以帮助用户简化流程、整合资源、减少搜寻成本、交易成本和信息成本，使用户体验最大化。医药产业整体解决方案融合模式包含医药研发、医药生产、相关技术服务、金融保险服务等。医药产业整体解决方案融合模式见图 6。

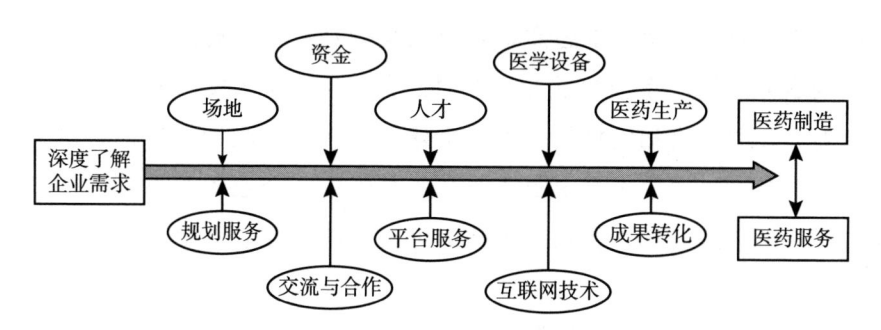

图 6　医药产业整体解决方案融合模式

北京市第一批试点企业中，大兴生物医药基地积极推进生物医药制造与医疗服务融合。大兴生物医药基地正从制造园区向医药研发服务、检测、申请、上市等一体化解决方案的园区转型，医药企业的聚集也为医药产业打造

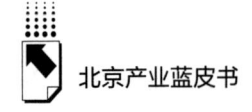

整体化解决方案提供了基本条件。该基地在利用信息技术赋能医药产业的同时，坚持"科技+服务+金融"融合，打造两业融合示范园区。

大兴生物医药基地开展了医联网、药联网、健康信息、远程医疗等多项服务，联合域内企业为客户提供整体解决方案，将新进入企业融入数智化、一体化系统，实现了信息技术与医药健康的联合。除了药品疫苗的实验、研发、质控检测、生产、流通、追溯等，该基地还积极开展了AI制药、手术机器人、远程手术、智慧医疗，建立了病理数据库、病理实验室，构建了抗体技术与基因重组技术开发平台，生产体外诊断仪器和医疗器械，研发了手术相关软件、校正软件等，覆盖了医药多数领域。大兴生物医药基地不仅聚集了医药行业龙头企业，而且与中国食品药品医学相关研究院、研究所形成多种服务平台、资源平台，通过产学研联合的方式进一步构建产业生态、促进产业融合。

（四）消费品工业生态圈融合模式

消费品工业是国民支柱产业，消费品工业规上企业数占规上全部工业的38%。消费品工业与服务业的融合，是推进两业融合的重要方面。由于消费品种类繁多、差异化较大，两业融合的过程中采用可以包罗万象的生态圈融合模式。生态圈融合模式是指企业在融合过程中，联合制造业与服务业核心企业打造生态主体，结合企业周围的PEST环境，梳理企业人、财、物和信息的交换，构建生态系统，吸纳、孵化和培育生态中的参与者，使生态圈中制造业企业与服务业企业的优质资源得以链接，最终形成开放式、相互依赖的、可嵌入的、互惠的制造服务型生态系统。

消费品工业生态圈融合模式包括生态圈、制造群落、服务群落、生态主、生态参与者、生态环境。两业融合过程中，企业将自己所处的群落或位置与其他群落和主体进行交换，产生磁场、平衡管理，组建以焦点企业为中心的生态系统。

消费品工业生态圈融合模式演化，以小米集团为例，小米移动软件

"制造赔钱、服务赚钱"的经营模式,对多个手机服务模块进行自产,延伸手机制造与软件服务产品的一体化和系统化,体现了生态化的融合模式。小米着手打造智能互联的生活,覆盖消费品的各个领域。小米为满足用户多维度需求,打造了多个生态链,让小米的生产线更加丰富,可以不断进行品牌延伸,从低频到高频逐渐覆盖(见图7)。

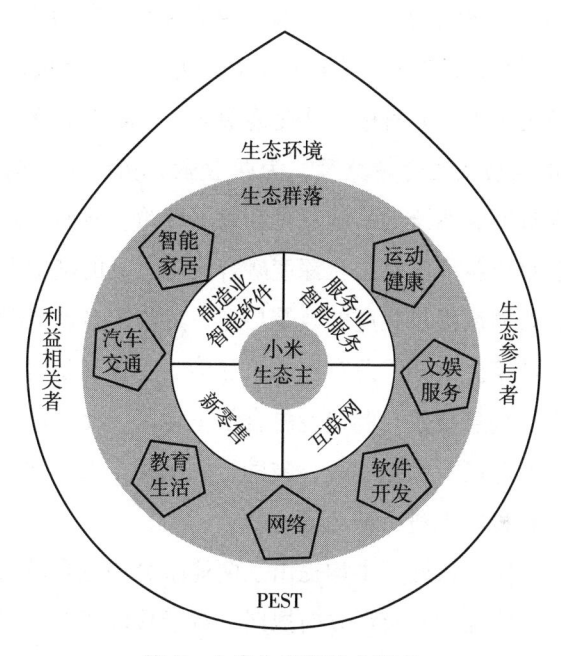

图7 小米生态圈融合模式

小米是生态系统中的核心生态主,其生态链包括可穿戴产品生态链、家电产品生态链、汽车产品生态链、软件服务生态链、周边智慧生活相关智能硬件生态链、生活用品生态链等。不同生态链中,小米链接了相关硬件的供应商,打造多条供应链,同时小米为其提供资金、渠道、技术、市场和营销,延伸现代产业链,实现了制造和服务的对接,每个生态链中都有生态主和参与者。例如,小米打造的全屋智能生态群落,既有投资了厨电等电器的生产制造企业,又提供了小米已有的营销渠道,同时还开发了相关软件嵌入的服务性企业,以上三类企业作为该生态群落的主体,其他开放接口开放给

211

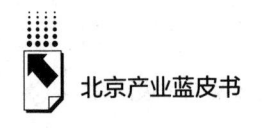

愿意进入的参与者，随时欢迎参与者对全屋智能提供软件、改进措施、周边产品等。

四 北京市先进制造业与现代服务业融合政策建议

第一，增加行业政策指引、消除融合政策壁垒。2019年11月，国家发展改革委等15部门联合印发了《关于推动先进制造业和现代服务业深度融合发展的实施意见》（以下简称《实施意见》），提及10种新业态新模式、10个重点行业重点领域融合新路径，为两业融合指明了方向。此后，各地区相继出台了促进两业融合的实施意见和发展政策。然而，两业融合行业之间差异较大，北京市各部门在出台深度融合实施意见的基础上，还应该为不同行业、不同融合领域提供相应的政策指导，逐步出台市级融合示范园区和试点企业的支持政策。例如，北京在人工智能、工业互联网、云计算等领域发展较快，是全国信息技术与制造业融合示范地区，北京市可以出台相应政策辅助建设工业互联网大数据中心，鼓励金融机构予以贷款支持，对互联网赋能转型的企业在税收上进行减免等。

已有文献和《实施意见》中均提出了两业融合的融合模式和路径，然而这些模式只是指导性意见或宏观方向把握，对于具体产业、集团和企业之间如何参照已有融合模式和路径进行实际操作的借鉴还很匮乏。理论指导的欠缺导致实践中试点企业和试点园区只能摸着石头过河，搜寻成本和边际成本较高。例如，装备制造、汽车制造、原材料和消费品工业生态环境差异较大，与服务业融合的模式不一样。消费品工业生产与服务融合要以内容为基础，汽车制造与油气电辅助以安全为重点。例如，消费品制造业向下游服务产业延伸时，要贴近消费者需求，以"一拖一"或者"一拖多"的外包形式拓展生产服务化，而汽车制造适合外部辅助、联合研发的融合模式，提升服务与产品的匹配性和安全性。因此，针对不同制造业与服务业融合的特征差异，应当出台差异化的两业融合政策，对总体政策形成补充。

北京市应建立"特事特办"和"同事同办"相结合的机制。调动企业两业融合积极性，既从内驱力上努力，也从外驱力上保障。对于融资、用地、审批等流程，将普通事务和特殊事务分割开来。普通事务流程化、规范化，降低制造业企业交易和信息搜寻成本，帮助企业把好事办快。特殊事务特殊对待，帮助企业摸索过河，把难事办好。多方共同促进，使企业愿意融合、有能力融合，为全面开展两业融合提供支持。

第二，搭建资金融通平台、明确资金支持方向。积极动员北京市金融机构，设计针对性金融产品，对符合两业融合的项目给予贷款、贴息、担保等支持。政府应区分高端制造业、专精特新中小企业等，依据不同规模和产业，给予差异化资金支持；加强专项信贷支持，拓宽直接融资渠道。同时，鼓励供应链金融服务形成补给，为初期投入大、回报慢的制造业企业提供多样化融资渠道。

政府应积极发挥融资担保作用，将试点企业和园区纳入"绿色通道"范围；对符合条件的两业融合项目予以贷款贴息支持；鼓励北京市金融机构开展供应链金融服务等。目前，北京市将两业融合作为贷款贴息的重点支持领域，对符合条件的项目给予2.5%、期限两年的贷款贴息支持，对中小企业融合项目给予不超过合同额20%、上限100万元的奖励，对厂房建设、土地租赁、仪器购置等方面设置固定资产投资补助，对试点企业提供挂牌、上市管家等服务。其中，北京银行、中国工商银行、北京证券交易所等金融机构已经加入两业融合支持金融主体。未来应增加更多金融机构为两业融合高效"输血"，共同促进两业融合发展。此外，可以进一步放宽资金准入限制，促进投资自由化，放宽社会资本和外商资本的条件，吸引全球资金投资两业融合。

第三，开展企业融合交流、强化标杆引领作用。针对融合模式单一、融合路径模糊、融合引导不足、区域协同较少的问题，倡导在市政府、发改等部门的支持下，积极开展两业融合企业交流。例如，在北京市发展改革委开展的两业融合交流会，涉及"政策解读""服务零距离""民营经济高质量发展"等主题。未来，促使更多企业以交流会的形式分享经验，以实地参观的方式增加互动和学习，以寻求合作的心态创建开放式合作等。

为激发企业融合发展活力、激励企业主动融合，政府应打造一系列典型

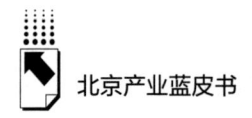

案例、企业标杆。国家发展改革委产业司开辟了单独的栏目，试点企业可以在该栏目宣传两业融合的优秀经验。北京市可以参考该模式，强化试点企业标杆效应，扩散试点企业成功经验，让更多企业看到两业融合后的新增长点和价值创造点，以激励更多企业愿意融合、主动融合、探索融合。市政府应积极发挥桥梁作用，通过打造企业交流活动和融合标杆平台品牌，开辟两业融合的新机遇、新渠道、新抓手。

第四，加强技术服务供给、搭建公共协同平台。对于一些共同的新技术、新生态、新机制，政府可以发挥"看得见的手"的作用，进行宏观资源调配，发挥团体力量，搭建共同技术服务和供给平台，降低企业单独研发成本，形成协同机制。支持新一代信息技术、医药健康和智能制造等产业领域布局一批共性技术供给平台，鼓励平台创新运行机制，面向产业需求开展共性技术研发。编制需求导向的联合基金项目指南，支持企业与北京市自然科学基金共同设立联合基金，开展联合攻关。支持在京科研单位参与首都科技条件平台建设，对于贡献科研基础设施和仪器的单位给予资金支持。

积极支持平台经济促进两业融合，扩大平台领军企业的规模和产业影响力。政府应鼓励平台企业依托市场、数据优势和行业整合能力，赋能新制造、催生新服务，发展集中采购、个性定制、协同物流等新商业模式；通过平台建设方式与企业精准对接，采取服务外包、订单生产、协同加工等形式带动企业融通发展。同时，政府可以通过其影响力，帮助做好宣传工作。例如，在医药与服务方面，北京市统筹联动全市医药资源与服务企业，建立并推广"1个互联网诊疗服务监督平台+N个互联网医疗子平台+1个互联网医院公共服务平台"的发展模式。

参考文献

刘小瑜、王美桃、何帆：《从传统生产向"两业"融合：知识型服务战略对制造企业绩效的影响及机制研究》，《产业经济评论》2023年第2期。

高翔、张敏、刘啟仁:《工业机器人应用促进了"两业融合"发展吗?——来自中国制造企业投入服务化的证据》,《金融研究》2022年第11期。

夏伦:《产业融合促进了制造业转型升级吗?——基于先进制造业与现代服务业融合的视角》,《哈尔滨商业大学学报》(社会科学版)2021年第5期。

王欢芳等:《先进制造业与生产性服务业融合水平测度及驱动因素研究》,《财经理论与实践》2023年第1期。

郭克莎、杨佩龙:《制造业与服务业数字化改造的不同机制和路径》,《广东社会科学》2023年第1期。

钱龙、蔡书凯:《科技服务业集聚与制造业企业技术创新》,《科研管理》2023年第4期。

B.12 北京高精尖产业科技创新现状、问题及行业财源结构研究

贾晓俊 芮光伟*

摘　要： 近年来，北京致力于加快科技创新，构建高精尖产业结构，落实国际科技创新中心战略功能定位。在高精尖产业快速发展初期，迫切需要掌握产业的科技创新状况，为规划北京高精尖产业未来发展路径提供参考。此外，北京高精尖产业已成为财政收入增长的重要力量，但减税降费政策实施及减量发展等因素导致当前北京财政运行和改革工作面临一些困难和问题。因此，本文对北京科技创新中心的创新现状及问题进行归纳总结，梳理北京高精尖产业科技创新的发展优势与存在的问题，并对高精尖产业行业的财源结构进行分析。为进一步提升北京高精尖产业科技创新水平，本文从优化营商环境、加快国际科技创新中心建设、完善高精尖产业投入结构以及提高财税政策与产业政策的协同性等方面提出建议。

关键词： 高精尖产业　科技创新　财源结构

一　北京科技创新中心创新发展成效

2016年9月，国务院开始部署北京全国科技创新中心建设，北京在减

---

* 贾晓俊，北京交通大学经济管理学院副教授，研究方向为财政与金融；芮光伟，北京交通大学经济与管理学院博士研究生，研究方向为产业安全。

量发展的同时加快推进科技创新中心建设。近年来，北京国际科技创新中心建设成效显著，创新产出成果丰硕，科技辐射与扩散能力显著提升，高精尖产业[①]建设取得一定成效，主要体现在以下几个方面。

第一，2011年以来，北京全社会R&D投入强度逐年增长，稳居全国之首，企业投入占比有所提高。2021年，北京全社会共投入R&D经费2629.3亿元，同比增长13%。全社会R&D经费投入强度（R&D经费与地区生产总值之比）为6.53%，稳居全国31个省（区、市）首位。2021年，北京市企业R&D经费支出1136.7亿元，同比增长12.8%；占全社会R&D经费的比重为43.6%，较2020年提高0.3个百分点。

第二，北京全社会研发成果丰硕，具有自主知识产权的关键技术和核心产品的产出规模不断增长。2022年，北京专利产出成果丰硕。全社会专利授权量达20.3万件，拥有有效发明专利47.8万件。2015~2022年，每万人口发明专利拥有量分别为62件、77件、95件、112件、132件、156件、185件和218件，2022年北京市每万人口发明专利拥有量稳居全国第一。

第三，科技促进经济社会发展能力不断提升。北京服务业增加值占全市GDP的比重由2015年的79.7%上升至2022年的83.8%。高技术产业增加值占全市GDP的比重由2015年的22.6%上升至2021年的27.0%。

第四，科技辐射与扩散能力显著提升。北京科技辐射力持续增强。2022年，北京技术合同成交9.5万项，完成技术合同成交总额7947.5亿元。2015~2021年技术合同成交总额分别为3452.6亿元、3940.8亿元、4485.3亿元、4957.8亿元、5695.3亿元、6316.2亿元和7005.7亿元。2015~2021年北京对

---

① 2017年底，北京发布《关于印发加快科技创新构建高精尖经济结构系列文件的通知》，围绕高质量发展要求，选取新一代信息技术、集成电路、医药健康、智能装备、节能环保、新能源智能汽车、新材料、人工智能、软件和信息服务、科技服务10个产业作为重点发展的高精尖产业。10个高精尖产业中，新一代信息技术、节能环保、新能源智能汽车、新材料4个行业为战略性新兴产业；其余6个行业为高技术产业，其中集成电路、医药健康、智能装备和人工智能4个行业为高技术制造业，软件和信息服务及科技服务2个行业为高技术服务业。

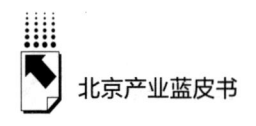

外埠技术合同成交额/技术合同成交总额分别为54.4%、50.7%、51.9%、60.8%、65.3%、77.2%和74.0%，北京科技成果对全国的辐射带动作用不断增强。

二 北京高精尖产业的科技创新现状及存在的问题

（一）北京高精尖产业特征

1. 高精尖产业发展质量较高，对经济增长贡献率高

2014年以来，北京高技术产业快速发展，高技术产业增加值占全市GDP比重由2014年的22.2%提高到2021年的27.0%（见表1）。2021年，北京GDP为40269.6亿元，高精尖产业（主要包括高技术产业和战略性新兴产业）增加值合计20828.5亿元，占GDP的比重为51.7%。其中，高技术产业增加值占比为27.0%，战略性新兴产业增加值占比为24.7%（高技术产业、战略性新兴产业二者有交叉）。同时，北京战略性新兴产业发展质量逐年提高，战略性新兴产业增加值占GDP的比重由2017年的16.2%上升至2021年的24.7%，提高了8.5个百分点。

表1 2014~2021年北京高技术产业增速及占地区生产总值比重

单位：%

年份	高技术产业增加值占全市地区生产总值比重	全市地区生产总值增速	高技术产业增加值增速
2014	22.2	7.3	10.4
2015	22.6	6.9	9.3
2016	22.7	6.7	9.1
2017	22.8	6.7	9.5
2018	23.0	6.6	9.4
2019	24.4	6.1	7.9
2020	25.6	1.2	6.4
2021	27.0	8.5	14.2

数据来源：相关年份《北京市国民经济和社会发展统计公报》。

2. 以高技术制造业和战略性新兴产业为支撑，以汽车、电子、医药业为三大支柱产业的高精尖工业结构正在形成

改革开放以来，北京工业发展始终围绕城市功能定位，产业结构不断优化升级，实现了由劳动密集型向资本和技术密集型的转变，从以化工、冶金等传统产业为主的工业结构，转向以汽车、电子、医药等产业为主的符合北京发展方向的现代工业结构，加快构建高精尖产业体系。2022年，汽车、电子、医药三大行业增加值合计占规模以上工业增加值的比重为39%，已经成为支撑北京工业发展的三大支柱产业。在北京工业转型升级过程中，高技术制造业和战略性新兴产业快速发展，对工业增长的贡献率均在5成以上，发挥了主要带动作用。

3. 优势行业持续发挥带动作用，第三产业呈现高精尖发展趋势

北京服务业正经历由规模扩大向结构优化的转变，信息服务、科技服务等优势行业持续发挥带动作用。2022年，信息传输、软件和信息技术服务业实现增加值7456.2亿元，增长9.8%；科学研究和技术服务业实现增加值3465.0亿元，增长1.8%。另外，2022年高技术服务业投资增长41.3%。

（二）北京高精尖产业科技创新存在的问题

1. 高技术制造业企业创新活跃度显著提升，专利质量不断提高，但行业整体创新力度不够

2021年，北京规模以上高技术制造业R&D人员占比提高，占全部规模以上制造业企业R&D人员折合全时当量的比重为58.2%；R&D经费支出211.9亿元，R&D经费支出与营业收入之比为2.1%，比规模以上制造业平均水平高0.7个百分点。全年专利申请数为14457件，其中发明专利申请数为9231件；发明专利申请数占比为63.9%，比规模以上制造业平均水平高9.8个百分点。

2017年，北京发布《加快科技创新发展新一代信息技术等十个高精尖产业的指导意见》，在创新发展方面要求企业研发投入占主营业务收入比重普遍达到3%以上。2014~2021年，仅2015年和2016年规模以上高技术制造业企业R&D经费支出与营业收入之比达到3%的标准，行业整体创新力度不够（见表2和表3）。

表2　2014~2021年北京规模以上制造业企业研发投入与产出情况

单位：人年，%

年份	R&D人员折合全时当量	R&D经费支出与营业收入之比	发明专利申请占专利申请数比重
2014	55090	1.3	49.6
2015	48385	1.7	51.9
2016	48222	1.6	46.4
2017	49847	1.7	51.2
2018	44887	1.7	49.9
2019	40515	1.7	50.2
2020	44145	1.7	51.6
2021	39709	1.4	54.1

数据来源：相关年份《北京统计年鉴》。

表3　2014~2021年北京规模以上高技术制造业企业研发投入与产出情况

单位：人年，%

年份	R&D人员折合全时当量	R&D经费支出与营业收入之比	发明专利申请占专利申请数比重
2014	23741	2.7	65.6
2015	22344	3.0	67.7
2016	23138	3.0	60.7
2017	23611	2.9	65.6
2018	21991	2.7	64.3
2019	20692	2.5	65.8
2020	23546	2.4	63.4
2021	23104	2.1	63.9

数据来源：相关年份《北京统计年鉴》。

2. 产值占比最高的电子和医药产业研发投入强度较低，制约高技术制造业发挥创新优势

规模以上高技术制造业由六大产业构成，分别是医药制造业（45.1%）、电子及通信设备制造业（39.6%）、医疗仪器设备及仪器仪表制造业（6.7%）、航空、航天器及设备制造业（4.6%）、计算机及办公设备制造业（4.0%）和信息化学品制造业（0.0%）。医药制造业和电子及通信设备制造业产值合计占高技术制造业总产值的84.7%（见表4），但2014年以来，二者的研发投入强度远低于其他产业，且低于3%的基本标准（见表5和表6）。

表4 2021年北京规模以上高技术制造业具体构成情况

单位：%

分类	产值占比
医药制造业	45.1
航空、航天器及设备制造业	4.6
电子及通信设备制造业	39.6
计算机及办公设备制造业	4.0
医疗仪器设备及仪器仪表制造业	6.7
信息化学品制造业	0.0

数据来源：《北京统计年鉴2022》。

表5 2014~2021年北京规模以上医药制造业研发投入与产出情况

单位：人年，%

年份	R&D人员折合全时当量	R&D经费支出与营业收入之比	发明专利申请占专利申请数比重
2014	5459	2.6	76.0
2015	4220	2.7	69.6
2016	5468	2.6	71.0
2017	5049	2.2	72.2
2018	4927	2.6	74.6
2019	5165	2.5	69.0
2020	5148	2.9	65.5
2021	5108	1.8	66.3

数据来源：相关年份《北京统计年鉴》。

表6 2014~2021年北京规模以上电子及通信设备制造业研发投入与产出情况

单位：人年，%

年份	R&D人员折合全时当量	R&D经费支出与营业收入之比	发明专利申请占专利申请数比重
2014	8303	1.8	61.0
2015	8591	2.7	67.1
2016	9037	2.6	61.1

续表

年份	R&D人员折合全时当量	R&D经费支出与营业收入之比	发明专利申请占专利申请数比重
2017	10089	2.4	65.1
2018	8430	2.0	65.5
2019	8308	2.0	72.5
2020	9753	1.7	73.8
2021	10049	1.7	72.2

数据来源：相关年份《北京统计年鉴》。

3. 研发投入强度较高的航空、航天器及设备制造业和医疗仪器设备及仪器仪表制造业产值规模不大

航空、航天器及设备制造业是北京高技术制造业中研发投入强度最高的产业，2014~2021年研发投入强度分别为12.9%、6.2%、6.0%、6.9%、14.7%、7.1%、6.4%和7.9%（见表7）；研发投入排在第二位的是医疗仪器设备及仪器仪表制造业，2014~2021年研发投入强度分别为3.5%、4.1%、4.2%、4.2%、4.3%、3.5%、3.9%和3.5%（见表8）。2014~2021年，这两个产业研发投入强度高于3%的基本标准，特别是航空、航天器及设备制造业，整体达到基本标准的2倍以上。但从产值占比来看，航空、航天器及设备制造业只占全行业的4.6%，医疗仪器设备及仪器仪表制造业产值只占6.7%。作为研发投入强度较高的两个行业，其产值规模不大，难以发挥高技术产业的集聚效应。

表7 2014~2021年北京规模以上航空、航天器及设备制造业研发投入与产出情况

单位：人年，%

年份	R&D人员折合全时当量	R&D经费支出与营业收入之比	发明专利申请占专利申请数比重
2014	3291	12.9	61.3
2015	3258	6.2	68.2
2016	3156	6.0	60.7
2017	3137	6.9	66.6

续表

年份	R&D 人员折合全时当量	R&D 经费支出与营业收入之比	发明专利申请占专利申请数比重
2018	3506	14.7	73.6
2019	2691	7.1	71.0
2020	3161	6.4	71.8
2021	2535	7.9	63.2

数据来源：相关年份《北京统计年鉴》。

表8 2014~2021年北京规模以上医疗仪器设备及仪器仪表制造业研发投入与产出情况

单位：人年，%

年份	R&D 人员折合全时当量	R&D 经费支出与营业收入之比	发明专利申请占专利申请数比重
2014	4809	3.5	43.5
2015	4383	4.1	46.3
2016	4250	4.2	44.1
2017	4259	4.2	44.0
2018	3755	4.3	40.8
2019	3476	3.5	42.7
2020	3869	3.9	55.8
2021	3715	3.5	37.9

数据来源：相关年份《北京统计年鉴》。

4. 计算机及办公设备制造业等产业研发投入强度低且产值占比低

计算机及办公设备制造业产值占高技术制造业比重仅为4.0%，2014~2021年，企业的研发投入强度分别为2.2%、2.5%、2.8%、2.6%、2.0%、2.0%、1.6%和1.6%，从行业研发投入强度变化趋势来看，2014~2016呈上升趋势、2016~2021年呈下降趋势，2014年以来均低于3%的基本要求（见表9）。

表 9　2014~2021 年北京计算机及办公设备制造业研发投入与产出情况

单位：人年，%

年份	R&D 人员折合全时当量	R&D 经费支出与营业收入之比	发明专利申请占专利申请数比重
2014	1880	2.2	76.4
2015	1687	2.5	76.9
2016	1117	2.8	69.3
2017	895	2.6	84.1
2018	1373	2.0	77.5
2019	1052	2.0	72.5
2020	1616	1.6	54.2
2021	1697	1.6	60.1

数据来源：相关年份《北京统计年鉴》。

三　北京高精尖产业行业财源结构分析

首先，测算北京高精尖产业对经济增长及财政收入增长的贡献；其次，分析高精尖产业相关重点行业的财源结构，包括税费结构、税源结构；最后，结合高精尖产业科技创新状况及财源建设工作的现状，分析北京财源培育及财源结构优化中存在的问题和产生的原因。

（一）北京高精尖产业对经济增长的贡献

规模以上工业中的高技术制造业和战略性新兴产业增加值（二者有交叉）均实现快速增长，对工业增长的贡献率均在 5 成以上。高技术产业占 GDP 比重呈逐年上升趋势，从 2014 年的 22.2%上升至 2021 年的 27.0%，随着高技术产业占比的提高，其对经济增长的贡献增大。同样，战略性新兴产业占 GDP 比重逐年上升，从 2016 年的 16.0%上升至 2021 年的 24.7%，对经济增长的贡献明显。2021 年，高技术产业和战略性新兴产业占 GDP 比重合计达 51.7%，产业结构呈现高精尖趋势，随着高精尖产业在经济结构中所占比重的不断提高，其对经济增长的贡献逐渐增大（见表10）。

表10 2014~2021年北京高技术产业和战略性新兴产业占GDP比重及增速

单位：%

年份	GDP 增速	高技术产业		战略性新兴产业	
		占GDP比重	增速	占GDP比重	增速
2014	7.3	22.2	10.4	—	—
2015	6.9	22.6	9.3	—	—
2016	6.7	22.7	9.1	16.0	—
2017	6.7	22.8	9.5	16.2	—
2018	6.6	23.0	9.4	16.1	9.2
2019	6.1	24.4	7.9	23.8	7.3
2020	1.2	25.6	6.4	24.8	6.2
2021	8.5	27.0	14.2	24.7	14.0

数据来源：相关年份《北京市国民经济和社会发展统计公报》。

（二）北京构建高精尖产业结构前后税源结构变化

1. 行业税源结构变化

从全部税收收入的产业结构来看，2021年，北京全部税收收入的三次产业结构比为0.1∶12.0∶87.9，第三产业占比最高，同年全国税收三次产业结构为0.1∶42.9∶57.0，北京第三产业收入占比远远高于全国平均水平，说明北京第三产业对税收收入的贡献远远超过全国平均水平。

从具体行业来看，2021年，全国税收收入占比最高的是制造业，占全部税收收入比重为32.1%，而北京税收收入占比最高的是金融业（39.0%），远远超过全国平均水平。北京第三产业中的高技术服务业税收收入占比同样高于全国平均水平，如信息传输、软件和信息技术服务业（6.7%）及科学研究和技术服务业（5.5%）（见表11）。

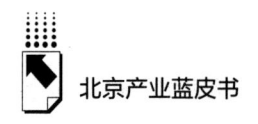

表11　2021年全国和北京市三次产业分行业税收收入情况

单位：亿元，%

产业分类	全国 金额	全国 占比	北京市 金额	北京市 占比
三次产业合计	188737.61	100.0	14532.45	100.0
第一产业	194.56	0.1	9.49	0.1
第二产业	80950.64	42.9	1744.37	12.0
（一）采矿业	6768.24	3.6	21.74	0.1
（二）制造业	60623.72	32.1	1258.41	8.7
（三）电力、热力、燃气及水生产和供应业	3332.70	1.8	121.41	0.8
（四）建筑业	10225.97	5.4	342.81	2.4
第三产业	107592.41	57.0	12778.59	87.9
（五）批发和零售业	26054.78	13.8	2012.05	13.8
（六）交通运输、仓储和邮政业	3300.09	1.7	247.95	1.7
（七）住宿和餐饮业	362.75	0.2	41.16	0.3
（八）信息传输、软件和信息技术服务业	5320.71	2.8	976.60	6.7
（九）金融业	23573.27	12.5	5669.57	39.0
（十）房地产业	25583.58	13.6	1167.66	8.0
（十一）租赁和商务服务业	9307.42	4.9	1129.76	7.8
（十二）科学研究和技术服务业	3966.38	2.1	796.30	5.5
（十三）水利、环境和公共设施管理业	351.74	0.2	16.06	0.1
（十四）居民服务、修理和其他服务业	1502.05	0.8	299.34	2.1
（十五）教育	552.39	0.3	92.82	0.6
（十六）卫生和社会工作	518.48	0.3	52.33	0.4
（十七）文化、体育和娱乐业	550.98	0.3	156.90	1.1
（十八）公共管理、社会保障和社会组织	3953.03	2.1	36.77	0.3
（十九）其他行业	2694.76	1.4	83.32	0.6

数据来源：2022年《中国税务年鉴》。

2014年以来，北京构建高精尖产业结构初见成效，与2014年相比，2021年高技术产业税收收入占比有所提高。其中，第三产业中的信息传输、软件和信息技术服务业提高了3.0个百分点，科学研究和技术服务业提高了2.3个百分点（见表12）。

表12 2014年和2021年北京三次产业税收收入情况

单位：亿元，%

产业分类	2014年 金额	2014年 占比	2021年 金额	2021年 占比
三次产业合计	11534.50	100.0	14532.45	100.0
第一产业	8.22	0.1	9.49	0.1
第二产业	1499.66	13.0	1744.37	12.0
（一）采矿业	32.89	0.3	21.74	0.1
（二）制造业	1033.71	9.0	1258.41	8.7
（三）电力、热力、燃气及水生产和供应业	217.48	1.9	121.41	0.8
（四）建筑业	215.58	1.9	342.81	2.4
第三产业	10026.61	86.9	12778.59	87.9
（五）批发和零售业	1649.55	14.3	2012.05	13.8
（六）交通运输、仓储和邮政业	279.51	2.4	247.95	1.7
（七）住宿和餐饮业	81.31	0.7	41.16	0.3
（八）信息传输、软件和信息技术服务业	430.00	3.7	976.60	6.7
（九）金融业	4733.43	41.0	5669.57	39.0
（十）房地产业	878.03	7.6	1167.66	8.0
（十一）租赁和商务服务业	734.39	6.4	1129.76	7.8
（十二）科学研究和技术服务业	366.00	3.2	796.30	5.5
（十三）水利、环境和公共设施管理业	0.00	0.0	16.06	0.1
（十四）居民服务、修理和其他服务业	378.66	3.3	299.34	2.1
（十五）教育	45.07	0.4	92.82	0.6
（十六）卫生和社会工作	26.77	0.2	52.33	0.4
（十七）文化、体育和娱乐业	120.63	1.0	156.90	1.1
（十八）公共管理、社会保障和社会组织	140.39	1.2	36.77	0.3
（十九）其他行业	162.89	1.4	83.32	0.6

数据来源：2015年和2022年《中国税务年鉴》。

2. 税种结构分析

2021年，全国共完成税收收入188737.61亿元，其中主要税种占比由高到低分别为增值税（42.5%）、企业所得税（22.4%）、消费税（7.9%）、个人所得税（7.5%）。北京共完成税收收入14532.45亿元，其中主要税种占比由高到低依次为企业所得税（47.6%）、增值税（28.1%）、个人所得税

(13.0%)、房产税（2.4%）。作为直接税的企业所得税与个人所得税收入占比合计60.6%，远高于全国平均水平（见表13）。

表13 2021年全国和北京税收收入分税种情况

单位：亿元，%

税种	全国 金额	全国 占比	北京 金额	北京 占比
增值税	80189.36	42.5	4078.43	28.1
消费税	14877.51	7.9	243.51	1.7
企业所得税	42238.20	22.4	6922.22	47.6
个人所得税	14145.32	7.5	1885.69	13.0
资源税	2287.93	1.2	31.28	0.2
城市维护建设税	5216.96	2.8	263.34	1.8
房产税	3277.64	1.7	343.06	2.4
印花税	4088.45	2.2	108.34	0.7
城镇土地使用税	2126.27	1.1	18.99	0.1
土地增值税	6894.52	3.7	247.43	1.7
车船税	1020.62	0.5	33.34	0.2
车辆购置税	3519.88	1.9	100.19	0.7
烟叶税	119.38	0.1	0.00	0.0
耕地占用税	1065.31	0.6	4.52	0.0
契税	7427.49	3.9	245.09	1.7
环境保护税	203.28	0.1	10.48	0.1
其他	39.49	0.0	-3.46	0.0
税收收入合计	188737.61	100.0	14532.45	100.0

数据来源：2022年《中国税务年鉴》。

与2014年相比，2021年北京以直接税为主的税收结构有所变化。企业所得税占比由2014年的52.8%降至2021年的47.6%，下降5.2个百分点；个人所得税由2014年的8.3%增至2021年的13.0%，上升4.7个百分点（见表14）。

表 14 2014 年和 2021 年北京税收收入分税种情况

单位：亿元，%

税种	2014 年 金额	2014 年 占比	2021 年 金额	2021 年 占比
增值税	2140.87	18.6	4078.43	28.1
消费税	210.01	1.8	243.51	1.7
企业所得税	6091.19	52.8	6922.22	47.6
个人所得税	958.99	8.3	1885.69	13.0
资源税	0.78	0.0	31.28	0.2
城市维护建设税	206.89	1.8	263.34	1.8
房产税	140.22	1.2	343.06	2.4
印花税	61.33	0.5	108.34	0.7
城镇土地使用税	17.76	0.2	18.99	0.1
土地增值税	214.33	1.9	247.43	1.7
车船税	27.72	0.2	33.34	0.2
车辆购置税	118.47	1.0	100.19	0.7
烟叶税	0.00	0.0	0.00	0.0
耕地占用税	4.69	0.0	4.52	0.0
契税	192.52	1.7	245.09	1.7
环境保护税	0	0.0	10.48	0.1
其他税收	0	0.0	-3.46	0.0
税收收入合计	11534.50	100.0	14532.45	100.0

数据来源：2015 年和 2022 年《中国税务年鉴》。

通过以上分析得到以下结论：

第一，北京市税源结构以第三产业为主。北京市第三产业税收占比远高全国平均水平，第三产业税收贡献率高于第二产业。

第三，北京市税收结构趋于优化，五成以上的收入为所得税收入，其中四成多为企业所得税，为第一大税种，约一成为个人所得税。

第三，以金融业为代表的传统产业对税收的支撑作用有所减弱，而以信息传输、软件和信息技术服务业及科学研究和技术服务业为代表的高技术服务业对税收的贡献增加。

当前高精尖产业中的高技术服务业对税收的贡献增加，应扩大以电子和医药产业为主的高技术制造业规模，发挥优势产业的集聚效应，进一步拓展增量税源。

四 加快国际科创中心建设，促进北京高精尖产业发展，强化财源建设的建议

（一）人才为本，优化北京营商环境

北京当前面临人才数量与创新能力一定程度上的不匹配和对人才"引力不足"等问题，需要进一步完善人才支撑保障政策以加快国际科技创新中心建设。

第一，提高人才创新定力，发力高水平基础研究。北京拥有全国领先的高校和科研院所，研究型高校在考核评价、课程设置等方面灵活管理，在技术路线决定权、经费支配权、资源调度权等方面赋予科研人员更多自主权，创新科技人才评价体系，解除老旧激励机制束缚，落实科研财务助理制度，为科技人才提供更好创新平台。

第二，重视科技服务业的作用，释放人才活力。依托北京大规模的高精尖产业集群，构建以企业为主体、市场为导向的技术创新体系。政府通过出台奖励、担保、贴息、风投等政策措施促进企业承接高水平科研成果的转化落地。

第三，改善自然和人文环境，提升服务人才的能力。从居住环境和通勤环境两个方面着手服务人才、留住人才。居住环境方面，加强空气和水污染治理，围绕公园建立一系列市民休闲生活空间，给人才提供卫生、稳定、和谐的人居环境；相关部门应当在规划高新产业园区时着重考虑相关从业人员的交通问题，对现有的通勤线路进行迭代和优化。

第四，深度融合京津冀创新资源，凝聚区域人才合力。进一步提升北京对周边城市的辐射和示范作用，降低"虹吸效应"，避免产生"集聚阴影"。

厘清京津冀区域内各地分工，避免高新区功能设计和人才引进政策重复；增加技术改造的比重，减少对技术引进的依赖，提高研发机构中全时研发人员的比例；有序引导后发地区的创新潜力与北京地区的优势资源互补联合，鼓励北京的国家实验室等高层次研究平台参与京津冀创新循环，助力河北地区的人才培养和人才引进。

（二）加快北京国际科技创新中心建设

面对"十四五"时期的新形势和新挑战，北京要从宏观和微观两个方向进一步强化自身国际科技创新中心的定位。

宏观上，提升战略性新兴产业的"三链融合"能力。在当前全球形势不确定性增加的背景下，北京市加快三链融合，提升创新链、延伸产业链、融通供应链的工作迫在眉睫。由政府部门牵头，组织成立战略性科技委员会，从宏观战略角度检视北京高精尖产业的"软肋"，明确潜在风险来源；增加相关供应链的备选方案，对产业链核心环节进行创新链的衔接工作，进一步提升供应链和产业链的抗风险能力。

微观上，塑造国际化的先进文化和先进制度，提高科创成果在人民生活中的感知度。北京在建设国际科技创新中心和全球人才高地的过程中，要用先进的文化氛围潜移默化地提升人才的归属感，提高市民在创建国际科技创新中心过程中的获得感。

（三）完善高精尖产业投入结构，集中资源培育强有力的主导产业和优势产业

当前北京正处在城市更新、高质量发展的关键阶段，在面临新机遇的同时，也存在不少困难和挑战。就高精尖产业发展而言，原始创新能力不足和科技与产业创新脱节问题并存；高精尖产业还未形成集聚效应，短期内难以对增长形成较大支撑。今后需要多渠道加大高精尖产业科研投入，提高研发效益。

第一，"双循环"背景下，提高全社会研发投入强度，优化研发投入结

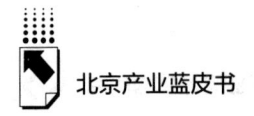

构,加大基础研发投入,提升高技术产业投入占比。北京应继续加大全社会研发投入,加快构建国际科技创新中心,更好发挥创新引领作用。

第二,继续加大对高技术产业的投入,优化投资结构,集中资源培育强有力的主导产业和优势产业。提高第三产业中高技术服务业的占比,持续发挥信息服务、科技服务等优势行业对其他行业的拉动作用。

第三,壮大高技术制造业产值规模,推动产业集聚发展,增强经济抗风险能力。为增强北京经济的抗风险能力,应促进各产业协调发展,围绕国际科技创新中心战略定位,增强原始创新能力,贯彻结构优化政策,优化第三产业结构的同时不断壮大第二产业。为加快北京高精尖产业发展,优化高精尖产业发展空间布局,应高效利用腾退空间,推动高精尖产业集聚发展,形成集聚效应,引领和支持北京工业发展。

第四,增强企业创新主体地位,提高企业研发投入在全社会研发投入中的占比。在新技术、新产业、新模式推动下,企业要依靠科技创新来提升竞争力,提高企业研发投入在全社会研发投入中的占比,大幅提升企业创新主体地位。政府应当在出台鼓励措施的同时,利用担保、贴息、风投等其他政策措施综合支持企业加大研发投入,促进科技成果转化。

第五,严格执行高精尖企业准入门槛,鼓励引导高精尖企业加大研发投入,提升科技投入产出率。高精尖企业应严格执行研发投入强度不低于3%的标准,大幅增加研发投入,提高企业自主创新能力,提升企业科技投入产出率,最大限度激发企业创新优势和集聚效应。

(四)稳定存量税源,积极支持科技创新和高精尖产业培育,拓展增量税源

当前,北京高精尖产业中先进制造业发展尚未形成集聚效应,产业难以对税收产生较大贡献,对经济增长的支撑作用有限。因此,应进一步明确市区财政事权与支出责任,提高财税政策与产业政策的协同性。为促进财政收入的可持续增长,推动财源结构持续优化,应在构建高精尖经济结构的同时积极谋划中长期财源建设。

第一，加快培育新兴财源。北京应不断完善相关配套政策，推动北京国际科技创新中心建设，加快建设一批创新基础设施、集聚一批高水平创新人才，不断推动高精尖产业发展、优化产业发展空间布局。促进产业集聚发展，扩大以电子和医药产业为主的高技术制造业规模，发挥优势产业的集聚效应，进一步拓展增量税源。抓住当前我国金融对外开放机遇，吸引外资金融机构落户北京，培育新兴财源。

第二，优化第三产业内部结构，鼓励对地方税收贡献率大的行业的发展。北京应紧抓金融对外开放的重大机遇，充分发挥金融资源优势，依托北京国际交往中心和国家金融管理中心功能，继续优化金融发展环境，加强金融基础设施建设，加快优质金融资源集聚，吸引外资金融机构落户北京，从而为培育财源奠定基础。在继续做大做强总部金融的同时，瞄准科技金融，创新和发展新兴金融业态，增强北京金融业的集聚效应和综合实力；优化金融监管环境，改革和调整监管重点，从资本不足风险过渡到资本不足和透明度风险并重，促进新兴金融业健康发展。

第三，支持与首都战略定位相匹配的总部经济发展。不断优化总部经济发展软硬件环境，依托北京作为服务业扩大开放综合试点城市等自身优势，积极促进总部企业在京发展；深化"服务包"工作机制，创新服务举措，持续加大对重点领域龙头骨干企业、重点外资企业和重大引进项目的服务力度，支持高精尖产业发展，支持创新型企业总部发展。进一步优化人才奖励政策，对高端产业总部企业以及为促进总部经济发展做出突出贡献的高端人才，加大支持力度和提高奖励标准。

第四，进一步发挥财政政策宏观调控作用，促进高精尖产业集聚发展。加大财政转移支付、政府基金、税收征收奖励等财政激励力度，增加区级可支配财力。支持各区根据区域功能定位，鼓励支持贴合首都城市战略定位的企业在本市范围内合理流动；鼓励企业提升创新能力，促进高精尖产业项目落地，优化经济结构，优化区域协同发展新格局；加大政府统筹力度，推动产业疏解与创新协同，引进高精尖产业项目，盘活腾退空间。

第五，积极制定和推进先行先试的税收优惠政策，促进高精尖产业发

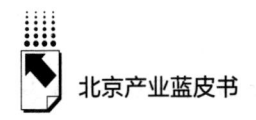

展。北京应在落实现行相关税收优惠政策的基础上,制定和推行先行先试的税收优惠政策,鼓励创新,促进高精尖产业发展。首先,从国家层面聚焦区域战略发展定位,推动制定区域税收优惠政策,优化调整现有政策或出台先行先试新政策,从而更好地发挥税收调控调节作用,助力京津冀协同发展;其次,持续完善中关村国家自主创新示范区税收优惠政策,使相关政策惠及更多科技创新企业,充分发挥中关村示范区的示范效应及引领支撑作用,对标国际一流水平构建高精尖产业结构。

第六,完善京津冀协同发展产业转移的税收收入分享办法。在疏解非首都功能、构建高精尖产业结构、持续推进京津冀产业协同发展的同时,进一步完善京津冀协同发展产业转移的税收收入分享办法,对各级地方政府已签订的产业转移企业税收收入分成协议进行规范;对市场主导的符合转入地发展规划的企业,适当予以省级地方政府自主权,建立多种方式的税收共享机制,以补充地方财力;建立京津冀省级税收共享的工作机制,就重大税收问题进行协商,协调解决区域间税收利益争端,通过税收利益共享,促进三地产业健康发展。除了平衡横向的地区间税收利益外,在京津冀产业一体化发展过程中,中央财政应该考虑产业转出地面临的减收压力,建议通过专项转移支付给予支持。

参考文献

邢新欣、张焱:《北京市中小微科技服务业企业发展现状与对策研究》,《科技中国》2018年第7期。

许强、丁帅、安景文:《中关村示范区"高精尖"产业出口竞争力研究——基于出口技术复杂度》,《现代管理科学》2017年第9期。

刘杨、王海芸:《基于企业技术创新效率的主导产业选择研究——以北京为例》,《科学学研究》2017年第1期。

田新民、胡颖:《以供给侧结构性改革推进"高精尖"产业结构的构建——以北京市为例》,《经济与管理研究》2016年第8期。

杨正一、张杰:《北京市"高精尖"产业集聚水平及效应研究》,《经营与管理》

2019年第1期。

张杰:《首都高精尖产业体系与减量发展》,《北京工商大学学报》(社会科学版) 2018年第6期。

李楠楠:《论地方财源建设的困局破解与法治保障》,《当代经济管理》2019年第1期。

Abstract

In 2022, facing multiple pressures from international and domestic economic development, Beijing achieved a total regional GDP of 4161.09 billion yuan, an increase of 0.7% compared to the previous year at constant prices. The trend of economic momentum transformation and development is good. The digital economy achieved an added value of 1733.02 billion yuan throughout the year, an increase of 4.4% compared to the previous year, accounting for 41.6% of the city's regional GDP; Cloud computing, artificial intelligence, etc. accelerated the layout, and fixed assets investment in new infrastructure projects increased by 25.5% throughout the year; The actual utilization of foreign investment in key areas of expanding the opening up of the service industry reached 15.86 billion US dollars, an increase of 20.6%, with technology, internet information, business, and tourism services accounting for over 90% of the total. The economic structure continues to be optimized and adjusted, with the added value of the service industry accounting for over 80% of the city's regional GDP throughout the year. The investment in high-tech industries in the city increased by 35.3%, an increase of 3.7 percentage points compared to the previous year.

This report closely follows the spirit of Beijing's 14th Five Year Plan. It first provides a comprehensive review of the industrial development situation in Beijing from 2022 to 2023, with a focus on analyzing the development situation of high-end and modern service industries. It also provides policy recommendations for the industrial development of Beijing based on factors such as the industrial layout of the 14th Five Year Plan, the current competitiveness of key industries in Beijing, and future industrial development space. Secondly, around the development issues of key industries and new issues in industrial layout in Beijing, index evaluation is

Abstract

used to analyze the development situation of key and cutting-edge industries. Furthermore, focusing on the artificial intelligence industry, medical equipment industry, software and information service industry in Beijing, analyzing the development situation and problems of relevant hot industries, and providing development suggestions. Finally, this report focuses on the prominent issues faced by Beijing's industrial development from 2021 to 2022, focusing on the modern circulation system, "specialized, refined, and innovative" enterprise financing, the integration of advanced manufacturing and modern service industries, and the financial structure of high-precision and cutting-edge industries. It provides intellectual support for enhancing Beijing's economic innovation ability, high-quality development, and risk resistance.

Keywords: "High-Precision" Industries; Modern Service Industry; Industry Structure; Digital Economic

Contents

I General Report

B.1 The Analysis of Beijing Industry Development in 2022-2023 and

　　　Future Prospects　　*Li Menggang, Jia Xiaojun and Song Guang /* 001

Abstract: In the face of multiple pressures such as the complex and severe external environment, the frequent spread of the epidemic and other unexpected factors, and the high GDP base in 2021, Beijing's economy has always maintained a stable and positive development trend in 2022, the total economic volume has been further expanded, and the development quality has continued to improve. This report first analyzes the development of Beijing's three major industries in 2022, and finds that the proportion of output value of Beijing's tertiary industry continues to expand, and the function of the main engine of economic growth continues to be prominent. Secondly, from the perspective of promoting the high-quality economic development of Beijing, this paper analyzes the policies and the current situation of the development of modern service industry and high-precision industries in Beijing, and finds that in recent years, the development efficiency of Beijing's modern service industry has been continuously improved, the industrial structure has been continuously optimized, and the quality and efficiency have been steadily improved. High-precision industries have grown strongly in terms of income generation scale and export foreign exchange earnings, and the pharmaceutical manufacturing industry has the fastest growth rate in structure, and R&D input and output have generally shown a growth trend. Finally, looking forward to 2024, Beijing will adhere to serving the development of the capital, adhering to the drive of scientific and technological innovation and high-level opening up, optimizing resource allocation, and improving the development level of modern service industry. Strengthen the training and introduction of talents, enhance Beijing's ability to innovate and transform science and technology and attract high-precision technical talents.

Keywords: "High-Precision" Industries; Modern Service Industry; High Quality Development

Ⅱ Index Evaluation

B.2 Beijing "High-Precision" Industries Talent Development Index and Evaluation *Jia Xiaojun, Zhang Xinyue* / 050

Abstract: In recent years, the scale of Beijing's "high-precision" industries has continued to expand, but the R&D talent pool for the industries is insufficient thus causing the insufficiency of independent innovation capacity. The key to enhance the independent innovation capability of "high-precision" industries is the cultivation and development of talents. In this chapter, we construct a talent development index system from 4 dimensions for Beijing's "high-precision" industries according to the characteristics of the industries and the availability of data, to have a comprehensive understanding of Beijing's "high-precision" industries and provide references and suggestions for further development of talent in the industries. The index show that, in Beijing, the growth rate of talent investment in 2020 and 2021 is higher than the national level, the talent environment construction is effective, and the growth rate of "high-precision" talent development index is higher than the national average.

Keywords: "High-Precision" Industries; Talent Development Index; Talent Benefit; Talent Environment

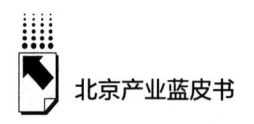

B.3 Beijing Modern Service Industry Development Index and
Evaluation　　　　　　　　　*Hu Guoliang, Wang Tianyang* / 065

Abstract: The development of Beijing's service industry is of great significance to the stability and growth of the national and regional economies. In recent years, Beijing's modern service industry has made remarkable progress, not only in rapid expansion of scale, but also in quality and innovation. This paper builds a development index for Beijing's modern service industry, and analyzes the industry's industrial scale, economic benefits and growth potential. The empirical results show that the modernization level of Beijing's service industry has withstood the test of external shocks in 2022, and its sustainable development capabilities have continued to improve. The overall performance is relatively stable, showing great economic resilience. At the same time, the industry needs to further improve the level of agglomeration, promote reform and technological breakthroughs, in order to achieve the high-quality development of Beijing's modern service industry.

Keywords: Modern Service Industry; Development Index; Equal Weighting Method; Beijing

B.4 Research on the Vitality Index of Digital Economy
Development in Beijing　　　*Chen Haojie, Wang Mengmeng* / 076

Abstract: The digital economy is an important engine for the high-quality development of the national economy. Beijing proposes to build a global benchmark city for digital economy and explore a new road for digital economy development. Therefore, based on the five dimensions of innovation, coordination, green, openness, and sharing, this report designs the development vitality index of Beijing digital economy to measure and analyze the development of digital economy. The study found that the vitality index of digital economy development in 2022 is 69.65, which is nearly seven times that of 10 years ago. This report also puts forward suggestions for the high-quality development of Beijing's digital economy from two aspects: innovation factor input and investment and financing model innovation.

Keywords: Digital Economy; Development Vitality; Beijing

B.5 Research on Development Index of Beijing International Service Trade *Li Menggang, Gao Lin'an* / 092

Abstract: The expansion of the service trade sector is a crucial strategy for the transformation and enhancement of a country's economic structure, and it plays a significant role in China's economic restructuring. As China's economic center and innovation highland, Beijing's development in service trade sets a precedent and guides the economic transformation and enhancement process across the country. This report constructs the Beijing International Service Trade Development Index from 2013 to 2022, focusing on four key dimensions: market demand, service trade scale, development prospects, and international competitiveness. The aim is to provide a comprehensive and unbiased assessment of Beijing's international trade services' current development level. The results derived from the index calculation illustrate a fluctuating rise during the sample period, peaking in 2021. Based on the trend analysis of indicators, this article finds that significant changes in development prospects indicators are the main cause of fluctuations. In response, this report proposes relevant policy recommendations to assist the development of Beijing's service trade.

Keywords: International Services Trade; Scale of Services Trade; Service Industry; Industrial Structure

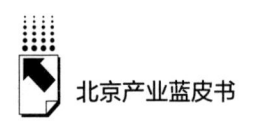

Ⅲ　Industry Reports

B.6　Research of Artificial Intelligence Industry Development in
　　　　Beijing　　　　　　　　　　　　　　　*Zhao Yunyi*, *Rui Guangwei* / 108

Abstract: As artificial intelligence has become a frontier science of interdisciplinary disciplines, China has promoted the development of artificial intelligence to the height of national strategic development. As a national pilot zone for a new generation of AI innovation and development, Beijing's AI industry ranks the first in China, leading in development. The industrial scale has grown rapidly and has basically formed a complete industrial chain. Today, Beijing is building an industrial ecosystem with global influence, and has outstanding innovative achievements and practical experience in promoting the development of AI innovation and the development of AI leading cities.

Keywords: Artificial Intelligence; Industrial Development; Industrial Scale

B.7　Research on the Development of Medical Equipment Industry
　　　　in Beijing　　　　　　　　　　　　　　*Jia Xiaojun*, *Li Nan* / 123

Abstract: Medical equipment is an important material foundation for medical and health undertakings, which is related to the life safety and health of the people. With the continuous integration of new technologies such as artificial intelligence and big data with medical equipment, the global medical equipment industry has experienced explosive growth. The report of the 20th National Congress pointed out that it is necessary to promote the construction of a manufacturing power and a healthy China, deepen the reform of the medical and health system, and promote the coordinated development and governance of medical insurance, medical treatment and medicine. Beijing regards medicine and health as one of the "twin engines" supporting Beijing's innovation and development, attaches great importance to the development of pharmaceutical equipment industry, and its industrial scale, product innovation and industrial cluster development are in the forefront of the country. Through the systematic analysis of Beijing's medical equipment industry, this paper puts forward corresponding policy suggestions for the current problems and opportunities.

Keywords: Medical Equipment; Medical Devices; Industrial Competitiveness

B.8 Research on the Development of Software and Information Service Industry in Beijing *Zhao Yuejiao, Lu Ming* / 142

Abstract: Software and information service industry is a leading and strategic industry to promote the development of national economy and an important force to promote the upgrading of industrial structure. This chapter will build a comprehensive evaluation index system of software and information service industry in Beijing from the perspective of combining qualitative and quantitative, based on four dimensions of industrial scale competitiveness, innovation ability, human resources and environmental support, and measure the development status and development potential of the industry in Beijing. The empirical results show that in recent years, the development of software and information service industry in Beijing is on the whole good. Since 2020, Beijing has successively promulgated, promoted and implemented a series of boost policies for the software and information service industry, effectively stimulating the innovation and development of related industries, and establishing a solid first-mover advantage. Beijing's software and information service industry has entered a new stage of improving quality and efficiency.

Keywords: Software and Information Service Industry; Emerging Technologies; Digitalize; Innovation

Ⅳ Special Reports

B.9 Research on the Development of Modern Circulation

System in Beijing　　　　　　　　*Song Guang, Li Nan* / 163

Abstract: This report studies the development of modern circulation system from two aspects: commercial retail and commercial logistics in Beijing. This report analyzes the scale status quo and system status quo of commercial retail and commercial logistics; It is found that there are some problems in the development of modern circulation system in Beijing, such as the market scale of international circulation system has great room for improvement, the level of logistics infrastructure is relatively insufficient, the technical level still needs to be improved, and the development of regional circulation system between urban and rural areas is quite different. Finally, it is suggested that the internationalization level of the circulation market should be improved, the infrastructure construction of the circulation system should be strengthened, the transformation and upgrading of the circulation industry should be driven by digitalization, and the bottleneck of the integration of urban and rural trade and circulation should be broken.

Keywords: Trade and Retail; Commercial Logistics; Market Size; Infrastructure; Digitization

B.10 Research on the Development of "Specialized and New"

Enterprise Financing Services in Beijing

Chen Haojie, Wang Mengmeng and Zhang Xinyue / 182

Abstract: The Ministry of Industry and Information Technology, in the "Interim Measures for the Management of the Gradient Cultivation of high-quality small and medium-sized Enterprises" requires that "innovative small and medium-sized enterprises continue to incubate, increase the cultivation of provincial specialized and special new small and medium-sized enterprises, and promote their development into specialized and special new" little giant "enterprises" . The high-quality development of "specialized and special new" enterprises in Beijing has introduced support policies and fiscal, tax and financial encouragement policies in a number of subdivisions. The study found that with the continuous enhancement of Beijing's cultivation of specialized and special new "little giants" enterprises, the proportion of national specialized and special new "little giants" gradually increased, and the financing vitality exceeded the national average level. According to the development and financing characteristics of Beijing's state-level specialized new "little giant" enterprises, suggestions are put forward from three aspects: improving the supporting system of core industries, building a multi-channel government-enterprise financing platform and strengthening intelligent data analysis.

Keywords: Specialized and New; "Little Giant" Enterprises; Small and Medium-Sized Enterprises; Financing Platform

B.11 Research on the Integration and Development of Advanced Manufacturing and Modern Service Industries in Beijing

Zhao Yuejiao, Li Jingcheng / 196

Abstract: With the deepening of industrialization and informatization, the deep integration of advanced manufacturing and modern service industries is the direction of the economic transformation. Beijing has released a series of plans and formulated multiple policies to promote the integration and development of advanced manufacturing and modern service industries. This study analyzes the current situation of the integration of advanced manufacturing and modern service industries in Beijing, the problems in the integration process, the evolution of integration models based on manufacturing and service industries, and policy recommendations. The purpose of this study is to provide reference and inspiration for the deep development of Beijing's industries, the improvement of industrial ecology, and the promotion of high-end industries.

Keywords: Advanced Manufacturing; Modern Service Industry; Industry Convergence; Beijing

B.12 Research on the Current Status, Problems, and Financial Source Structure of Technological Innovation in Beijing's High-Precision and Advanced Industries

Jia Xiaojun, Rui Guangwei / 216

Abstract: In recent years, Beijing has been committed to accelerating technological innovation and building a "high-grade, precision and advanced" economic structure, implementing the functional positioning of a technological innovation center city. During the early stage of rapid development in high-precision and advanced industries, it is imperative to gain a comprehensive understanding of the industry's current status of technological innovation so that planning for the future development path of Beijing's high-grade, precision and advanced industries can be informed. Although Beijing's high-grade, precision and advanced industries have become an important revenue source, the implementation of tax and fee reduction policies, as well as the push towards reduced emissions, have posed difficulties and issues in Beijing's financial operation and reform efforts. Therefore, this report provides a summary of the current situation and challenges facing the technological innovation center in Beijing, and outlines the strengths and weaknesses of technological innovation in the high-grade, precision and advanced industries in Beijing, and analyzes the financial source structure of the industry. Based on these analyses, we propose corresponding recommendations to accelerate the construction of an international science and technology innovation center, promote the development of high-grade, precision and advanced industries, and strengthen financial source construction in Beijing.

Keywords: High-Precision Industries; Technological Innovation; Financial Resource Structure

北京市哲学社会科学研究基地智库报告系列丛书

推动智库成果深度转化

打造首都新型智库拳头产品

为贯彻落实中共中央和北京市委关于繁荣发展哲学社会科学的指示精神，北京市社科规划办和北京市教委自2004年以来，依托首都高校、科研机构的优势学科和研究特色，建设了一批北京市哲学社会科学研究基地。研究基地在优化整合社科资源、资政育人、体制创新、服务首都改革发展等方面发挥了重要作用，为首都新型智库建设进行了积极探索，成为首都新型智库的重要力量。

围绕新时期首都改革发展的重点热点难点问题，北京市社科联、北京市社科规划办、北京市教委与社会科学文献出版社联合推出"北京市哲学社会科学研究基地智库报告系列丛书"。

北京市哲学社会科学研究基地智库报告系列丛书
（按照丛书名拼音排列）

·北京产业蓝皮书：北京产业发展报告

·北京人口蓝皮书：北京人口发展研究报告

·城市管理蓝皮书：中国城市管理报告

·法治政府蓝皮书：中国法治政府评估报告

·健康城市蓝皮书：北京健康城市建设研究报告

·交通蓝皮书：中国城市交通绿色发展报告

·京津冀蓝皮书：京津冀发展报告

·平安中国蓝皮书：平安北京建设发展报告

·企业海外发展蓝皮书：中国企业海外发展报告

·首都文化贸易蓝皮书：首都文化贸易发展报告

·中央商务区蓝皮书：中央商务区产业发展报告

皮书网

（网址：www.pishu.cn）

发布皮书研创资讯，传播皮书精彩内容
引领皮书出版潮流，打造皮书服务平台

栏目设置

◆ **关于皮书**
何谓皮书、皮书分类、皮书大事记、
皮书荣誉、皮书出版第一人、皮书编辑部

◆ **最新资讯**
通知公告、新闻动态、媒体聚焦、
网站专题、视频直播、下载专区

◆ **皮书研创**
皮书规范、皮书选题、皮书出版、
皮书研究、研创团队

◆ **皮书评奖评价**
指标体系、皮书评价、皮书评奖

◆ **皮书研究院理事会**
理事会章程、理事单位、个人理事、高级
研究员、理事会秘书处、入会指南

所获荣誉

◆ 2008年、2011年、2014年，皮书网均在全国新闻出版业网站荣誉评选中获得"最具商业价值网站"称号；

◆ 2012年，获得"出版业网站百强"称号。

网库合一

2014年，皮书网与皮书数据库端口合一，实现资源共享，搭建智库成果融合创新平台。

皮书网　　"皮书说"微信公众号　　皮书微博

权威报告·连续出版·独家资源

皮书数据库
ANNUAL REPORT(YEARBOOK) DATABASE

分析解读当下中国发展变迁的高端智库平台

所获荣誉
- 2020年，入选全国新闻出版深度融合发展创新案例
- 2019年，入选国家新闻出版署数字出版精品遴选推荐计划
- 2016年，入选"十三五"国家重点电子出版物出版规划骨干工程
- 2013年，荣获"中国出版政府奖·网络出版物奖"提名奖
- 连续多年荣获中国数字出版博览会"数字出版·优秀品牌"奖

皮书数据库

"社科数托邦"微信公众号

成为用户

登录网址www.pishu.com.cn访问皮书数据库网站或下载皮书数据库APP，通过手机号码验证或邮箱验证即可成为皮书数据库用户。

用户福利

- 已注册用户购书后可免费获赠100元皮书数据库充值卡。刮开充值卡涂层获取充值密码，登录并进入"会员中心"—"在线充值"—"充值卡充值"，充值成功即可购买和查看数据库内容。
- 用户福利最终解释权归社会科学文献出版社所有。

社会科学文献出版社 皮书系列
卡号：996347463717
密码：

数据库服务热线：400-008-6695
数据库服务QQ：2475522410
数据库服务邮箱：database@ssap.cn
图书销售热线：010-59367070/7028
图书服务QQ：1265056568
图书服务邮箱：duzhe@ssap.cn

S 基本子库
SUB DATABASE

中国社会发展数据库（下设 12 个专题子库）

紧扣人口、政治、外交、法律、教育、医疗卫生、资源环境等 12 个社会发展领域的前沿和热点，全面整合专业著作、智库报告、学术资讯、调研数据等类型资源，帮助用户追踪中国社会发展动态、研究社会发展战略与政策、了解社会热点问题、分析社会发展趋势。

中国经济发展数据库（下设 12 专题子库）

内容涵盖宏观经济、产业经济、工业经济、农业经济、财政金融、房地产经济、城市经济、商业贸易等 12 个重点经济领域，为把握经济运行态势、洞察经济发展规律、研判经济发展趋势、进行经济调控决策提供参考和依据。

中国行业发展数据库（下设 17 个专题子库）

以中国国民经济行业分类为依据，覆盖金融业、旅游业、交通运输业、能源矿产业、制造业等 100 多个行业，跟踪分析国民经济相关行业市场运行状况和政策导向，汇集行业发展前沿资讯，为投资、从业及各种经济决策提供理论支撑和实践指导。

中国区域发展数据库（下设 4 个专题子库）

对中国特定区域内的经济、社会、文化等领域现状与发展情况进行深度分析和预测，涉及省级行政区、城市群、城市、农村等不同维度，研究层级至县及以下行政区，为学者研究地方经济社会宏观态势、经验模式、发展案例提供支撑，为地方政府决策提供参考。

中国文化传媒数据库（下设 18 个专题子库）

内容覆盖文化产业、新闻传播、电影娱乐、文学艺术、群众文化、图书情报等 18 个重点研究领域，聚焦文化传媒领域发展前沿、热点话题、行业实践，服务用户的教学科研、文化投资、企业规划等需要。

世界经济与国际关系数据库（下设 6 个专题子库）

整合世界经济、国际政治、世界文化与科技、全球性问题、国际组织与国际法、区域研究 6 大领域研究成果，对世界经济形势、国际形势进行连续性深度分析，对年度热点问题进行专题解读，为研判全球发展趋势提供事实和数据支持。

法律声明

"皮书系列"(含蓝皮书、绿皮书、黄皮书)之品牌由社会科学文献出版社最早使用并持续至今,现已被中国图书行业所熟知。"皮书系列"的相关商标已在国家商标管理部门商标局注册,包括但不限于LOGO(⬛)、皮书、Pishu、经济蓝皮书、社会蓝皮书等。"皮书系列"图书的注册商标专用权及封面设计、版式设计的著作权均为社会科学文献出版社所有。未经社会科学文献出版社书面授权许可,任何使用与"皮书系列"图书注册商标、封面设计、版式设计相同或者近似的文字、图形或其组合的行为均系侵权行为。

经作者授权,本书的专有出版权及信息网络传播权等为社会科学文献出版社享有。未经社会科学文献出版社书面授权许可,任何就本书内容的复制、发行或以数字形式进行网络传播的行为均系侵权行为。

社会科学文献出版社将通过法律途径追究上述侵权行为的法律责任,维护自身合法权益。

欢迎社会各界人士对侵犯社会科学文献出版社上述权利的侵权行为进行举报。电话:010-59367121,电子邮箱:fawubu@ssap.cn。

社会科学文献出版社